权威·前沿·原创

皮书系列为
"十二五""十三五""十四五"时期国家重点出版物出版专项规划项目

B

BLUE BOOK

智库成果出版与传播平台

绿色金融蓝皮书

BLUE BOOK OF GREEN FINANCE

全球绿色金融发展报告（2023）

ANNUAL REPORT ON THE DEVELOPMENT OF GLOBAL GREEN FINANCE (2023)

王 遥 毛 倩 赵 鑫 等／著

社会科学文献出版社

SOCIAL SCIENCES ACADEMIC PRESS（CHINA）

图书在版编目（CIP）数据

全球绿色金融发展报告 . 2023 / 王遥等著 . --北京：
社会科学文献出版社，2024.6
（绿色金融蓝皮书）
ISBN 978-7-5228-3420-7

Ⅰ.①全… Ⅱ.①王… Ⅲ.①金融业-经济发展-研
究报告-世界-2023 Ⅳ.①F831

中国国家版本馆 CIP 数据核字（2024）第 065420 号

绿色金融蓝皮书

全球绿色金融发展报告（2023）

著　　者 / 王　遥　毛　倩　赵　鑫　等

出 版 人 / 冀祥德
组稿编辑 / 恽　薇
责任编辑 / 颜林柯
文稿编辑 / 刘　燕
责任印制 / 王京美

出　　版 / 社会科学文献出版社·经济与管理分社（010）59367226
　　　　　 地址：北京市北三环中路甲 29 号院华龙大厦　邮编：100029
　　　　　 网址：www.ssap.com.cn
发　　行 / 社会科学文献出版社（010）59367028
印　　装 / 天津千鹤文化传播有限公司

规　　格 / 开本：787mm×1092mm　1/16
　　　　　 印张：17.5　字数：260 千字
版　　次 / 2024 年 6 月第 1 版　2024 年 6 月第 1 次印刷
书　　号 / ISBN 978-7-5228-3420-7
定　　价 / 158.00 元

读者服务电话：4008918866

本书获中央财经大学-北京银行双碳与金融研究中心和北京财经研究基地支持

本书获国家自然科学基金资助项目"碳中和目标下能源企业的资产搁浅风险及对内地与香港资本市场的影响"（72361167635）支持

编 委 会

主要著者简介

王　遥　教授，博士生导师。中央财经大学绿色金融国际研究院院长、财经研究院研究员，中央财经大学-北京银行双碳与金融研究中心主任，北京财经研究基地专家、学术委员会委员，中国金融学会绿色金融专业委员会副秘书长，中国证券业协会绿色发展委员会顾问。剑桥大学可持续领导力研究院研究员，卢森堡证券交易所咨询顾问。2021年担任联合国开发计划署中国生物多样性金融（BIOFIN）项目首席技术顾问。2013年获教育部新世纪优秀人才支持计划资助，2010~2011年哈佛大学经济系博士后及哈佛环境经济项目、哈佛中国项目的访问学者，2008~2010年北京银行博士后。研究领域为绿色经济、可持续金融、绿色金融和气候金融。自2006年以来，在高层次期刊上发表论文100余篇，主持承担国家社科基金重点项目等国内外课题90余项，出版专著22部，其中《碳金融：全球视野与中国布局》和《气候金融》为该领域前沿著作。合著《支撑中国低碳经济发展的碳金融机制研究》获得第七届中华优秀出版图书提名奖。有近7年投资银行从业经验。2019年获《亚洲货币》年度中国卓越绿色金融大奖"杰出贡献奖"，连续多年获中国侨联特聘专家建言献策奖项，获《南方周末》颁发的2021年度"责任先锋"奖及上海报业集团评选的"ESG先锋60——年度ESG探索人物奖"。

毛　倩　中央财经大学绿色金融国际研究院国际合作与研究部高级研究顾问。主要研究方向为全球可持续金融、生物多样性金融、蓝色金融。主持、参与多项课题的研究和数据库建设工作，包括德国国际合作机构的课题"可持续金融主流化：应对气候变化"，世界自然基金会的课题"中国渔业金融与可持续发展基线研究"和"金融机构渔业相关环境风险研究"，中国金融学会绿色金融专业委员会的课题"企业生物多样性相关环境信息披露研究"，能源基金会的课题"绿色金融、转型金融支持内蒙古煤炭产业转型研究"和"一带一路"可再生能源数据库、自然资源保护协会的课题"中国绿色金融主流化与加速低碳转型"等。曾在瑞典隆德大学可持续研究中心、联合国难民署（瑞典）马尔默办公室和宜家（中国）投资有限公司从事可持续发展相关工作，拥有金融学与环境研究和可持续科学的复合学术背景。

赵　鑫　中央财经大学绿色金融国际研究院国际合作与研究部研究员。主要研究方向为绿色金融国际合作、可持续金融、转型金融、主权债务。参与和管理多项多边开发银行和国际组织的技术援助、能力建设和对外交流。

摘 要

气候变化和可持续发展议题受到国际社会的广泛关注，各国已经意识到应对气候危机的必要性及紧迫性，发展绿色低碳经济正成为经济增长的新动能。然而当下应对气候变化和实现可持续发展仍存在较大的资金缺口，亟须发展绿色金融以引导资金流向可持续发展领域。各发达国家和新兴经济体已逐步构建并完善绿色金融体系，部分研究机构和组织对不同国家与城市的绿色金融发展状况进行了研究，总结了部分地区绿色金融发展的经验，但仍缺乏具有连续性和可比性的全球绿色金融发展研究。因此，有必要拓展全球绿色金融研究的广度和深度，及时地反映全球绿色金融的发展进程，为新形势下各国应对气候变化的行动部署和推动绿色金融国际合作提供参考。

中央财经大学绿色金融国际研究院"全球绿色金融发展研究"课题组在 2020 年国际金融论坛的支持下开始研究全球主要经济体的绿色金融发展情况。课题组建立了覆盖全球经济体量较大的 55 个国家的绿色金融数据库，构建全球绿色金融发展指数（Global Green Finance Development Index，GGFDI），以客观评价上述国家的绿色金融发展水平。全球绿色金融发展指数的指标体系从政策与战略、市场与产品、国际合作三方面综合评价各国的绿色金融发展情况。当前指标体系设有 3 个一级指标、6 个二级指标、26 个三级指标和 54 个四级指标，四级指标中定性指标有 37 个，半定性指标有 3 个，定量指标有 14 个。

本书聚焦 2022 年，评价周期为 2022 年 1 月 1 日至 12 月 31 日。从总体得分来看，位于前十名的国家分别为英国、法国、中国、德国、瑞典、日本、加拿大、丹麦、荷兰和意大利。紧随其后的是新加坡、美国、挪威、奥地利、西班牙等国。整体而言，排名靠前的国家以发达国家为主，反映出具备较为发达的经济条件和完善的金融市场的国家绿色金融发展水平更高。需要指出的是，中国是唯一位于前十名的发展中国家。得分位于中位数的国家是葡萄牙，位于中位数之前的国家中发达经济体占77.78%，经济和金融基础对绿色金融发展的促进作用更为明显。在发展中国家绿色金融发展方面，中国表现突出，领先于其后的墨西哥17名。排名相对落后的国家主要集中在非洲、中东和中亚地区。

《全球绿色金融发展报告（2023）》分为总报告、国别与地区篇、国际合作篇、专题篇和评价篇五部分。总报告围绕2022年全球绿色金融发展指数得分和排名进行解读，展望2023年全球绿色金融发展趋势。国别与地区篇对欧洲、美洲、亚洲、非洲、大洋洲及其主要国家的绿色金融发展情况进行分析，展现不同国家和地区的绿色金融发展特征。国际合作篇就合作机制、多边开发性金融机构气候融资、信息披露三个方面展示绿色金融国际合作的重要议题。《绿色金融国际组织和合作机制报告》总结了全球性绿色金融合作平台、区域性绿色金融合作网络、绿色金融学术研究网络发展情况。《多边开发性金融机构气候融资进展报告》展示了气候融资视角下多边气候基金和多边开发银行的角色和作用，并初步探讨了多边开发银行改革。《气候与自然相关信息披露合作进展报告》按"目标—建议—标准—监管"的脉络梳理出全球可持续信息披露的合作进程。专题篇聚焦转型金融，提出由部门/行业、企业主体和金融机构三者形成的转型金融体系框架，探讨了相关政策进程、方法标准和金融工具，并对2022年全球和中国转型金融市场进行描述性统计分析。评价篇展示了全球绿色金融发展指数的构建方法和统计过程，选取经济发展和财政基础、金融市场发展程度和对外开放水平探究其与全球绿色金融发展指数的相关性。

总体来看，2022年全球绿色金融规模持续增长，绿色金融产品创新和服务水平不断提升，为全球绿色金融发展注入了新动力。然而，全球目前仍面临较大的绿色资金缺口，绿色发展仍以公共资本推动为主，私营部门潜力尚未得到充分挖掘。同时，全球绿色金融资源区域分布不均衡，主要集中于欧洲地区。此外，全球可持续信息披露标准趋向融合，以国际可持续准则标准理事会（ISSB）为代表提出的可持续信息披露标准正逐渐凝聚该领域的共识。随着可持续议题的不断深入，国际金融体系逐渐意识到并探究起气候变化对宏观金融稳定的影响，转型金融和生物多样性金融分别关注高碳行业转型和生物多样性保护议题，对于当前绿色金融的发展形成有益的补充或拓展。而绿色金融区域合作进一步深化，区域合作倡议推动产生协同发展作用。

展望绿色金融发展进程，国际绿色资金流动需进一步优化改进，帮助气候脆弱性国家获得充足的资金以应对气候变化。可持续信息披露标准和规范将建立全球基线，引导资本市场关注并实际采取可持续行动。可持续金融议题的不断延伸将推动宏观和微观金融体系全方位的变革。多层次的绿色金融国际合作也将有助于应对当前面临的绿色转型、气候公正、能力建设等挑战。

关键词： 绿色金融 可持续发展 信息披露 转型金融

目 录 ↖

Ⅰ 总报告

Ⅱ 国别与地区篇

Ⅲ 国际合作篇

IV 专题篇

V 评价篇

总 报 告

General Report

B.1
2022年全球绿色金融发展指数报告

王遥　毛倩　赵鑫*

摘　要： 本报告基于全球绿色金融发展指数指标体系，对全球55个国家的绿色金融发展水平进行量化评价并得出国别排名。全球绿色金融发展指数从政策与战略、市场与产品、国际合作三个维度衡量全球主要经济体绿色金融的发展情况。从总得分来看，位于前十名的国家分别为英国、法国、中国、德国、瑞典、日本、加拿大、丹麦、荷兰和意大利。紧随其后的是新加坡、美国、挪威、奥地利、西班牙等国。整体而言，排名靠前的国家以发达国家为主，反映出具备较为发达的经济条件和完善的金融市场的国家绿色金融发展水平更高。总得分位于中位数的国家是葡萄牙，位于中位数之前的国家中发达经济体占77.78%，经济和金融基础对绿色金融发展的促进作用更为明显。在绿色金融

---

* 王遥，中央财经大学财经研究院研究员、博士生导师，中央财经大学绿色金融国际研究院院长，研究方向为绿色经济、可持续金融；毛倩，中央财经大学绿色金融国际研究院高级研究顾问；赵鑫，中央财经大学绿色金融国际研究院研究员，研究方向为可持续金融、转型金融。

发展方面，中国是唯一位于前十名的发展中国家，领先于其后的墨西哥17名。排名相对落后的国家主要集中在非洲、中东和中亚地区。展望2023年，全球绿色金融发展将从市场规模、信息披露、议题拓展和国际合作方面持续深化。

关键词： 绿色金融　可持续发展　全球绿色金融发展指数

一　全球绿色金融发展指数排名

在2022年的评价周期内，根据全球绿色金融发展指数（Global Green Finance Development Index，GGFDI）指标体系得分情况进行排名，得到的指数得分与国别排名分别如图1和表1所示。需要指出的是，在指数构建和排名的过程中并未对发达国家和发展中国家进行区分处理，指标得分仅反映国别绿色金融发展情况。

从总得分来看，绿色金融发展水平排前十名的国家分别为英国、法国、中国、德国、瑞典、日本、加拿大、丹麦、荷兰、意大利。紧随其后的是新加坡、美国、挪威、奥地利、西班牙等国。整体而言，绿色金融发展水平排名靠前的国家以发达国家为主，反映出具备较为发达的经济条件和完善的金融市场的国家绿色金融发展水平更高。值得注意的是，中国是唯一位于前十名的发展中国家。总得分位于中位数的国家是葡萄牙，位于中位数之前的国家中发达经济体占77.78%，经济和金融基础对绿色金融发展的促进作用更为明显。在发展中国家绿色金融发展方面，中国表现突出，领先于其后的墨西哥17名。排名相对落后的国家主要集中在非洲、中东和中亚地区。

全球绿色金融发展指数由政策与战略、市场与产品、国际合作三个子项组成。三个子项排第一名的国家分别为丹麦、瑞典、日本。这三个维度反映出各国在绿色金融发展上的侧重点和模式不尽相同，如部分发展中国家开展

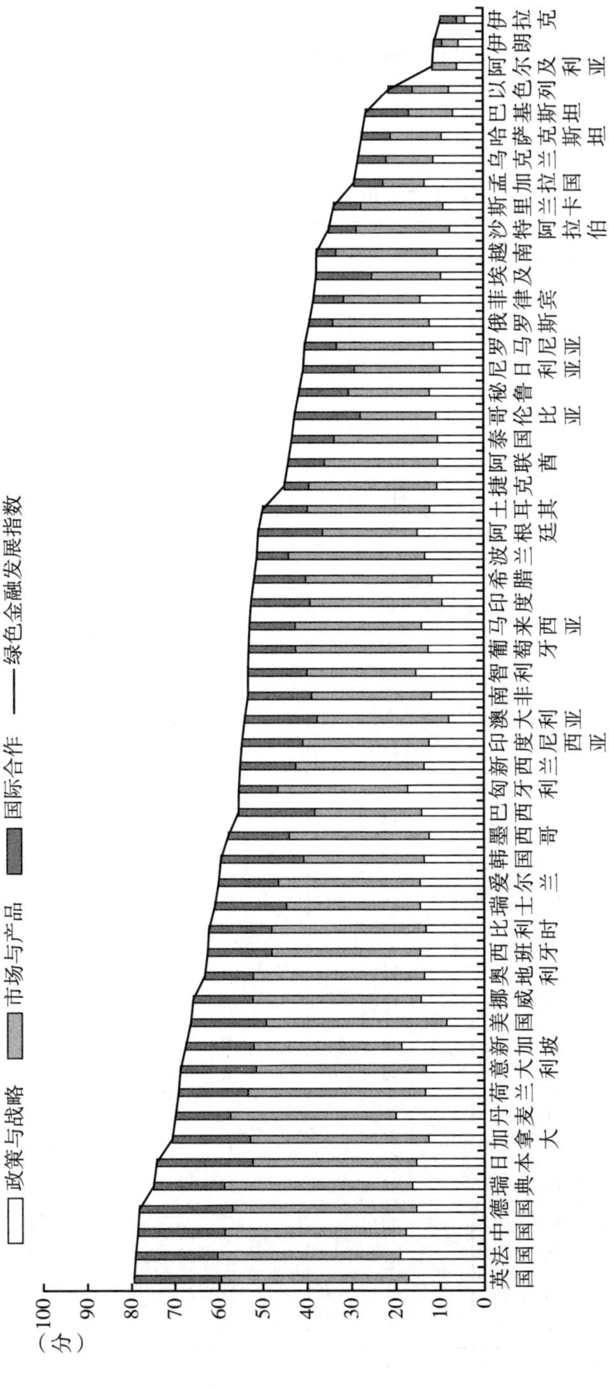

图 1 2022 年全球 55 个国家全球绿色金融发展指数得分

资料来源：根据公开数据收集和处理编制。

了政策方面的绿色金融建设，但在绿色金融市场方面尚未形成规模。本报告接下来将从政策与战略、市场与产品、国际合作三个方面分别展开分析和阐释。

表1　2022年全球55个国家全球绿色金融发展指数和三个子项得分排名

国家	政策与战略	市场与产品	国际合作	全球绿色金融发展指数总体排名
英国	5	2	3	1
法国	2	4	6	2
中国	4	5	4	3
德国	8	3	2	4
瑞典	7	1	13	5
日本	9	13	1	6
加拿大	27	7	7	7
丹麦	1	12	29	8
荷兰	22	8	14	9
意大利	25	10	8	10
新加坡	3	16	15	11
美国	48	6	10	12
挪威	15	11	23	13
奥地利	19	9	33	14
西班牙	12	15	17	15
比利时	26	14	20	16
瑞士	13	20	12	17
爱尔兰	14	17	24	18
韩国	20	31	5	19
墨西哥	29	18	21	20
巴西	17	35	9	21
匈牙利	6	24	39	22
新西兰	21	25	27	23
印度尼西亚	30	29	22	24
澳大利亚	49	23	11	25
南非	34	32	19	26
智利	10	34	25	27
葡萄牙	28	21	34	28
马来西亚	18	28	35	29

国家	政策与战略	市场与产品	国际合作	全球绿色金融发展指数总体排名
印度	45	22	26	30
希腊	35	27	30	31
波兰	23	19	42	32
阿根廷	11	40	18	33
土耳其	31	30	36	34
捷克	39	26	49	35
阿联酋	40	33	40	36
泰国	41	36	38	37
哥伦比亚	38	46	16	38
秘鲁	32	44	32	39
尼日利亚	43	42	31	40
罗马尼亚	36	38	41	41
俄罗斯	33	39	51	42
菲律宾	16	45	43	43
埃及	44	47	28	44
越南	42	37	52	45
沙特阿拉伯	51	41	47	46
斯里兰卡	47	43	48	47
孟加拉国	24	51	44	48
乌克兰	37	49	46	49
哈萨克斯坦	46	48	45	50
巴基斯坦	52	50	37	51
以色列	50	52	50	52
阿尔及利亚	53	53	55	53
伊朗	54	54	54	54
伊拉克	55	55	53	55

资料来源：根据公开数据收集和处理编制。

二 全球绿色金融政策与战略

在 2022 年评价周期内，55 个国家的绿色金融政策与战略得分为 4.07~20 分（见图 2），平均得分为 12.38 分，中位数得分为 12.59 分，标准差为

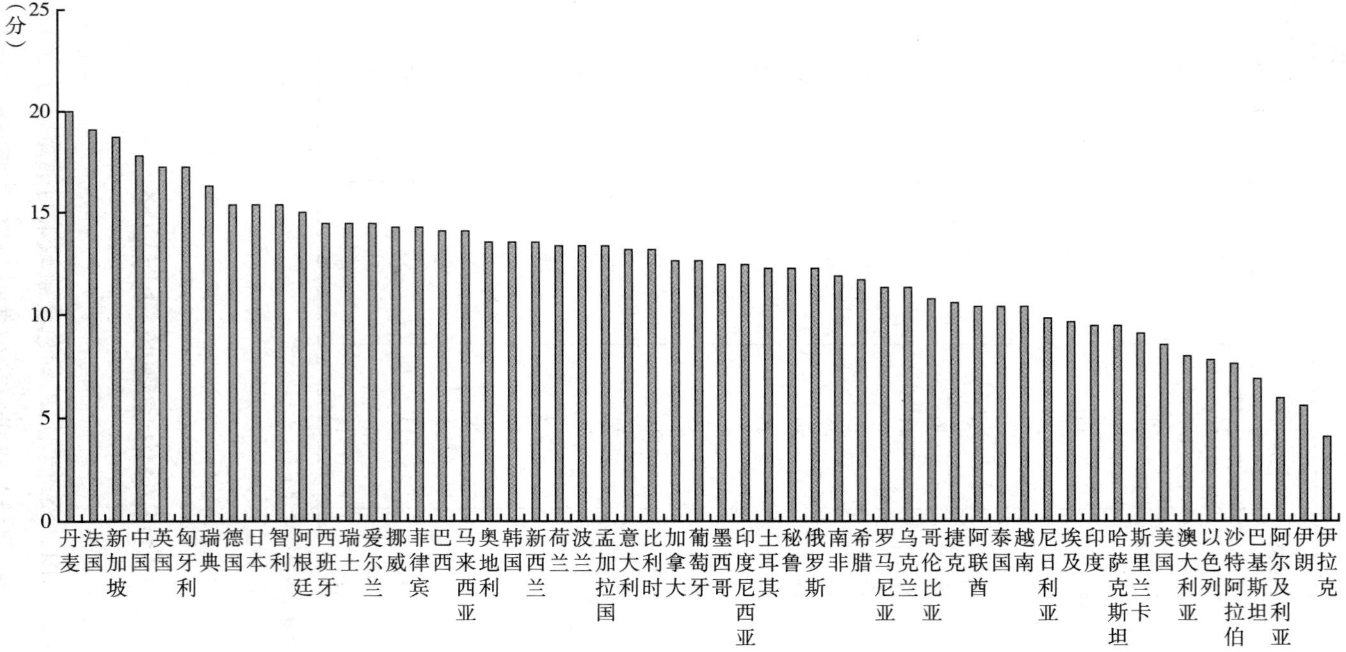

图 2 2022 年全球 55 个国家全球绿色金融发展指数政策与战略得分

资料来源：根据公开数据收集和处理编制。

3.39分。从该子项的得分和排名来看，63%的国家处于10~15分的中间分数段，其他分数段的国家占比较少，说明大多数国家已经建立起绿色金融相关的政策体系，但大多处于发展中阶段，政策还有待进一步完善。

从政策与战略得分来看，丹麦、法国、新加坡、中国、英国、匈牙利、瑞典、德国、日本、智利位于前列。欧盟国家和亚洲国家在政策与战略方面表现突出，体现了各国政府将推动绿色金融发展作为优先事项。其中位于欧洲的丹麦、法国、英国等国家作为早一批发展绿色金融的国家，政策和制度建设相对完善，并且所处的欧盟相关机构便在开展包括标准和披露等在内的绿色金融相关政策建设，为欧盟国家提供了良好的发展基础。地处亚洲的新加坡、中国和日本在绿色金融发展政策与战略建设方面发展迅速，相关政府部门快速推动了绿色金融政策建设。此外，东南亚国家近两年绿色金融政策建设迅速。比较来看，以美国和加拿大为代表的发达经济体在政策与战略方面表现并不突出。发展中经济体普遍存在绿色金融政策上的空缺。

更深入地看，政策与战略方面包含绿色发展相关的政策和战略以及与绿色金融直接相关的政策。与绿色发展相关的政策与战略包含了绿色发展战略和国家碳减排机制。这部分的结果显示大部分的国家普遍具有经济绿色低碳发展的战略和政策，并且相关绿色发展的路线图较为明确，绿色产业政策也有所出台。除伊朗外的54个国家向《联合国气候变化框架公约》（UNFCCC）提交了国家自主贡献，横向来看各国不同程度地更新和提高了国家自主贡献的可行性和强制性。英国、日本、加拿大和部分欧盟国家等通过立法确立了碳中和目标，也有一些国家通过政策文件等方式确立了碳中和目标。碳定价机制方面主要通过统计各国是否具有碳市场和（或）碳税来体现。具体而言，碳定价机制作为主要的温室气体减排机制，被视为一项重要的政策制度建设，并且基于市场的碳排放权交易机制的应用更为广泛。其中欧盟排放交易体系（EU ETS）为碳市场的代表，中国、韩国等亚洲国家也在持续完善其国家碳市场建设。

与绿色金融直接相关的政策包含了国家层面的绿色金融政策或战略、绿色金融产品政策和环境风险政策。该子项的得分差异明显，具有较强的区分性。普遍来看，在样本范围内超过 2/3 的国家发布了国家层面的绿色金融政策或战略，但在绿色金融产品上差异明显，往往只有绿色债券政策的文件，绿色保险和绿色基金的政策从全球层面来看也相对缺乏。从数据收集的结果来看，绿色债券的相关规章制度或指南是发展绿色金融工具的优先选项，体现出当前以债券为主的金融工具是发展绿色金融的主要抓手。从环境风险政策来看，多数国家颁布了环境或 ESG 信息披露政策，且披露要求逐渐从自愿性向强制性发展。同样需要指出，环境信息披露政策的结果仅次于绿色债券政策，体现出其对绿色金融发展的重要意义。全球层面上环境压力测试的政策较为有限。

三 全球绿色金融市场与产品

在 2022 年评价周期内，55 个国家的绿色金融市场与产品得分为 1.85~42.46 分（见图 3），平均得分为 26.54 分，中位数得分为 28.39 分，标准差为 10.66 分。该子项的得分和排名差异明显，60% 的国家处于 20~40 分的中间分数段，说明绿色金融工具在金融市场上普遍发展，绿色金融的普及在各国金融市场上的表现差异较大，进展不一。

市场与产品得分相关指标主要来自绿色金融市场，反映市场端绿色金融的交易和实践。从市场与产品得分来看，瑞典、英国、德国、法国、中国、美国、加拿大等国家位居前列。整体来看，金融基础和绿色金融规模是影响该子项得分的重要因素。市场与产品方面包含绿色金融产品以及金融市场机构两类指标。

绿色金融产品指标主要衡量绿色金融产品的种类和部分规模，包含绿色债券、绿色信贷、绿色保险、绿色投资基金和碳金融产品。由于数据可获得性较高，以累计发行规模、当年发行规模、累计发行单数、当年发行单数和累计发行机构数量反映国家绿色债券发行状况。其中，绿色债券的发行规模指标，将除以 GDP 以减少经济体量带来的影响。中国和美国在发行规模上具有优势，而将经济指标纳入之后其优势不再明显，相反瑞典、荷兰、法国、新加坡、德国在绿色债券发行规模上的优势得以凸显。在绿色贷款方面，由于缺乏统一的绿色信贷统计标准和统计工作流程，多数国家虽开展了绿色信贷的实践但并未对绿色贷款余额或新增绿色贷款数量进行统计，仅有少数国家统计绿色信贷数量。中国央行发布的金融机构贷款投向统计报告显示，截至2022年末，中国本外币绿色贷款余额达22.03万亿元，同比增长38.5%，高于各项贷款增速28.1个百分点，相比于2018年绿色信贷余额增长率高达167.68%。日本环境省的数据显示，2022年日本绿色贷款发行量达7764.3亿日元，较2021年上涨376.92%。在绿色金融工具统计方面，除绿色债券以外的数据普遍缺乏可及性，选取的绿色贷款、绿色保险、绿色基金数据主要为定性指标，反映各国绿色金融产品的广度，但缺乏反映规模的定量数据。碳金融产品主要从碳市场交易、碳金融现货产品和衍生品的维度来评价碳金融发展情况。碳金融产品主要基于碳排放权开发相关金融产品，受到其国家碳市场发展的影响。此外从指标得分来看，碳排放权具有商品属性，可开发相关金融产品，但普遍集中在现货市场。碳金融衍生品虽有相关场外实践，但场内的碳金融衍生品交易并未广泛建立，其中有代表性的为欧洲碳期货市场。

　　绿色金融机构指标主要从金融机构角度衡量绿色金融发展情况，主要包括国家开发性金融机构、国家级绿色银行/绿色基金、主权财富基金、其他商业金融机构和证券交易所。国家开发性金融机构方面，如丹麦、法国、德国等欧洲国家和美国、加拿大的国家开发性金融机构在绿色投资、环境和社会保障、技术援助方面具有完善的建设，体现了其代表性机构在绿色金融方面的努力。在国家级绿色银行/绿色基金和主权财富基金方面，各国情况不一，类似的情况也表现在商业金融机构环境信息披露、环境风险压力测试以及环境和社会风险管理上。由此体现出，当前绿色金融相关的一整套工作流程还未完全确立，各国之间还存在较大差距，并未形成全球层面的主流化趋势。随着绿色金融的不断发展，各国代表性证券交易所提供了ESG披露指南甚至强制性披露要求，提供相应培训和能力建设以及可持续指数产品等。普遍来看，越来越多的证券交易所开始将ESG或环境信息披露作为企业上市

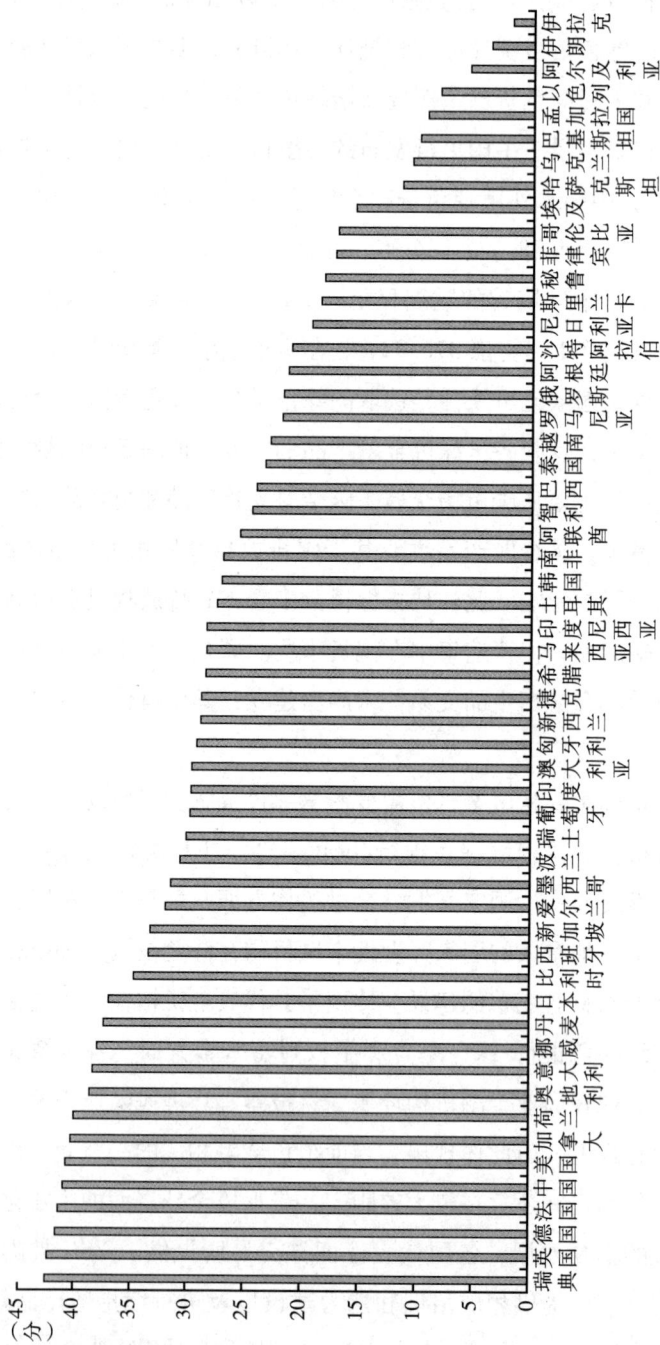

图 3　2022 年全球 55 个国家全球绿色金融发展指数市场与产品得分

资料来源：根据公开数据收集和处理编制。

的重要材料，开展强制性的环境信息披露。该趋势也与以国际可持续准则标准理事会（ISSB）为代表提出的可持续信息披露准则保持一致。此外，香港证券交易所和新加坡证券交易所等证券交易所提供能力建设和激励手段，推动上市企业开展可持续的商业活动，激励投资者开展负责任投资行为。

四　全球绿色金融国际合作

在 2022 年评价周期内，55 个国家的绿色金融国际合作得分为 0~21.88 分（见图 4），平均得分为 11.86 分，中位数得分为 12.51 分，标准差为 5.08 分。国际合作得分主要集中于 10~20 分，表明国际合作已成为多个国家开展绿色金融建设的必要手段，但其重要性还未被充分认识。

国际合作的指标数据来源于国际可持续金融平台和倡议或组织。从国际合作得分来看，日本、德国、英国、中国、韩国等国家国际合作表现突出，东亚、欧洲和北美国家该子项得分较高，亚洲的印度尼西亚和拉丁美洲的智利的国际合作表现相对而言也值得关注。国际合作方面包含参与可持续金融平台和网络以及参与主流可持续金融倡议两类指标。

可持续金融平台和网络主要由公共部门机构参与，如由有关当局或机构参与的央行和金融监管机构绿色金融网络（NGFS）、国际可持续金融平台、可持续保险平台、可持续银行和金融网络、财政部长气候行动联盟等。需要指出的是，不同的平台具有一定的倾向性，如可持续银行和金融网络的成员主要由发展中国家组成，而财政部长气候行动联盟成员主要为发达国家和部分新兴经济体。

参与主流可持续金融倡议由可持续证券交易所倡议、国际开发性金融俱乐部、赤道原则、联合国环境署金融倡议（UNEP FI）、负责任投资原则和气候相关财务信息披露工作组（TCFD）的加入情况反映。以上可持续金融倡议对应证券交易所、开发性金融机构、银行、保险、投资机构和环境信息披露的维度开展国际合作活动。其中需要说明的是，赤道原则作为早期银行业可持续运营和管理的倡议，活跃度逐年下降，新增机构有限。比较来看，负

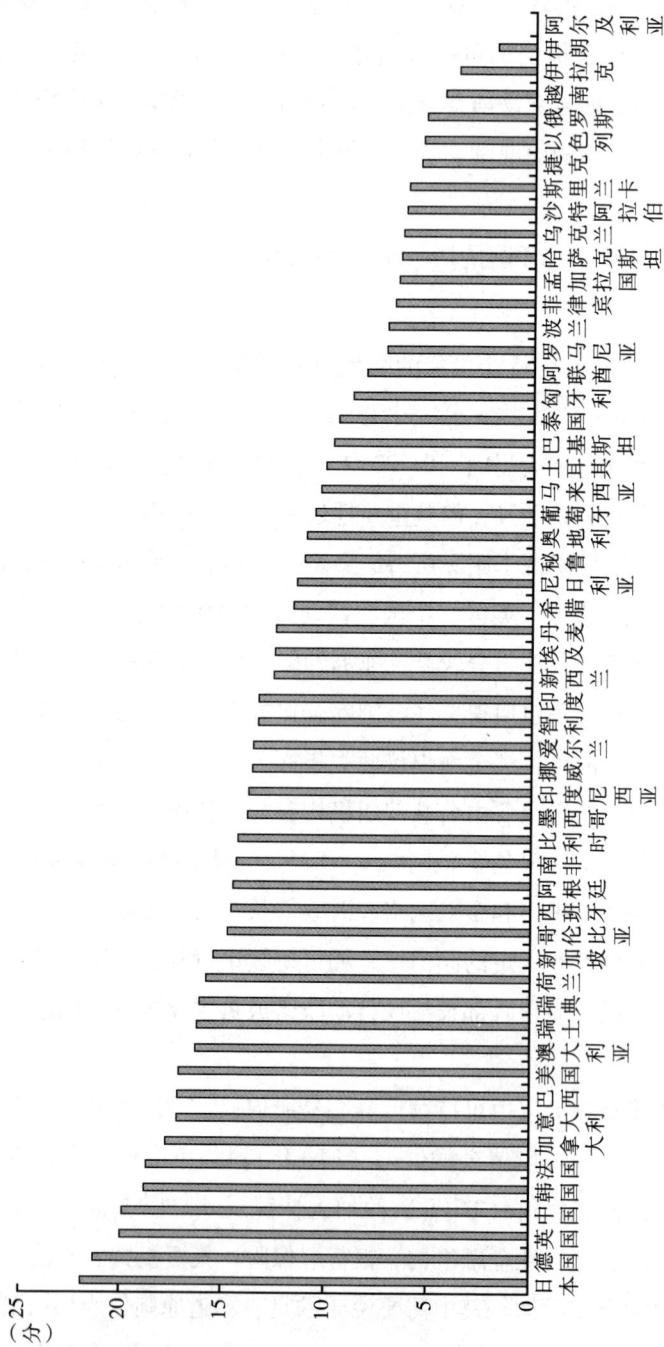

图4 2022年全球55个国家全球绿色金融发展指数国际合作得分

资料来源：根据公开数据收集和处理编制。

责任投资原则的加入机构数量则在近年来增幅较大，体现出金融机构在国际合作方面的动向变化。此外，气候相关财务信息披露工作组的加入成员增加较快。

五 全球绿色金融国别组对比

为了反映地区绿色金融发展情况，本报告划分 G55 和 G20、发达经济体与新兴市场和发展中经济体、大洲地区三个类别的国别组进行对比分析。从区域角度来看排名结果，其中北美洲、欧洲和大洋洲得分较高。需要指出的是，由于样本范围限制，该结果具有一定的偏差。在该报告中大洋洲的国家仅包括澳大利亚和新西兰。而广泛的太平洋岛国存在巨大的应对气候变化的资金缺口和能力建设需求，在绿色金融发展方面需要来自国际社会的帮助。除此之外，其余大洲的绿色金融发展排名为拉丁美洲、亚洲和非洲（见图 5）。

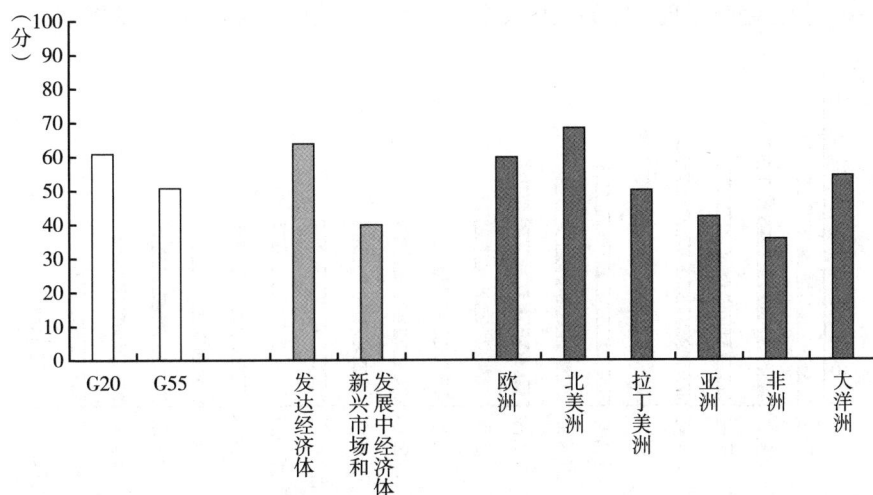

图 5　2022 年全球绿色金融发展指数国别组得分对比

资料来源：根据公开数据收集和处理编制。

（一）G55和G20排名对比

G55为全球绿色金融发展指数样本范围内的55个国家。G20则为二十国集团（Group of Twenty）的成员。G20的全球绿色金融发展指数得分为60.88分，高于G55的全球绿色金融发展指数得分。

根据得分情况可以将G20划分为三个组别。第一个组别为得分高于70分的国家，包括英国、法国、中国、德国、日本、加拿大。该组别的国家在绿色金融领域的发展方面均具有一定的代表性和领先性。第二个组别为得分介于50~70分的国家和地区，包括意大利、美国、欧盟、韩国、墨西哥、巴西、印度尼西亚、澳大利亚、南非、印度、阿根廷。这些国家和地区之间的绿色金融发展水平和模式差异相对较大，在政策或市场上各有侧重。第三个组别为得分低于50分的国家，包括土耳其、俄罗斯、沙特阿拉伯（见图6）。整体而言该组别的国家在金融市场与产品和国际合作方面的得分与前述国家和地区有较大的差距。从得分趋势来看，市场与产品的得分趋势与国际合作的得分趋势呈现一定的正比关系，而政策与战略方面则不具有此特征。

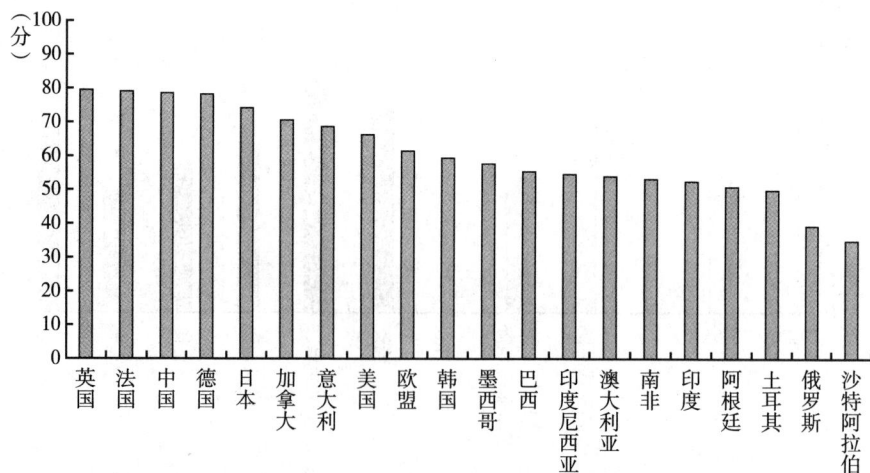

图6 2022年G20全球绿色金融发展指数得分

资料来源：根据公开数据收集和处理编制。

（二）发达经济体与新兴市场和发展中经济体排名对比

根据国际货币基金组织世界经济展望数据库，2023 年全球有 41 个发达经济体以及 155 个新兴市场和发展中经济体。[①] 本报告的样本范围包括了其中 25 个发达经济体。在发达经济体中，英国、部分欧盟国家、日本、加拿大的全球绿色金融发展指数得分较高。希腊、波兰、捷克的排名相对靠后（见图 7）。对于在一级指标市场与产品、国际合作上得分较高的国家，政策与战略的得分成为区分排名前后的关键。

本报告的样本包括了 30 个新兴市场和发展中经济体。其中，中国、墨西哥、巴西、印度尼西亚、南非、智利等国的全球绿色金融发展指数得分在新兴市场和发展中经济体中排名靠前，而阿尔及利亚、伊朗、伊拉克等国家的排名相对靠后（见图 8）。对于新兴市场和发展中经济体而言，绿色金融的整体发展水平与经济发展水平具有一定的联系，市场与产品的得分对排名结果有关键作用。

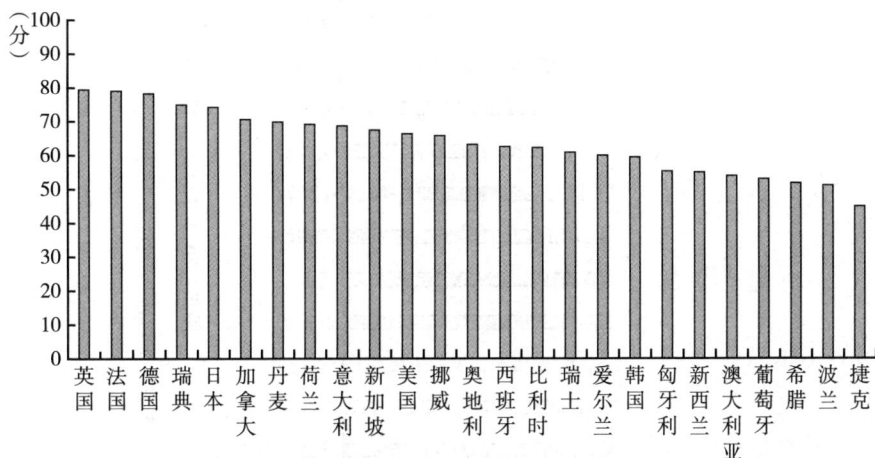

图 7 2022 年发达经济体全球绿色金融发展指数得分

资料来源：根据公开数据收集和处理编制。

[①] "World Economic Outlook Database," https：//www.imf.org/en/Publications/WEO/weo‐database/2023/October/select‐aggr‐data.

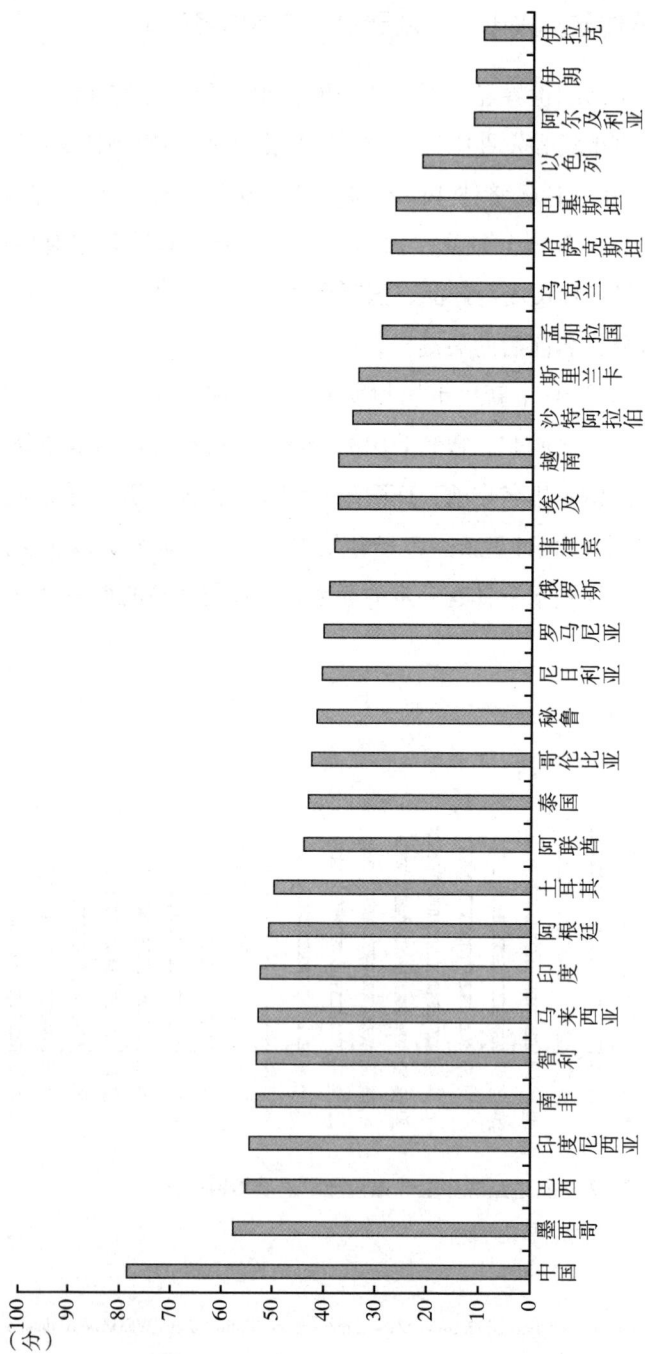

图8 2022年新兴市场和发展中经济体全球绿色金融发展指数得分

资料来源：根据公开数据收集和处理编制。

六　2023年全球绿色金融发展趋势展望

（一）市场规模增长的同时仍面临资金投入不足

2022年全球绿色金融市场规模持续增长，绿色金融创新产品层出不穷，绿色金融服务水平渐趋提高，为全球绿色金融发展注入了新动力。根据全球可持续投资联盟统计，2022年全球可持续投资总额达到30.3万亿美元。除美国可持续投资以外的可持续投资在管资产自2020年来增长20%。尽管全球可持续投资规模逐年增长，但是资金供应与需求之间仍存在较大缺口。根据联合国的预测，实现可持续发展目标的年度资金缺口已扩大至4.2万亿美元。① 此外，目前全球绿色金融发展仍主要靠公共资本推动，私营部门的潜力尚未得到充分挖掘。

与此同时，全球绿色金融资源区域分布不均衡。发达经济体通过调动其私有部门发展本国绿色金融，而亟须经济转型和技术创新的新兴市场和发展中经济体却缺少必要的资金。根据气候政策倡议组织统计，东亚和太平洋地区、美国和加拿大以及西欧占全球气候融资总额的84%。然而2000~2019年，受气候变化影响较严重的10个国家仅获得230亿美元，不到全球气候融资总额的2%。在全球绿色金融资金来源中，双边和多边国际金融机构是公共资金的主要提供主体，其提供的公共资金占公共资金总额的57%。然而大多资金流向了未来收益较高的项目，新兴市场和发展中经济体却未获得充足的资金。此外，在流向最不发达国家的公共资金中，超过17%是以市场利率债务的形式提供的，潜在地加重了这些国家本已沉重的债务负担。② 如果新兴市场和发展中经济体的资金空缺难以填补，随着环境危机日益加剧，全球绿色金融供需缺口可能会进一步扩大。因此除扩大国际绿色金融资

---

① 《联合国警告：世界"远未"实现可持续发展目标》，联合国网站，2023年7月17日，https://news.un.org/zh/story/2023/07/1119857。

② Climate Policy Initiative, "Global Landscape of Climate Finance 2023," 2023.

金投入规模外，国际绿色金融资金结构与流向也需进一步优化，从而帮助气候脆弱国家获得充足的资金以应对气候变化。

（二）可持续信息披露标准和规范获得突破性进展

全球可持续信息披露标准趋向融合，以 ISSB 为代表提出的可持续信息披露标准正逐渐凝聚该领域的共识。ISSB 通过制定高质量的可持续信息披露标准建立全球基线，满足投资者使用可持续信息的需求。该成果得到多个国际组织和司法管辖区的认可，多个国际组织和司法管辖区开始将该标准纳入绿色金融市场的政策文件。

联合国环境署金融倡议正在积极与跨行业部门开展工作，为金融部门提供具有一致性的标准。联合国贸易和发展会议（UNCTAD）的可持续交易所计划与世界各地的证券交易所积极合作，为上市公司报告可持续信息提供一致的信息指导，如气候信息披露示范指南，以指导发行主体实施气候相关财务信息披露工作组建议。自然相关财务信息披露工作组（TNFD）以气候相关财务信息披露工作组采用的方法为基础，并与 ISSB 的可持续信息披露标准保持一致。

可持续信息披露标准和规范的制定工作不仅为政策监管提供指引，也在引导企业主体将可持续发展纳入自身经营流程，包括提升环境绩效表现、完善 ESG 治理架构、夯实环境和气候治理实践基础，努力向低碳环保的商业模式转型，在降低未来由监管政策带来的转型风险的同时创造长期价值，提升企业整体价值和市场竞争力。

（三）可持续金融议题的延伸，推动全方位的变革

随着气候与环境风险不断加剧，国际金融体系越来越多地意识到气候变化对宏观金融稳定的影响，国际组织对可持续发展风险进行评估和管理，部分国家金融监管部门开展气候风险对宏观经济影响的研究。为了支持改善银行风险管理和监管实践，巴塞尔银行监管委员会制定了有效管理和监督气候相关金融风险的原则。此外，关于转型金融框架的工作已经开展，同时提供

有关气候明斯基冲击对金融市场和宏观经济、经济增长、就业和稳定影响的信息，并展示了金融机构和金融工具在降低风险方面可以发挥的作用。

国际货币基金组织已开始将气候变化因素纳入金融部门评估风险分析，并计划下一步增加物理风险和转型风险的气候情景。央行和金融监管机构绿色金融网络发布了第三版气候情景。UNEP FI、NGFS 和 OECD 开始评估金融系统中与生物多样性和自然相关的风险。

随着绿色金融不断发展，各方对实体经济低碳和可持续转型的金融支持也在不断拓展。其中转型金融和生物多样性金融分别关注高碳行业转型和生物多样性保护议题，对当前绿色金融的发展形成有益的补充或拓展。

根据《中国落实国家自主贡献目标进展报告（2022）》统计，2021 年绿色金融所支持的节能环保等产业年产值约为 8 万亿元，GDP 占比为 7.02%。而根据国家统计局的数据，具有高排放特点的第二产业（包括制造业，电力、热力生产和供应业等）的产值约占当年 GDP 的 40%，这部分产业的低碳转型需要规模巨大的金融服务。2022 年，G20 可持续金融工作组开发出转型金融框架，从转型活动和投资的识别、转型信息披露、转型金融工具、政策制定、评估和减轻负面社会经济影响等方面提出 22 项参考准则。

生物多样性损失对人类生活影响广泛，自然丧失加剧了气候变化，威胁粮食安全，并危害人类生存。联合国环境规划署的数据显示，800 万种动植物物种中有 100 万种面临灭绝的危险。为了解决这个问题，2022 年制定的《昆明-蒙特利尔全球生物多样性框架》概述了到 2030 年阻止和扭转自然丧失的雄心勃勃的目标。生物多样性融资对于实现可持续发展和实现《昆明-蒙特利尔全球生物多样性框架》的目标发挥着至关重要的作用。联合国环境规划署金融倡议于 2023 年推出线路图工具以使资金流动与全球生物多样性框架保持一致。[1] 可持续金融和银行网络也在开展知识交流工作以收集其成员对自然和生物多样性相关支持的需求。

---

[1] "High-Level Roadmap: Aligning Financial Flows with the Kunming-Montreal Global Biodiversity Framework," https://www.unepfi.org/publications/high-level-roadmap-aligning-financial-flows-with-the-kunming-montreal-global-biodiversity-framework/.

（四）多层次的绿色金融国际合作应对发展逆境

2022年，绿色金融区域合作进一步深化，区域合作倡议推动产生协同发展作用。在一系列的绿色"一带一路"有关政策的推动下，"一带一路"绿色投资原则、"一带一路"绿色发展国际联盟、"一带一路"银行间常态化合作机制相应建立并发展成为主要的绿色金融合作机制，推动共建"一带一路"国家实现绿色转型。东南亚国家联盟积极采取措施应对气候变化，于2021年将应对气候变化确定为东盟地区优先发展领域之一，其中东盟分类法委员会、东盟资本市场论坛和东盟催化绿色融资机制相应推动了绿色金融能力建设等工作。拉丁美洲和加勒比地区绿色金融平台促进其区域国家发展性银行、私营金融机构和金融市场参与者共享绿色金融信息和知识，开展政策交流对话，扩大拉丁美洲和加勒比地区可持续投资规模。

G20可持续金融工作组、财政部长气候行动联盟、可持续银行和金融网络等全球性绿色金融合作平台通过利用国际合作框架或集合各国首脑的形式推动克服绿色金融发展挑战。多边开发银行和多边气候基金发挥气候资金机制的作用，为气候应对技术的研发和应用提供了有利环境，推动实现气候公正，引导绿色资金流向新兴市场和发展中经济体。

绿色金融双边合作稳步推进。例如，中欧《可持续金融共同分类目录》（简称《共同分类目录》）取得新的进展。《共同分类目录》融合了中欧各自目录的特点和优势，对推动中欧绿色合作、引导跨境气候投融资活动具有重要作用。中国建设银行凭借其信用资质、创新的ESG元素并基于《共同分类目录》发行的绿色债券，吸引了澳门金融管理局、韩国投资公社、台新国际商业银行、安联环球投资等投资人，超额认购近2倍。中国与欧盟在同一时间发布绿色金融分类标准，并各自对标准进行了公开解读，侧面反映了中欧双方在此议题上的合作协同。下一步，可持续金融国际平台（IPSF）分类法工作组将进一步扩展《共同分类目录》的覆盖领域，纳入更多的可持续经济活动，推动提升全球可持续金融分类标准的可比性、兼容性和一致性。

在能力建设方面，部分金融机构和实体企业领先意识到应对物理风险和转型风险的必要性，提出净零排放目标，扩大绿色投资份额并加强环境和社会保障。此外，学术研究和专业教育等培训活动也推动着未来人才将可持续发展理念融入职业生涯，凝聚对可持续事业的认识和关注，产生长期价值，以实现可持续发展目标。

国别与地区篇

Country and Regional Report

B.2
绿色金融国别与地区进展报告

赵鑫　徐珂　敖潇宇　舒雪然*

摘　要：　不同国家和地区发展绿色金融的路径不一。欧盟领先性地制定并
颁布多项具有示范意义的政策和指令，为欧盟国家提供了一系列
推动绿色金融市场发展的指引和方法指南。法国和德国在欧盟的
政策下根据自身特点有针对性地补充或完善绿色金融建设，英国
则在净零转型目标下开展相应绿色金融实践并积极开展国际合
作。美洲方面，美国可持续和影响力投资助推下的金融市场蓬勃
发展，而以巴西为主要国家的南美地区通过主动开发绿色金融产
品实现绿色融资和生态保护。亚洲地区，中国由政策引导的绿色
金融体系、日本的转型金融建设、韩国的碳排放市场体系和新加
坡的绿色金融科技发展各具特色。以埃及为主要国家的非洲地区
由于其气候脆弱性和资源条件限制，急需国际社会的帮助以实现

---
* 赵鑫，中央财经大学绿色金融国际研究院研究员，研究方向为可持续金融、转型金融；徐
珂，中央财经大学绿色金融国际研究院科研助理；敖潇宇，中央财经大学绿色金融国际研究
院科研助理；舒雪然，中央财经大学绿色金融国际研究院科研助理。

可持续发展。以澳大利亚为主要国家的大洋洲地区绿色金融发展迅速，而小岛屿发展中国家和最不发达国家面临气候变化挑战，仍需来自国际社会的资金和援助。全球绿色金融发展不平衡，其发展程度与国家和地区的经济要素、金融基础、优先事项等密切相关，亟须通过国际合作来推动世界各国尤其是发展中国家实现可持续转型。

关键词： 绿色金融　区域发展　可持续发展

一　欧洲及其主要国家绿色金融发展进程

根据 2023 年全球绿色金融发展指数，欧洲全球绿色金融发展指数得分为 59.8620，是国别组排名第一的地区。整体来看，绿色金融发展在欧洲各国得到普遍共识，欧盟与欧洲各国之间体系化的政策建设和规模化的市场发展引领了全球绿色金融发展，并且欧洲积极与其他地区开展国际合作。欧盟提出的一系列政策从多个维度为欧洲各国建立了政策参照和执行的规范。法国、德国和英国分别就各国情况建设了一套绿色金融政策体系，相应的绿色金融市场十分活跃。

（一）欧盟

欧盟委员会通过了一系列提案，使欧盟的气候、能源、交通和税收政策实现到 2030 年温室气体净排放量比 1990 年的水平减少至少 55%，在 2050 年前使欧洲大陆成为第一个碳中和大陆。[①] 在欧盟政策背景下，"可持续金融"被理解为利用金融手段支持经济增长，减轻环境压力，帮助实现《欧洲绿

---

① "The European Green Deal," https://commission.europa.eu/strategy-and-policy/priorities-2019-2024/european-green-deal_en.

色新政》的气候和环境目标，同时考虑社会和治理因素。① 欧盟关于可持续
金融的政策制定正式始于 2018 年，其发布了《可持续发展融资行动计划》
（Action Plan for Financing Sustainable Growth）。同年 5 月欧盟提出一系列涉及
分类法、ESG 信息披露、碳足迹标签的措施。2020 年，欧盟委员会提出的
《欧洲绿色交易投资计划和公正转型机制》（European Green Deal Investment
Plan and Just Transition Mechanism）计划在近十年内动员至少 1 万亿欧元的
可持续投资，并建立起一个体系，促进所需的公共和私人投资，帮助经济朝
气候中立、绿色、竞争性和包容性方向转型（见图 1）。② 2021 年，欧盟委
员会发布《可持续经济转型融资战略》（Strategy for Financing the Transition to a
Sustainable Economy），提出从转型金融、普惠金融、金融体系的韧性和贡献
以及全球雄心四个领域开展行动，提供资金支持，实现向可持续经济
转型。③

　　除了以上可持续金融政策外，欧盟从企业气候相关信息披露、基准标签
和基准 ESG 披露、金融服务部门、可持续分类法、绿色债券标准和可持续
金融国际平台维度搭建起可持续金融框架。

　　1. 企业非财务信息披露指南

　　欧盟最早于 2014 年提出了针对企业非财务信息的披露要求，该要求作
为《欧洲绿色新政》实现环境可持续发展目标战略部署的中间环节，要求
所有大公司和所有上市公司（上市微型企业除外）披露他们认为由社会和环
境问题带来的风险和机遇，以及他们的活动对人居环境的影响等相关信息。④

---

① "Overview of Sustainable Finance," https：//finance. ec. europa. eu/sustainable－finance/overview－
　　sustainable-finance＿ en#the-eu-sustainable-finance-framework.
② "European Green Deal Investment Plan and Just Transition Mechanism," https：//finance. ec.
　　europa. eu/publications/european-green-deal-investment-plan-and-just-transition-mechanism＿
　　en.
③ "Strategy for Financing the Transition to a Sustainable Economy," https：//finance. ec. europa. eu/
　　publications/strategy-financing-transition-sustainable-economy＿ en.
④ "Disclosure of Non-Financial and Diversity Information by Large Companies and Groups—Frequently
　　Asked Questions," https：//ec. europa. eu/commission/presscorner/detail/en/MEMO＿ 14＿ 301.

2017年7月18日
活动——可持续金融
委员会举办可持续
金融会听会

2017年11月13日
咨询——机构投资者和资产管理
公司在可持续发展方向的责任
委员会就机构投资者和资产管理
公司在可持续发展方面的责任
发起公众咨询
结束日期：2018年1月28日

2018年3月8日
行动计划——为
可持续发展提供资金
委员会发布更新后
的可持续金融战略
和《可持续发展融资
行动计划》

2018年5月24日
——揽子立法——可
持续金融
委员会提出关于
可持续金融的立法建议

2019年3月21日
高级别会议——可
持续金融的全球方法
委员会组织一次高级别会议
持续金融的全球方法

2020年1月14日
出版物——《欧洲绿色交易投资
计划和公正转型机制》
委员会提出《欧洲绿色交易投资
公正转型机制》，该计划将在未来十年
内调动至少1万亿欧元的可持续投资，建立
一个有助于促进气候中立、绿色、竞争性和
包容性经济过渡所需的公共和私人投资的框架

2019年12月10日
活动——为《巴黎
协定》融资
欧盟委员会和欧洲投资
银行（EIB）联合举办COP 25：
"《巴黎协定》融资：如何
动员私人投资者？"

2020年4月8日
咨询——更新的可持续
金融战略
委员会就更新的可持续
金融战略展开咨询
结束日期：2020年7月15日

2021年4月21日
——揽子立法——可持续金融
委员会发布可持续金融
一揽子措施，这些措施有
助于提高支持有
可持续活动的资金流

2021年7月6日
战略——可持续融资
委员会发布向可持续经济
转型的融资战略

2020年10月1日
平台——欧盟可持续金
融平台
委员会公布欧盟可持续金融
平台专家组成员名单

2021年8月27日
研究——将ESG因素纳入
欧盟银行业审慎监管框架
委员会发布研究报告，探讨如何
开发工具和机制，将ESG因素
纳入欧盟银行业务战略和投资政策
以及银行业务审慎监管框架

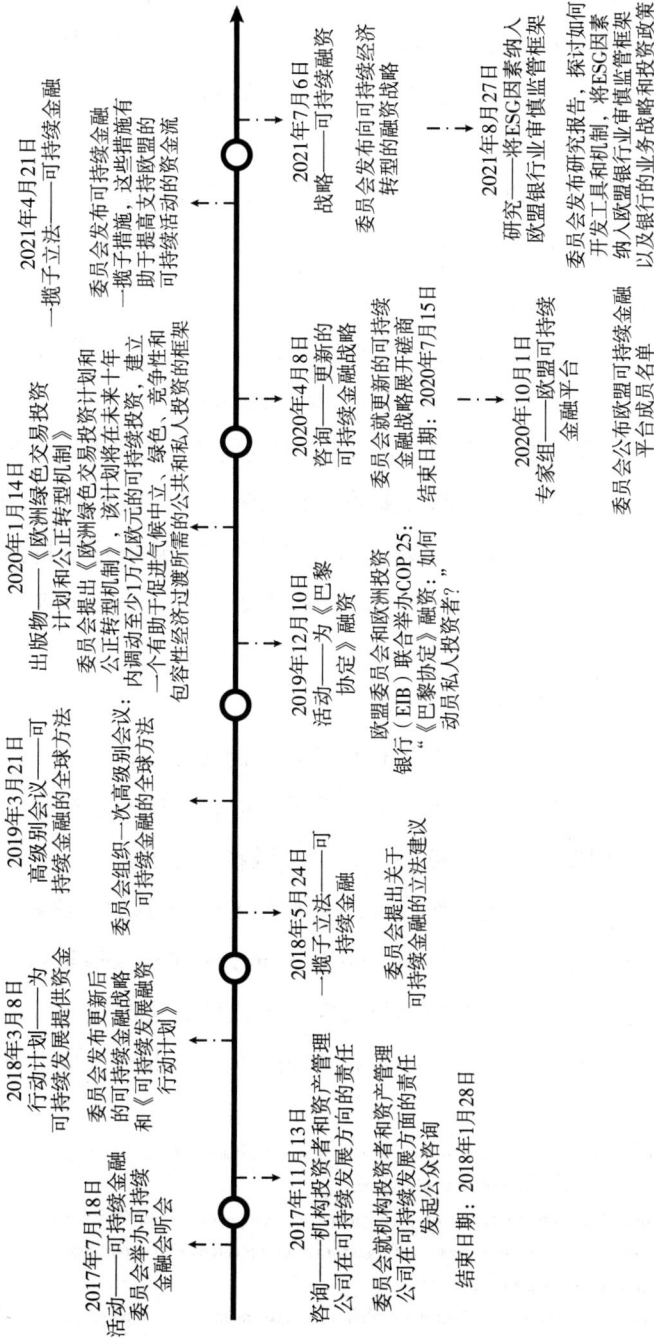

图1 欧盟绿色金融政策制定时间线

资料来源："The EU Sustainable Finance Framework," https://finance. ec. europa. eu/sustainable-finance/overview-sustainable-finance_en#the-eu-sustainable-finance-framework。

为进一步规范披露标准，欧盟随后于 2017 年 6 月发布了非强制性的《非财务报告指令》（Non-Financial Reporting Directive，NFRD），鼓励企业披露其环境与社会责任信息，并在 2021 年提交了针对《非财务报告指令》的修订提案。①

基于 2021 年的提案，欧盟在 2022 年发布了《企业可持续发展报告指令》（Corporate Sustainability Reporting Directive，CSRD），修订了《非财务报告指令》的现有要求，② 这些要求将针对不同类型的公司分阶段实施，该指令主要内容包括：引入强制性欧洲可持续发展报告标准［欧洲财务报告咨询小组（EFRAG）目前正在制定该标准］；要求更多的大型公司和中小型上市公司必须报告可持续发展情况，确保投资者和其他利益相关者能够获得评估气候变化和其他可持续发展问题带来的投资风险所需的信息；从 2026 年起，上市中小型企业才有义务进行报告，在 2028 年之前还有可能自愿选择不进行报告，首批公司必须在 2024 财年首次应用新规则，并在 2025 年发布报告。③

2. 基准标签和基准 ESG 披露

在 2018 年发布的《可持续发展融资行动计划》的指导下，欧盟委员会宣布采取措施提高基准方法的 ESG 透明度，并提出倡议以进一步提高欧盟的低碳基准线标准。2019 年 9 月，欧盟可持续金融技术专家组（Technical Expert Group，TEG）发布《欧盟气候基准和基准的 ESG 披露的最终报告》（TEG Final Report on Climate Benchmarks and Benchmarks' ESG Disclosures），建议为"欧盟气候过渡"和"欧盟与巴黎接轨"基准的方法制定一份最低技术要求清单，旨在规避"洗绿"（Greenwashing）风险；此外，报告还对

---

① "Commission Guidelines on Non-Financial Reporting," https：//finance. ec. europa. eu/publications/commission-guidelines-non-financial-reporting_ en.

② "Corporate Sustainability Reporting," https：//finance. ec. europa. eu/capital-markets-union-and-financial-markets/company-reporting-and-auditing/company-reporting/corporate-sustainability-reporting_ en#legislation.

③ "Sustainable Finance：Commission Welcomes Political Agreement on Company Sustainability Reporting," https：//ec. europa. eu/commission/presscorner/detail/en/mex_ 22_ 3966.

ESG 披露要求提出建议，包括报告使用的标准格式，提高所有基准信息的透明度和可比性。此外，为研究欧盟新的 ESG 基准标签的可行性以及最低标准和透明度要求，欧盟可持续金融技术专家组向利益相关者征求意见，使该标签能够评估投资是否符合长期可持续性。①

3. 金融服务部门的可持续相关披露

2021 年，欧盟颁布《可持续金融信息披露条例》（Sustainable Finance Disclosure Regulation，SFDR），规定了金融市场参与者可持续信息披露方式，帮助有意将资金投入支持可持续发展目标的投资者做出明智的选择，还进一步帮助投资者正确评估如何将可持续风险纳入投资决策过程。② 2022 年 4 月，欧盟委员会发布《授权条例》［Delegated Regulation（EU）2022/1288］，对于金融市场参与者披露可持续发展相关信息时应使用的技术标准做出明确规定，包括披露信息的确切内容、方法和表述方式，旨在提高披露信息的质量和可比性。③

4. 可持续分类法

欧盟可持续分类规则围绕《可持续金融分类法案》（EU Taxonomy）展开，该法案既是欧盟可持续融资框架的基石，也是重要的市场透明度工具。根据该法案，欧盟委员会必须通过授权法案和实施法案为每项环境目标确定技术筛选标准，从而制定环境可持续活动的实际清单。《可持续金融分类法案》制定了用于在欧盟开展"绿色"或"可持续"经济活动的分类框架。除此之外，《可持续金融分类法案》为可持续发展的概念创建了一个清晰的框架，明确界定了公司或企业在什么情况下是以可持续或环境友好的方式运营的，奖励并推广环保型商业行为和技术。《可持续金融

---

① "EU Labels for Benchmarks（Climate，ESG）and Benchmarks' ESG Disclosures，" https：//finance. ec. europa. eu/sustainable-finance/disclosures/eu-labels-benchmarks-climate-esg-and-benchmarks-esg-disclosures_ en.

② "Sustainability-Related Disclosure in the Financial Services Sector，" https：//finance. ec. europa. eu/sustainable-finance/disclosures/sustainability-related-disclosure-financial-services-sector_ en.

③ "Corrigendum to Commission Delegated Regulation，" https：//eur-lex. europa. eu/legal-content/EN/TXT/? uri=CELEX：32022R1288R（01）.

分类法案》设定的六个环境目标包括：减缓气候变化、适应气候变化、水资源和海洋资源的可持续利用和保护、向循环经济过渡、污染预防和控制、保护和恢复生物多样性和生态系统（见图2）。①

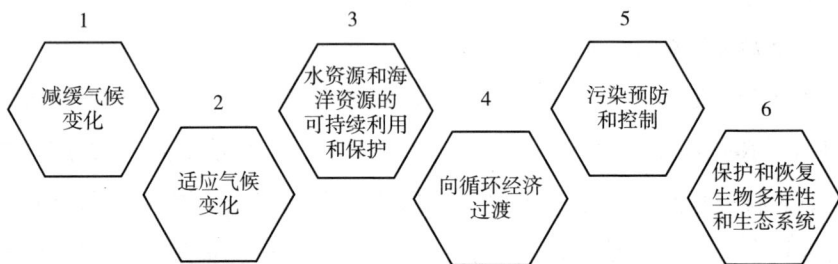

图2　《可持续金融分类法案》六个环境目标

资料来源：EU Taxonomy Info，https：//eu-taxonomy.info/info/eu-taxonomy-overview。

2022年7月，欧盟发布《补充气候授权法案》，表明要将特定的核能和天然气活动纳入《可持续金融分类法案》所涵盖的经济活动清单，使特定天然气和核能活动的标准符合欧盟的气候和环境目标，加快实现从包括煤炭在内的固体或液体化石燃料向气候中和的未来转变。该授权法案于2023年1月起适用。②

5. 绿色债券标准

欧盟致力于鼓励市场参与者发行和投资欧盟绿色债券，并提高绿债市场的有效性、透明度、可比性和可信度。欧盟最早于2019年3月发布欧盟绿色债券标准（EUGBS）中期报告，并在2021年进一步提议将欧盟绿色债券标准立法，作为《欧洲绿色新政》和《可持续发展融资行动计划》的重要组成部分，秉承自愿原则，帮助扩大绿色债券市场规模，提振绿色债券市场对于环境保护的信心。③

---

① "EU Taxonomy Overview，" https：//eu-taxonomy.info/info/eu-taxonomy-overview。
② "EU Taxonomy for Sustainable Activities，" https：//finance.ec.europa.eu/sustainable-finance/tools-and-standards/eu-taxonomy-sustainable-activities_en。
③ "European Green Bond Standard—Supporting the Transition，" https：//finance.ec.europa.eu/sustainable-finance/tools-and-standards/european-green-bond-standard_en。

6. 可持续金融国际平台

2019 年，欧盟为动员更多私人资本进行环境可持续投资，打造了可持续金融国际平台，为负责制定可持续金融监管措施的政策制定者提供了一个多边对话论坛。[①] 可持续金融国际平台在 2022 年成立三周年之际指出将继续在分类法比较和转型金融领域开展工作。

除了以上关于政策工具的建设，在碳市场方面，欧盟碳排放交易体系起步早、发展快，是当前最具有代表性的碳市场。它既是欧盟应对气候变化政策的基石，也是有效减少温室气体排放的关键工具，以期于 2030 年实现欧盟提出的在 2005 年水平上减少 55% 的温室气体的目标。[②] 欧盟碳市场于 2005 年启动，经过前三个阶段的发展后，在当前的第四阶段（2021~2030 年）从"更有针对性的碳泄漏规则"方面发力，完善欧盟碳排放交易体系。修订后的《欧盟碳排放交易体系指令》提供了可预测、稳健和公平的规则来降低碳泄漏的风险。[③]

（二）法国

法国高度重视绿色金融发展，作为绿色金融领域的先行者，法国已立法承诺于 2050 年实现碳中和目标。[④] 作为欧盟的成员国，法国采用了大量欧盟有关绿色金融的法案和规定，又针对本国可持续发展情况制定了一系列战略，推动其绿色金融市场的规模化发展。

在国家层面的绿色发展战略中，除了已经发布的阶段性战略规划，如《可持续发展生态转型国家战略 2015—2020 年》（National Strategy of Ecological

---

[①] "International Platform on Sustainable Finance," https：//finance. ec. europa. eu/sustainable - finance/international-platform-sustainable-finance_ en.

[②] "EU Emissions Trading System (EU ETS)," https：//climate. ec. europa. eu/eu - action/eu - emissions-trading-system-eu-ets_ en.

[③] "Our Ambition for 2030," https：//climate. ec. europa. eu/eu - action/eu - emissions - trading - system-eu-ets/revision-phase-4-2021-2030_ en.

[④] "France Climate Commitments," https：//www. climatewatchdata. org/countries/FRA? end_ year = 2019&start_ year = 1990.

Transition towards Sustainable Development 2015-2020)① 以及《国家低碳战略》（National Low-Carbon Strategy）② 等策略之外，法国于 2022 年出台了《法国绿色国家》（France Nation Verte）。作为法国全体国民的绿色行动计划，《法国绿色国家》针对生态转型做了具体指导，总共围绕 6 个主题，部署 22 个业务项目，旨在减少温室气体排放、适应气候变化、恢复生物多样性和以可持续的方式减少对自然资源的开采。③

聚焦绿色金融相关政策，在顶层设计上，2017 年，法国生态转型与团结部、经济和财政部发布了《法国绿色金融战略》（French Strategy for Green Finance），从将气候相关风险纳入金融系统、战略性使用资源助力法国转型融资、为发展中国家转型提供资助、巩固法国在绿色金融领域的领导地位四个主要方面着手继续发挥法国的先锋作用。④

可持续信息披露方面，法国是世界上较早通过立法的形式来推进企业进行环境和社会责任信息披露的国家。法国通过 2001 年颁布的新经济规制法案（NRE 法案），强制要求上市公司披露其活动对环境和社会的影响，法国由此成为第一个将绿色金融纳入法律范畴的国家；⑤ 2010 年法国颁布的《综合环境政策与协商法 II》将环境信息披露对象扩展至 500 人以上的大型企业；2012 年与 2017 年法国相继颁布《关于公司在社会和环境事务中的透明度义务法令》和《企业警戒责任法》，针对企业的环境信息披露做出更为细致的要求；此外，2015 年，法国颁布的《绿色增长能源转型法》为实现应

---

① "National Strategy of Ecological Transition towards Sustainable Development 2015 – 2020," https：//climate – laws. org/document/national – strategy – of – ecological – transition – towards – sustainable–development–2015–2020_ 5ffd.

② "National Low-Carbon Strategy," https：//climate – laws. org/document/national – low – carbon – strategy–snbc_ 6f60.

③ "France Nation Verte," https：//www. ardeche. gouv. fr/contenu/telechargement/21580/179994/file/Charte%20France%20Nation%20Verte_ 0. pdf.

④ "Executive Summary French Strategy for Green Finance," https：//www. economie. gouv. fr/files/files/PDF/2017/executive–summary_ green–finance. pdf.

⑤ 《法国绿色金融发展现状与中法绿色金融合作展望》，中央财经大学绿色金融国际研究院网站，2021 年 11 月 20 日，https：//iigf. cufe. edu. cn/info/1012/4359htm#_ ftn21。

对气候变化与促进能源结构转型的目标，要求资管公司和机构投资者披露气候变化风险管理的信息，说明在公司的投资和风险管理政策中如何融入 ESG 标准，以及如何促进能源和生态转型。法国由此成为首个对金融机构提出 ESG 信息披露要求的国家。① 在环境信息披露监管方面，为加强对可持续金融业务的监督，法国金融市场管理局于 2018 年设置了可持续战略与财务部门，并于 2019 年出台《企业成长与转型法》，进一步明确金融市场管理局对金融机构 ESG 信息披露的监管职责。

2022 年 3 月，法国经济、财政和振兴部门发布了《使巴黎金融中心成为气候转型的基准：行动框架》（Making the Paris Financial Center a Benchmark for Climate Transition：A Framework for Action），在总结气候转型意义和巴黎金融中心过往行动的基础上，基于二氧化碳核算、分析方法、碳外部性的治理与管理、培训、金融产品和标签、金融中心对化石燃料的调整轨迹、金融创新，为巴黎市场提供行动计划和建议并为法国金融市场去碳化确定初步路径。②

绿色金融产品专项政策方面，法国制定了指导文件并进行了丰富的绿色金融实践，法国绿色金融市场品类丰富且具有一定规模。

绿色债券方面，法国于 2017 年初首次发行的一只 22 年期、利率为 1.75%、总额达 70 亿欧元的绿色债券为迄今为止发行规模最大、期限最长的绿色基准债券。③ 根据 2022 年指示性国家融资计划，绿色债券将被用于满足市场需求，以达到 2022 年合格绿色支出（Eligible Green Expenditure）的上限。绿色债券的累计余额为 432 亿欧元。④ 2022 年，法国累计发布绿色债券

---

① 《ESG 政策法规研究——法国篇》，知乎网站，https：//zhuanlan. zhihu. com/p/548862237。

② "Rapport Perrier-Faire de la place financière de Paris une référence pour la transition climatique：un cadre d'actions" https：//www. vie‐publique. fr/rapport/284351‐rapport‐perrier‐place‐financiere‐de‐paris‐pour‐la‐transition‐climatique.

③ "Green OATs," https：//www. aft. gouv. fr/zh‐hans/oatlusezhaiquan.

④ "24 January 2022：Green OATs：Announcement of the Amount of Green Eligible Expenditures for 2022," https：//www. aft. gouv. fr/en/publications/communiques‐presse/24‐january‐2022‐green‐oats‐announcement‐amount‐green‐eligible.

24.8 亿美元，新增绿债发行单数 31 笔。[①]

绿色信贷方面，法国于 2014 年出台了《绿色贷款的未来投资计划》（Financement des entreprises sobres：prêts verts），并将生态和能源转型作为政府未来投资计划的核心，包括总额达 6.8 亿欧元的绿色补贴贷款，其中 3.4 亿欧元由法国巴黎金融公司发放，3.4 亿欧元为私人共同出资；[②] 2022 年法国国家投资银行（Bpifrance）发布 ADEME 绿色贷款，为希望开展生态和能源转型项目的中小型企业提供无担保贷款。[③]

绿色基金方面，法国可持续发展部于 2015 年推出 GreenFin 标签。该绿色金融标签旨在动员投资，支持能源和生态转型。要获得绿色金融标签，投资基金必须满足以下几个标准：能源和生态转型、应对气候变化、75% 以上的绿色活动投资、考虑排除标准、针对 ESG 争议提出战略、衡量环境影响。

碳定价机制方面，法国除了加入欧盟温室气体排放权交易体系，还拥有本国独特的碳税相关制度和举措。法国在碳税政策的执行上存在反复。法国 2009 年 9 月宣布将于 2010 年起征收碳税，但实际于当年 12 月宣布法案无效；法国碳税于 2014 年起正式开始征收，规定税率为 7 欧元/吨二氧化碳，并计划逐年增加。2022 年碳税价格上涨至 45 欧元/吨二氧化碳。[④] 此外，2022 年法国为降低汽车二氧化碳排放，决定针对新车和通行费征收"绿色税"，每公里排放 128 克二氧化碳的新车都将纳入税收范围。[⑤]

[①] Climate Bond Initiative，https：//www. climatebonds. net/market/data/.

[②] "Convention du 10 décembre 2014 entre l'Etat et BPI-Groupe relative au programme d'investissements d'avenir（action：《Financement des entreprises sobres：prêts verts》）," https：//www. legifrance. gouv. fr/jorf/id/JORFTEXT000029884304? init = true&page = 1&query = Cr% C3% A9dit + vert&searchField = ALL&tab_ selection=all.

[③] "Prêt Vert ADEME," https：//www. bpifrance. fr/catalogue - offres/transition - ecologique - et - energetique/pret-vert-ademe.

[④] "Carbon Taxes in Europe," https：//taxfoundation. org/carbon-taxes-in-europe-2022/.

[⑤] "2022 Changes for Drivers in France：Higher Taxes and Speed Limiters," https：//www. connexionfrance. com/article/French-news/2022-changes-for-drivers-in-France-Higher-taxes-and-speed-limiters.

法国积极投身绿色金融国际合作，除了参加多个国际主流可持续金融平台外，还积极为发展中国家筹措气候行动资金。截至 2022 年 11 月，法国为发展中国家提供的气候融资已突破 60 亿欧元大关并超额完成承诺。[①] 法国巴黎银行与中国蚂蚁集团于 2022 年 5 月签订可持续发展挂钩贷款协议，该笔贷款将全部用于推进蚂蚁集团 ESG 战略及碳中和相关目标。该笔贷款也将成为首笔投向中国科技企业的可持续发展挂钩贷款。[②]

（三）德国

德国通过《2021 年气候变化法案》，承诺于 2050 年实现碳中和目标。2022 年，德国政府在《德国可持续发展战略 2022 年政策决议》中指出，德国可持续发展战略的下一次全面更新将于 2024 年底由联邦内阁通过。[③]

绿色金融发展领域，2021 年，德国多个政府部门联合发布《德国可持续金融战略》（German Sustainable Finance Strategy）。该战略作为德国绿色金融发展的纲领性文件，明确提出德国绿色金融发展的目标、行动领域和具体措施，德国政府希望通过该战略使德国成为全球领先的可持续金融中心。[④]

地方层面，德国地方政府积极推进可持续金融实践，为国家性可持续金融发展提供样本。2022 年 10 月，德国巴登-符腾堡州发布了《可持续金融

---

① "Climate Finance in Developing Countries: France Passes the € 6 Billion Mark and Exceeds Its Commitments（9 November 2022），" https://www.diplomatie.gouv.fr/en/french-foreign-policy/climate-and-environment/news/article/climate-finance-in-developing-countries-france-passes-the-eur6-billion-mark-and/.

② 《中国科技企业第一笔！蚂蚁集团从法国巴黎银行获可持续发展挂钩贷款，将定向用于 ESG 和碳中和项目》，广州绿色金融协会网站，2022 年 5 月 23 日，http://www.gzgfa.org.cn/Hangyexinwen-33/652.html。

③ "Policy Decision 2022, German Sustainable Development Strategy," https://www.bundesregierung.de/resource/blob/998348/2156614/9aab923ac159c532860d35622b97c5f3/2022-11-30-dns-grundsatzbeschluss-en-data.pdf? download=1.

④ "German Sustainable Finance Strategy," https://www.bundesfinanzministerium.de/Content/EN/Standardartikel/Press_Room/Publications/Brochures/sustainable-finance-strategy.pdf?__blob=publicationFile&v=8.

投资法草案》（Gesetz für nachhaltige Finanzanlagen）。该草案对国家和国有企业的金融投资制定了严格的标准，除营利性、流动性和安全性标准外，进一步将可持续性列为投资的第四项基本标准，使投资决策更好地与全球可持续发展目标保持一致，激励企业积极投资可持续发展相关领域并积极践行气候保护承诺。①

在绿色金融专项产品政策中，德国目前针对绿色债券和绿色保险分别做出了政策和法律规定。在绿色债券领域，德国主要以2020年出台的《绿色债券框架》（Green Bond Framework）为行动指南，该框架规定了德国联邦绿色证券五大绿色支出类别，包括交通，国际合作，创新、研究与意识提升，能源与工业，农业、林业、土壤及生物多样性保护。②

在绿色保险领域，德国以2017年更新的《环境责任法案》（Environmental Liability Act）为准则，对由环境影响造成的各类后果进行处置。该法案第一部分主要围绕存在环境责任风险的设施展开，规定设施所有人有义务提前预防设施带来的风险，若设施造成的环境影响进一步造成人员死亡、健康损害或财产损坏，该设施的经营人有义务就由此造成的损害进行赔偿。③

在环境信息披露领域，《德国可持续金融战略》从三个方面对大公司和集团的非财务信息披露做出具体规定。德国的环境信息披露要求主要参照欧盟的政策标准（EU Taxonomy、NFRD、CSRD和SFDR），努力使国内金融监管要求与欧盟标准相适应。基于欧盟相关要求，德国联邦金融监管局在2022年发布了第七次修正案（风险管理最低要求），首次增加了对可持续发

---

① "Germany-Upcoming Sustainable Financial Investments Act," https：//www. simmons－simmons. com/en/publications/clacfqhrn5wg60b080arusftk/germany－－－upcoming－sustainable－financial－investments-act.

② "Green Federal Securities," https：//www. bundesfinanzministerium. de/Content/EN/Standardartikel/Topics/Priority－Issues/Climate－Action/green－german－federal－securities－restricted/green－german-federal-securities. html#.

③ "Environmental Liability Act," https：//www. gesetze－im－internet. de/englisch_ umwelthg/englisch_ umwelthg. html.

展风险管理的要求。①

德国目前暂未开展碳税交易，但除了欧盟碳排放交易体系外，德国还建立了德国碳市场（Germany ETS），弥补了建筑和交通行业的碳定价机制空白。此外，2022 年，为缓解能源价格上涨带来的压力，德国政府暂停其国内碳价格上涨一年，该冻结的碳价为德国国家排放交易体系（nEHS）下二氧化碳的价格（2022 年度为 30 欧元/吨），旨在降低企业和消费者承担的温室气体排放成本。②

绿色金融市场上，绿色债券方面，根据德国政府发布的《2022 年绿色债券分配报告》（Green Bond Allocation Report 2022），德国政府在 2022 年共发行了价值 145 亿欧元的德国联邦绿色债券，发行量连续两年增长（从 2020 年的 115 亿欧元增至 2021 年的 125 亿欧元）。截至 2022 年底，德国联邦绿色债券的流通总额达 385 亿欧元，德国现已成为第二大欧元绿色债券发行国。③ 绿色基金方面，《德国可持续金融战略》提出了一个识别绿色投资机会的系统，宣布将德国在养老金和福利基金中持有的数十亿欧元股票重新配置为绿色投资，并将可持续金融作为德国在七国集团（G7）外交努力中的优先事项。④

德国作为较早进行绿色金融实践的国家，积极参与全球绿色发展多边对话并开展绿色金融国际合作。除了参加国际主流绿色金融平台之外，德国与七国集团在 COP27 上启动"全球之盾"气候融资计划。该计划旨在向遭受气候灾害的低收入国家的社区迅速提供现金。德国承诺向"全球之盾"气

---

① "Mindestanforderungen an das Risikomanagement," https：//www. bafin. de/SharedDocs/Veroeff entlichungen/DE/Meldung/2022/meldung_ 2022_ 09_ 26_ Kons_ 06-2022_ MaRisk. html.

② "Berlin Freezes Carbon Prices in the Name of Crisis Relief," https：//www. euractiv. com/section/ emissions-trading-scheme/news/berlin-freezes-carbon-price-in-the-name-of-crisis-relief/.

③ "German Government Publishes 'Green Bond Allocation Report 2022'," https：//www. bundesfin anzministerium. de/Content/EN/Standardartikel/Topics/Priority - Issues/Climate - Action/green - german-federal-securities-restricted/green-bond-allocation-report-2022. html#.

④ "Green and Sustainable Finance in Germany," https：//www. cleanenergywire. org/factsheets/ green-and-sustainable-finance-germany.

候融资计划提供 1.7 亿欧元，以帮助低收入国家在发生气候灾害时进行重建。[①]

德国有关绿色金融的国际合作主要由德国国际合作机构（GIZ）开展实施。为促进环境友好和社会包容的金融市场建设，2018 年，巴西和德国启动了一项促进绿色和可持续金融的技术合作项目"巴西可持续金融"，帮助巴西的金融部门更好地适应社会、环境、气候相关发展，并为巴西建立可持续金融经济框架提供技术援助。[②]

（四）英国

英国于 2019 年成为首个立法承诺 2050 年实现净零排放的主要经济体，并于 2022 年 9 月再次更新国家自主贡献（NDC）立法文件，并根据国际最佳实践和《巴黎协定》规则手册进行了四点更新：澄清了该目标如何与《巴黎协定》的温度目标保持一致，更详细地解释了英国将如何在 2030 年前实现国家自主贡献，将国家自主贡献的领土范围扩大到包括英国的皇家属地和海外领土，纳入更多关于升级、性别、绿色技能、公众参与、公正转型以及英国如何支持其他国家实现其国家自主贡献的细节。[③]

英国于 2021 年发布了《净零战略：建设更绿色的回归》（Net Zero Strategy：Build Back Greener）。该战略提出了使英国所有经济部门实现脱碳的政策和建议，以实现到 2050 年净零碳排放。该战略在 2022 年 4 月进行了更新，主要内容包括：更新能源需求表，以纠正净零战略中能源需求与行业

---

① "Germany, G7 Launch 'Global Shield' Climate Finance at COP27," https：//www. dw. com/en/germany-g7-launch-global-shield-climate-finance-at-cop27/a-63728889.

② "FiBraS Project-Sustainable Brazilian Finance," https：//www. gov. br/produtividade－e－comercio-exterior/pt-br/assuntos/assuntos-economicos-internacionais/cooperacao-internacional/projeto-fibras-2013-financas-brasileiras-sustentaveis.

③ "UK's Nationally Determined Contribution, Updated September 2022," https：//www. gov. uk/government/publications/the-uks-nationally-determined-contribution-communication-to-the-unfccc.

排放路径之间的误差；更新 GDP 能源强度指标，以反映能源需求的变化。①2022 年，英国政府还就具体的矿产、航空、汽车等领域制定了相应的去碳化政策。

绿色金融领域，2019 年，英国四部门（商业、能源和工业战略部，能源安全和净零排放部，环境、食品和农村事务部，财政部）联合发布了《绿色金融战略》（Green Finance Strategy）。该战略作为英国绿色金融的顶层设计，列举了英国在绿色金融领域采取的重要举措，主要分绿色金融、绿色融资、抓住机会三个章节展开，以加快国内外绿色金融的发展，利用绿色金融推动实体经济的增长。② 2021 年，英国政府发布的《绿色金融：可持续投资路线图》（Green Finance：A Roadmap to Sustainable Investing）提出，英国将在 COP26 之前，以及从 2023 年起对所有大型公司和金融公司实施强制性净零转型计划。③

绿色金融产品政策上，2022 年英国财政部针对绿色债券发布了《英国政府绿色融资规定》（UK Government Green Financing），旨在通过发布绿色金边债券与国家储蓄和投资（National Savings & Investments）零售绿色储蓄债券，向绿色经济转型提供资金，为应对环境挑战和在英国各地创造绿色就业机会提供帮助。④ 此外，为进一步有效应对绿色金融风险，英国发布了多项与气候相关的金融信息披露政策，《2022 年公司（战略报告）（气候相关

---

① "UK's Net Zero Strategy：Build Back Greener，" https：//www. britcham. org. sg/news/uks-net-zero-strategy-build-back-greener#：~：text=Building%20on%20the%20Prime%20Minister%E2%80%99s%2010%20Point%20Plan%2C，in%20the%20future%2C%20and%20strengthening%20our%20energy%20security.

② "Transforming Finance for a Greener Future：2019 Green Finance Strategy，" https：//www. gov. uk/government/publications/green-finance-strategy/transforming-finance-for-a-greener-future-2019-green-finance-strategy#ministerial-foreword.

③ "Greening Finance：A Roadmap to Sustainable Investing，" https：//climate-laws. org/geographies/united-kingdom/policies/greening-finance-a-roadmap-to-sustainable-investing.

④ "UK Government Green Financing，" https：//www. gov. uk/government/publications/uk-government-green-financing.

财务披露）条例》①中主要包含了对2006年公司法的修订和对气候相关财务信息披露的定义，并要求部分公司在其战略报告中提供与气候有关的财务信息披露。

绿色金融市场上，英国绿色融资计划是政府绿色融资议程的重要支柱，2021年9月，英国发行主权绿色债券（绿色金边债券）与国家储蓄和投资零售绿色储蓄债券。通过该计划筹集的资金将为政府应对气候变化、生物多样性丧失和其他紧迫环境挑战支出提供资金。② 2022年，英国共发行绿色债券18.4亿美元，其中，在2022~2023财年，绿色金边债券在2022年5月、9月、11月和2023年2月（两次交易）的五次交易中总共筹集了99亿英镑，以期重新开放现有的中长期绿色金边债券，提高其流动性。③

在碳市场领域，自脱欧后，英国逐步完善了其独立的碳市场，通过实施2021年排放交易计划，取代了参与欧盟的排放交易计划，④ 并建立了比欧盟更严格的排放上限标准，英国碳市场计划每年将排放上限降低4.2百万吨，比欧盟碳市场上限低5%。⑤

英国作为国际可持续发展议题的引领者和实践者，活跃于国际可持续发展舞台。英国在参与多个国际可持续金融平台和倡议之外，还成立了英国国际气候金融（International Climate Finance，ICF），旨在支持发展中国家应对气候变化带来的挑战和机遇，ICF主要从实现全球和平、安全与治理，加强复原力和危机应对能力，促进全球繁荣，解决极端贫困问题、帮助世界上最

---

① "The Companies（Strategic Report）（Climate-Related Financial Disclosure）Regulations 2022," https：//www. legislation. gov. uk/uksi/2022/31/contents/made.

② "UK Green Financing Allocation Report," https：//www. dmo. gov. uk/media/yxtnpt5l/pr260922. pdf#：~：text = These% 20Green% 20Savings% 20Bonds% 20allow% 20UK% 20savers% 20to，in% 20interest% 20rates% 20in% 20the% 20fixed-term% 20savings% 20market.

③ "Green Gilt Issuance," https：//www. dmo. gov. uk/responsibilities/green-gilts/.

④ "Taking Part in the UK Emissions Trading Scheme Markets," https：//www. gov. uk/government/ publications/taking-part-in-the-uk-emissions-trading-scheme-markets/taking-part-in-the-uk-emissions-trading-scheme-markets.

⑤ 《IIGF观点 | 英国绿色金融发展现状与中英绿色金融合作展望》，中央财经大学绿色金融国际研究院，2022年5月21日，http：//iigf. cufe. edu. cn/info/1012/5256. htm。

脆弱的群体四个目标着手实现英国的战略援助。① 从 2011 年 4 月到 2022 年 3 月，英国国际气候金融融资方案已经直接支持 9500 万人应对气候变化的影响。② 英国加速气候转型合作伙伴计划（UK PACT）由英国外交、联邦和发展事务部（FCDO）与能源安全和净零排放部（DESNZ）共同管理和资助。该项目致力于帮助伙伴国应对气候变化带来的挑战，并将在 5 年内通过英国国际气候金融获得资金 116 亿英镑。③ 2022 年，英国与印度尼西亚政府共同决定启动 MENTARI 新能源效率项目，该项目作为英-印低碳能源伙伴关系的组成部分，将由 UK PACT 资助，UK PACT 计划投资 270 万英镑资助 MENTARI 项目发展，为印度尼西亚实现加速低碳能源转型的目标助力。④

二 美洲及其主要国家绿色金融发展进程

根据 2023 年全球绿色金融发展指数，美洲全球绿色金融发展指数得分为 54.7408，是国别组排名第二的地区。以美国和加拿大为主要国家的北美地区努力将可持续发展目标和应对气候变化与其发展战略相结合，可持续发展意识推动了可持续和影响力投资，为低碳经济转型提供融资。以巴西和墨西哥为主要国家的南美地区兼具丰富的生态资源和气候脆弱性特征，通过主动开发可持续金融产品满足绿色融资需求。

（一）美国

美国尚未形成全国性绿色金融政策战略，但在环境领域有相关政策，其中与绿色金融密切关联的政策主要由州政府发布推行。2022 年，美国绿色

---

① "International Climate Finance," https：//www. gov. uk/guidance/international-climate-finance.

② "UK Climate Finance Results 2022," https：//www. gov. uk/government/publications/uk-climate-finance-results-2022.

③ "About UK PACT," https：//www. ukpact. co. uk/about.

④ "Indonesia MENTARI Low Carbon Energy Partnership：Launch of Energy Efficiency Component and Signing of the Implementation Arrangement," https：//www. ukpact. co. uk/news/indonesia-mentari-low-carbon-energy-partnership-launch-of-energy-efficiency-component.

金融市场产品种类不断丰富，规模日益扩大，是全球最大的绿色基金投资来源和世界上最大的绿色债券发行者之一。

拜登政府上台以来恢复了对应对气候变化的积极态度。2021年11月，拜登政府出台了《迈向2050年净零排放的长期战略》，详细规划了美国实现净零排放的时间节点、阶段目标及具体路径。[①] 2022年9月，美国能源部发布了《工业脱碳化路线图》，提出加大对多种低碳技术的投资力度，以提高工业能源效率，减少温室气体排放量，推动减排目标的实现。[②]

美国联邦层面的绿色金融政策主要集中在环境责任和环境信息披露方面。环境责任方面，拉夫运河恶性事件[③]发生后，美国国会于1980年通过了《超级基金法》（又称《综合环境响应补偿及责任法》），提出设立超级基金以解决环境治理的费用负担问题。《超级基金法》强调大企业对环境污染治理承担的责任。1986年，美国出台了《超级基金修正案与再授权法》，提高大企业负担的环境税。该法为中小企业及公众积极参与环境治理提供税收激励与资金支持。1997年出台的《纳税人减税法》提出对私人投资污染治理进行税收激励。2002年，美国出台了《小规模企业责任减轻和棕色地块振兴法》，提出减轻或免除小企业等的环境责任并设立环境保险。此外，2009年出台的《美国恢复和再投资法》规定美国环境保护署向超级基金拨款6亿美元用于治理污染。[④] 在逐步深入的修订进程中，美国借助《超级基金法》建立了政府、企业、金融机构及个人充分参与的共同治理机制，通过多种途径为环境治理筹集资金。环境信息披露方面，1993年，美国证券交易委员会颁布了《92号财务告示》，要求上市公司及时并准确披露现存或潜在环境责任，对于不按照要求披露或者披露信息严重虚假的公司将处以50万美元以上的罚款，还会通过新闻媒体对其违法行为进行曝光。此后，

---

① The White House, "The Long-Term Strategy of the United States—Pathway to Net Zero," 2021.

② U. S. Department of Energy, "Industrial Decarbonization Roadmap," 2022.

③ 拉夫运河恶性事件：20世纪70年代发生在美国纽约州尼亚加拉瀑布城的一起化学污染泄漏事件。由于资金中断，拉夫运河工程被中断，成为倾倒化学废料的场所。该事件造成了2.5亿美元的直接经济损失，并对美国社会产生了不利影响。

④ 卢边静子：《美国〈超级基金法〉与绿色金融》，《中国金融》2018年第8期。

美国环境信息披露政策不断完善。[1] 2019 年，纳斯达克交易所发布了《ESG 信息披露指引》。该指引涵盖了包括美国在内的所有纳斯达克市场，并将气候相关财务信息披露工作组（TCFD）建议、欧盟《非财务报告指令》等纳入参考。2022 年 3 月，美国证监会发布了上市公司气候变化相关信息披露规则变更草案。新规则要求上市公司详细披露可能对其业务、战略、经营业绩和财务状况产生重大影响的气候相关风险。与此同时，新规则要求上市公司额外披露董事会和管理层对气候相关风险的监督、识别、评估和管理流程。[2]

为推进绿色金融相关法律和政策的执行，美国环境保护署于 2022 年 11 月遴选出 29 个环境金融中心（Environment Finance Centers，EFCs）（见表1），旨在为州级地方政府和私营部门推行社会福利项目和减排项目提供资金和技术支持。[3]

在州政府层面，美国各州积极推动地方性绿色金融政策制定与实施，在绿色发展制度设计、碳排放权交易市场建设等方面不断探索。2010 年，加利福尼亚州政府发布了《二氧化碳排放总量管制与排放交易规定》，成为美国首个建立碳排放权交易体系的州。与此同时，加利福尼亚州推出了一系列投资倡议和计划，旨在充分调动私人资本投资环境友好型产业的积极性。除加利福尼亚州外，宾夕法尼亚州等其他州政府也出台多项鼓励政策。例如，宾夕法尼亚州环境保护署为充电设施的建设提供占其成本 50% 的补偿，对电动汽车充电时的电价给予一定的折扣等，以吸引居民增加电动汽车等领域的绿色消费。[4]

---

[1] 《美国上市公司强制 ESG 信息披露制度的基本情况》，碳排放交易网，2016 年 3 月 6 日，http：//www. tanpaifang. com/cdp/201603/0651173_ 5. html。

[2] Amit Batish, "ESG Disclosure Prevalence Soared in 2022," 2023.

[3] "Biden-Harris Administration Announces Selection of 29 EPA Environmental Finance Centers to Help Communities Access Funds for Infrastructure Projects," https://www.epa.gov/newsreleases/biden-harris-administration-announces-selection-29-epa-environmental-finance-centers.

[4] 中国人民大学生态研究中心：《美国州政府支持绿色金融发展的主要做法及对我国的启示》，2017。

表1　2022年美国29个环境金融中心

	类别一:区域性多环境媒介中心	类别二:区域性水利基础设施环境金融中心	类别三:全国性水利基础设施环境金融中心
中心名称	低影响发展中心 密歇根理工大学 全国农村水域协会 西萨克拉门托农村援助协会 雪城大学 萨克拉门托州立大学 缅因州大学 马里兰大学 新墨西哥州大学 卡罗来纳大学教堂山分校 城市可持续发展监管网络 威奇托州立大学	三角洲研究所 夏威夷社区基金会 全国农村供水协会 西萨克拉门托农村援助协会（覆盖环境保护署第9区） 西萨克拉门托农村援助协会（覆盖环境保护署第10区） 东南部农村援助项目 雪城大学 缅因州大学 马里兰大学 新墨西哥州大学 卡罗来纳大学教堂山分校 威奇托州立大学 WSOS社区行动委员会	登月使命 华盛顿特区农村援助伙伴关系 桑德基金会 美国水资源联盟

资料来源："Biden-Harris Administration Announces Selection of 29 EPA Environmental Finance Centers to Help Communities Access Funds for Infrastructure Projects," https://www.epa.gov/newsreleases/biden-harris-administration-announces-selection-29-epa-environmental-finance-centers，中央财经大学绿色金融国际研究院整理。

据气候债券倡议组织统计，2022年美国绿色、社会、可持续发展债券发行总规模居世界首位，共计1043亿美元。[1] 与此同时，美国可持续发展债券发行规模日益扩大。2022年，美国共发行可持续发展债券215亿美元，约占全球可持续发展债券市场的13%。[2] 2022年，美国共发行绿色债券644亿美元，发行数量为78只。[3]

美国绿色债券市场上绿色市政债券颇为活跃。自2013年马萨诸塞州发行第一只绿色市政债券以来，美国绿色市政债券种类及发行量波动增长。2022年，美国共发行绿色市政债券400亿美元，相比同期略有下滑。在美国的50

① Climate Bond Initiative, "Sustainable Debt Global State of the Market 2022," 2023.
② Climate Bond Initiative, "Sustainable Debt Global State of the Market 2022," 2023.
③ "Interactive Data Platform," https://www.climatebonds.net/market/data/.

个州中，共有 47 个州发行了绿色市政债券，南达科他州、内华达州和蒙大拿州在 2022 年进入绿色、社会、可持续发展和可持续发展挂钩债券（GSSSB）市场，募集资金主要投向经济型住房建造、绿色交通和绿色住房等领域。[①]

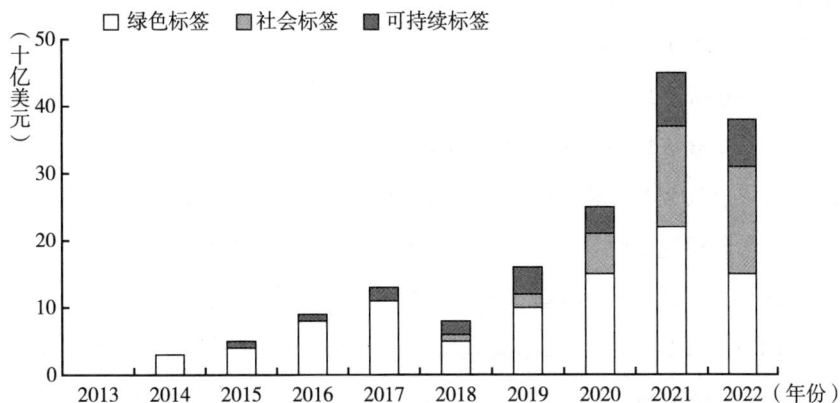

图 3 2013~2022 年美国 GSSSB 市政债券发行规模

资料来源：https：//sandpglobal-spglobal-live.cphostaccess.com/_assets/documents/ratings/research/101572417.pdf，中央财经大学绿色金融国际研究院整理绘制。

绿色信贷方面，2022 年美国绿色贷款发行量达到 254 亿美元，同比增长46%。[②] 绿色贷款发行主体方面，美国绿色银行联盟（Green Bank Consortium，GBC）是美国绿色贷款市场的中坚力量。该联盟由 39 家清洁能源投资商和贷款商组成，包括地方和州绿色银行、社区发展金融机构、信用联盟、国家资助机构和其他非营利组织。2022 年，该联盟为清洁能源项目提供了 46 亿美元的投资，其中 15 亿美元为自有资本，31 亿美元来自私人资本。其投资中有超过 12 亿美元用于低收入和弱势社区的清洁能源项目。据美国绿色银行联盟统计，2011~2022 年，绿色银行联盟促成的公共和私人投资累计已超过 148.5 亿美元。

[①] Andrew Bredeson，"U. S. Municipal Sustainable Bond Issuance Outlook 2023：Momentum to Continue，" 2023.

[②] Mark D. Holmes，Elizabeth J. Kirk，"Sustainability-Linked and Green Loans Hold Ground in Volatile Market，" 2023.

绿色基金方面，2022年美国可持续基金市场存有基金598只，占全球ESG基金总数的8.53%。其总规模达到2860亿美元，占全球ESG基金总规模的11.45%，是全球第二大可持续基金市场。[①] 受宏观经济波动及反ESG热潮等因素影响，2022年美国ESG基金融资情况反复，全年净流入额降至31亿美元，为7年来的最低水平。[②]

碳市场方面，2005年，美国发布了首个基于市场的强制性温室气体减排计划——区域温室气体倡议（Regional Greenhouse Gas Initiative，RGGI）。自2008年以来，RGGI各成员州共举行了58次拍卖，共售出12.7亿吨二氧化碳配额，总金额达59亿美元。这些收益拟投资清洁和可再生能源、温室气体减排等项目。自2014年起，RGGI二氧化碳区域排放上限整体呈下降态势。2021~2030年，RGGI的二氧化碳区域排放上限每年将下降3%，最终实现总降幅30%。交易价格方面，2022年，RGGI市场平均拍卖结算价从2021年的9.61美元/吨上升至13.46美元/吨，同比增长40%。[③]

2007年，美国政府推行了西部气候倡议（Western Climate Initiative，WCI）。目前西部气候倡议仅包含美国加利福尼亚州和加拿大魁北克省之间的共享排放交易市场，以及加拿大新斯科舍省和美国华盛顿州的个人排放交易系统。2022年WCI将价格下限提高至19.7美元/吨，较上年上涨2美元/吨。截至2022年底，WCI碳配额结算价为29.15美元/吨，较2021年上涨0.89美元/吨。[④] 从RGGI和WCI的发展可以看出，美国对于碳市场的建设较为谨慎，虽然较早便有相关区域实践，但其涵盖区域较小，尚未形成全国性统一的碳市场。

2008年10月，美国国家税务局推出了激励性税收抵免措施45Q，通过

---

① 中信证券研究部：《2022年ESG基金盘点：全球融资韧性强劲，国内数量稳步上升》，2023。

② "U. S. Sustainable Funds Underperformed in 2022. Assets Also Fell," https://www. barrons. com/articles/u-s-sustainable-funds-underpeformed-ba4aa2b8.

③ "Annual Report on the Market for RGGI CO_2 Allowances：2021," https://www. rggi. org/sites/default/files/Uploads/Market-Monitor/Annual-Reports/MM_ 2021_ Annual_ Report. pdf.

④ "Western Climate Initiative Kicks off 2022 with Strong Results and High Hopes for Greater Ambition," https://blogs. edf. org/climate411/2022/02/24/western-climate-initiative-kicks-off-2022-with-strong-results-and-high-hopes-for-greater-ambition/.

捕获与封存的碳氧化物数量计算税收抵免额，允许纳税人从企业所得税应纳税额中进行抵免。2018 年更新后的 45Q 税收减免政策首次将直接空气捕集项目纳入其中。此外，税收抵免范围从二氧化碳扩大至包括一氧化碳和亚氧化物在内的其他有害气体。2021 年 1 月，美国财政部和国家税务局发布了 45Q 最终法规，大幅提高了最高税收抵免额，并优化抵免资格分配制度。与此同时，最终法规明确私人资本有机会获得抵免资格。2022 年，45Q 进一步更新，碳捕集与封存（CCS）项目的货币减免额提高到 85 美元/吨二氧化碳，碳捕集、利用与封存（CCUS）项目（包括提高石油采收率）的货币减免额提高到 60 美元/吨二氧化碳。①

绿色金融国际合作方面，2022 年 3 月，拜登政府发布了《美国 2022 财年国际气候金融计划》，提出将 25 亿美元用于国际气候融资。同月，美国总统拜登签署了《综合拨款法案》，计划将 11 亿美元用于双边和多边国际气候变化援助，以解决国际气候融资不足的问题，并帮助发展中国家应对气候变化。②

（二）巴西

2022 年，巴西绿色金融发展进程持续深入。巴西政府部门通过完善政策体系指引绿色金融发展。在金融市场方面，巴西致力于运用资产支持证券（ABS）等证券化工具，为企业及国家提高气候适应性提供资金支持。

早在 1995 年，巴西中央银行便与巴西银行、巴西开发银行、联邦经济委员会等机构共同推出了《绿色倡议》，为后续巴西绿色金融政策的出台奠定了基础。2009 年，巴西制定了《国家气候变化计划》，将气候保护与社会经济发展相结合，通过发展国家限额与交易机制、财政和税收手段，刺激减排以及公共和私人机构的信贷和融资。③

---

① "What is the 45Q Tax Credit?" https：//carbonherald.com/what-is-45q-tax-credit/.

② Congressional Research Service，"U. S International Climate Finance Plan，" 2022.

③ "Low No. 12187—Brazilian National Policy on Climate Change，" https：//www.braziliannr.com/brazilian-environmental-legislation/law-no-12187-brazilian-national-policy-on-climate-change/.

为解决亚马孙森林砍伐等环境问题，2008 年巴西开发银行成立了亚马孙基金，旨在为保护和可持续利用亚马孙森林提供资金支持。该基金支持的项目领域包括公共森林管理、保护区控制和监测、环境检查、可持续林业管理及森林可持续开发活动。①

除亚马孙基金外，巴西注重发展资产支持证券，通过发展不动产应收账款凭证（CRI）、农业企业应收账款凭证（CRA），为绿色建筑业及绿色农业融资。2022 年 8 月，为应对日益多样化的绿色融资需求，发挥资产支持证券对绿色金融发展的推动作用，巴西联邦政府出台了《巴西证券化框架》，将证券化资产的种类扩大到房地产和农业综合企业部门以外，引入了证券化的法律定义，并参考相关国际准则，增强其国际适用性。该法律的实施有助于激发投资者积极性，鼓励更多企业参与绿色金融投资，使巴西债务资本市场更具多样性以降低信贷风险。②

环境信息披露方面，巴西中央银行在 2021 年 9 月宣布，自 2022 年 7 月起，银行必须将气候变化相关的风险，如干旱、洪水和森林火灾等纳入压力测试。巴西央行还强制要求银行自 2022 年 7 月起根据气候相关财务信息披露工作组的指导方针，在财务报告中披露气候相关信息。③

巴西是拉丁美洲及加勒比海地区最活跃的绿色金融市场之一。自 2016 年以来，巴西累计发行绿色债券 114 亿美元。2022 年，巴西绿色债券发行规模达 11 亿美元，是拉丁美洲绿色债券发行规模最大的国家。④ 除绿色债券外，资产支持证券是巴西最重要和最成熟的债务工具之一。目前巴西绿色资产证券化工具包括不动产应收账款凭证、农业企业应收账款凭证等。不动产应收账款凭证是以房地产项目为抵押的固定收益证券。农业企业应收账款凭证是以农村生产者、其合作社和第三方之间的商业应收账款为支持的固定收

---

① "Amazon Fund," https：//www.bndes. gov. br/SiteBNDES/bndes/bndes _ en/Institucional/Social _ and_ Environmental_ Responsibility/amazon_ fund. html.

② Climate Bonds Initiative，"Brazil Sustainable Securitisation State of the Market Q3 2022," 2022.

③ "Brazil's Banks to Incorporate Climate Change Risks into Stress Tests," https：//www.nasdaq. com/ articles/brazils-banks-to-incorporate-climate-change-risks-into-stress-tests-2021-09-15.

④ Interactive Data Platform，https：//www. climatebonds. net/market/data/#country-map.

益证券。2022 年巴西农业增加值占国内生产总值比重达 12%。^① 同时，巴西是全球重要的农产品出口国，农业出口净额居世界首位。鉴于农业对巴西经济的重要性，扩大 CRA 发行范围和发行规模将促进巴西农业经济的发展。据巴西金融和资本市场机构协会统计，2022 年，巴西 CRI 和 CRA 共募集资金 911 亿巴西雷亚尔，创下历史新高（见图 4）。^②

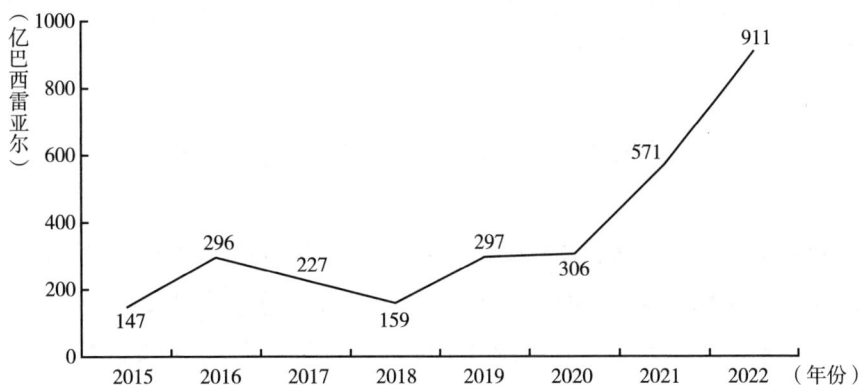

图 4　2015~2022 年巴西 CRI 和 CRA 募资规模

资料来源：中央财经大学绿色金融国际研究院整理绘制。

资本市场方面，2005 年巴西证券期货交易所设立了企业可持续发展指数，该指数后来发展为 ISE B3（公司可持续发展能力指数）。ISE B3 旨在衡量股票的平均表现，跟踪那些致力于可持续发展的公司的股票价格变化，促使上市公司采用最佳的环境、社会和公司治理做法，支持投资者进行可持续投资决策。截至 2022 年，ISE B3 收盘价达到 3.16 万亿巴西雷亚尔，较 2005 年上涨了 282.49%。^③

---

① "Brazil's GDP Grew 2.9% to USD 1.9 Trillion in 2022," https：//anba. com. br/en/brazils-gdp-grew-2-9-to-usd-1-9-trillion-in-2022/.

② "Capital Markets Show Resilience and Raise R＄543.8bn Amid Uncertainties in 2022," https：//www. anbima. com. br/en_ us/informar/relatorios/mercado-de-capitais/boletim-de-mercado-de-capitais/capital-markets-show-resilience-and-raise-r-543-8bn-amid-uncertainties-in-2022. htm.

③ "Corporate Sustainability Index（ISE B3），" https：//www. b3. com. br/en_ us/market-data-and-indices/indices/sustainability-indices/corporate-sustainability-index-ise-historic-statistics. htm.

国际合作方面，2022 年，巴西银行与世界银行合作开展了巴西气候融资项目。世界银行同意向巴西银行提供 4 亿美元的信贷额度，向致力于减少碳足迹的公司发放可持续发展挂钩贷款。该项目预计将调动 14 亿美元的私人资本支持巴西向低碳经济转型。该项目首次采用可持续发展挂钩贷款的方式，并将气候融资与支持进入碳市场相结合，提高巴西企业（尤其是中小型企业）降低碳排放、实现绿色转型的积极性。在该项目的支持下，巴西银行将进一步为企业节能减排行动提供资金和技术支持。①

三 亚洲及其主要国家绿色金融发展进程

根据 2023 年全球绿色金融发展指数，亚洲全球绿色金融发展指数得分为 42.2974，是国别组排名第四的地区。其中东亚地区绿色金融发展较为突出，中国、日本、韩国在 2022 年持续推进绿色金融发展进程，相关政策不断完善，产品市场日益扩大，国际合作持续深入。与此同时，新加坡等东南亚国家在完善绿色金融政策、制定绿色分类目录、强化环境信息披露、创新绿色金融产品等方面取得了突出进展。但其他亚洲国家尚缺乏全面的绿色金融政策体系，绿色金融产品市场有待开发。

由于经济社会发展不足，金融市场尚未完善，相较于其他亚洲国家而言，中亚和西亚国家绿色金融发展较为缓慢。中亚五国中，哈萨克斯坦绿色金融发展较为突出，其政府于 2020 年提出了《绿色经济转型构想》，提出到 2030 年将可替代能源发电比例提高至 30% 的目标。2019 年，哈萨克斯坦阿斯塔纳国际金融中心（The Astana International Finance Centre，AIFC）制定了《绿色债券制度》，在定义、适用范围、信息披露方面做出规定。此外，哈萨克斯坦在 2013 年便初步构建了全国性的碳交易市场，是最早启动国家级碳市场的亚洲国家。西亚国家中，尽管沙特阿拉伯等国家出台了《沙特绿色倡议》《2030 愿景》等一系列绿色发展政策，但仍存在政策框架不完善、信息披露不完整等问题。

---

① World Bank, "World Bank and Banco do Brasil Develop Innovative Climate Finance Solution," 2022.

（一）中国

2022 年，中国在绿色金融发展上持续发力，取得了长足进步。一方面，内地及香港地区绿色金融政策体系更加完善，监管体系和产业政策日益全面。另一方面，绿色金融市场成绩斐然，市场规模持续扩大，产品种类更为丰富。

自 2016 年 8 月发布《关于构建绿色金融体系的指导意见》起，中国绿色金融体系不断完善，逐步形成了全面的政策体系、活跃的金融市场及颇具规模的地方试点。2022 年，中国绿色金融在方法标准、碳排放权交易市场建设、环境信息披露等方面均提出了更为明确的规定和指导意见。在宏观层面，中国持续完善碳达峰碳中和政策体系，积极应对气候变化。在《2022年国民经济和社会发展计划》中，中国政府明确提出完善碳达峰碳中和"1+N"政策体系，推动钢铁等高耗能产业绿色转型，强化碳排放权交易市场制度建设及监督，深化绿色经贸、技术与金融合作等发展绿色金融的具体路径。[1] 2022 年，中国人民银行、国家市场监管总局、中国银保监会、中国证监会共同印发了《金融标准化"十四五"发展规划》，明确了加快完善绿色金融标准体系的工作重点。[2]

绿色债券方面，2022 年 7 月，中国绿色债券标准委员会发布《中国绿色债券原则》，要求绿色债券的募集资金需 100% 用于符合规定条件的绿色产业、绿色经济活动等相关的绿色项目，并对募集资金用途、项目评估与遴选、募集资金管理和存续信息披露四项核心要素做出明确要求。[3]

绿色保险方面，2022 年 6 月，中国银保监会制定了《银行业保险业绿色金

---

① 《关于 2021 年国民经济和社会发展计划执行情况与 2022 年国民经济和社会发展计划草案的报告》，中国政府网，2022 年 3 月 17 日，https：//www.gov.cn/xinwen/2022-03/13/content_5678833.htm。

② 《四部门印发〈金融标准化"十四五"发展规划〉》，中国政府网，2022 年 2 月 9 日，https：//www.gov.cn/xinwen/2022-02/09/content_5672688.htm。

③ 《关于发布〈中国绿色债券原则〉的公告》，https：//www.nafmii.org.cn/ggtz/gg/202207/P020220801631427094313.pdf。

融指引》，从组织管理、政策制度及能力建设、投融资流程安排、内控及信息披露以及监督管理等层面为中国银行业和保险业发展绿色金融指明了方向。①

环境信息披露方面，自 2022 年 2 月 8 日起，中国正式施行《企业环境信息依法披露管理办法》。该办法由生态环境部在 2021 年印发，对环境信息披露主体、披露内容与时限、监督管理等方面做出明确规范。② 2022 年 11 月，中央国债登记结算有限责任公司正式发布了《中债绿色债券环境效益信息披露指标体系》，提出绿色债券募集资金所投绿色项目应披露的环境效益定量和定性指标，为绿色债券环境效益可计量、可检验奠定基础。③

地方绿色金融改革创新试点方面，2022 年 8 月，中国人民银行等六部门发布《重庆市建设绿色金融改革创新试验区总体方案》，标志着重庆市绿色金融改革创新试验区正式启动，此举对绿色金融支持"双碳"目标实践、绿色金融与碳金融的融合具有示范意义。④

香港地区方面，2020 年 11 月，香港特区政府宣布到 2050 年实现碳中和的目标。⑤ 2021 年 10 月，香港发布了《香港气候行动蓝图 2050 年》，提出了"零碳排放、宜居城市、可持续发展"的愿景，并提出在绿色项目投资、基础设施、技术创新、国际合作等层面探索应对气候变化和实现碳中和的路径。⑥

香港证监会于 2018 年发布《绿色金融战略框架》，提出根据气候相关

---

① 《中国银保监会关于印发银行业保险业绿色金融指引的通知》，国家金融监督管理总局网站，2022 年 6 月 2 日，http：//www.cbirc.gov.cn/cn/view/pages/ItemDetail.html? docId=1054663&itemId=928。
② 《企业环境信息依法披露管理办法》，中华人民共和国生态环境部网站，https：//www.mee.gov.cn/gzk/gz/202112/t20211210_963770.shtml。
③ 《中债绿色债券环境效益信息披露指标体系》，https：//www.amac.org.cn/hyyj/esgtz/esgyj/202306/P020231126401451439775.pdf。
④ 《中国人民银行 发展改革委 财政部 生态环境部 银保监会 证监会关于印发〈重庆市建设绿色金融改革创新试验区总体方案〉的通知》，中国政府网，https：//www.gov.cn/zhengce/zhengceku/2022-08/26/content_5706982.htm。
⑤ "Climate Change," https：//www.gov.hk/en/residents/environment/global/climate.htm。
⑥ The Government of Hong Kong Special Administration Region, "Hong Kong's Climate Action Plan," 2021.

财务信息披露工作组的建议加强与气候相关的企业信息披露，为资产管理公司的信息披露和打击漂绿行为制定政策和提供指导，并支持投资者加深对绿色金融的认识和加强能力建设，促进绿色相关投资的发展。[1] 在绿色金融市场方面，香港特区政府认识到有必要在负责金融监管的机构之间进行协调。2020 年 5 月，香港证监会发起成立了绿色和可持续金融跨机构督导小组（Green and Sustainable Finance Cross-Agency Steering Group），旨在加快绿色和可持续金融在香港的发展，并支持特区政府实施气候战略。该小组发起成立了绿色可持续金融中心，主要负责在绿色金融能力建设和政策制定方面协调金融监管机构、政府机构、行业利益相关者和学术界。与此同时，该中心将作为重要的资源数据库，为支持香港可持续发展制定战略路径。[2]

2022 年中国绿色金融市场规模持续扩大，金融产品创新品种不断增加。绿色债券方面，根据气候债券倡议组织统计，2022 年中国（内地）共发行绿色债券 854 亿美元，发行数量为 126 只，发行规模与发行数量均居世界首位，其募集资金重点用于支持清洁能源产业发展及基础设施绿色升级。[3] 在绿色债券创新品种方面，为推动支持高碳行业转型，截至 2022 年底，中国共发行转型债券 16 只，规模达 15.7 亿美元，其募集资金支持的项目主要为发电领域的节能降耗项目，如供热热源改造工程、高井燃气热电项目、余热余能利用发电工程等。[4]

绿色贷款方面，2022 年，中国本外币绿色贷款余额为 22.03 万亿元，同比增长 38.5%，高于各项贷款增速 28.1 个百分点。与此同时，根据央行发布的金融机构贷款投向统计报告，2022 年，投向直接和间接减排项目的绿色贷款规模分别为 8.62 万亿元和 6.08 万亿元，合计占绿色贷款余额的 66.7%。从用途来看，中国绿色贷款主要支持基础设施绿色升级产业、清洁

① Securities and Futures Commission, "Strategic Framework for Green Finance," 2018.
② "Green and Sustainable Finance Cross-Agency Steering Group," https://www.sfc.hk/en/Sustainable-finance/CASG.
③ 《从绿色债券到可持续类债券——2022 年度中国绿色债券市场回顾与展望》，中国财经报网站，2023 年 4 月 20 日，https://h5.newaircloud.com/detailArticle/21547852_44458_zgcjb.html.
④ 气候债券倡议组织：《2022 中国可持续债券市场报告》，2023。

能源产业和节能环保产业，其贷款余额分别为 9.82 万亿元、5.68 万亿元和 3.08 万亿元，同比分别增长 32.8%、34.9%和 59.1%。①

碳排放权交易市场方面，2022 年中国碳市场进入第二个履约周期。据上海环境能源交易所相关统计数据，2022 年中国碳市场排放配额总成交量为 5088.95 万吨，总成交额为 28.14 亿元。价格方面，2022 年最后一个交易日收盘价为 55 元/吨，较 2021 年最后一个交易日上涨 1.44%。②

绿色债券方面，2018 年香港推出了绿色债券项目（Government Green Bond Programme）。香港特区立法会授予香港特区政府随时为环保项目借取资金的权利，本金最高限额为 1000 亿港元。该项目旨在为政府环保项目筹集资金并为市场化绿色金融产品树立标准。③ 随后，该项目的借款上限增加至 2000 亿港元，为政府扩大绿色债券发行规模创造便利。④ 此外，香港特区政府在 2022 年 5 月发行了首只 200 亿港元的零售绿色债券，促使香港居民参与绿色和可持续发展的金融市场。⑤

此外，为支持绿色和可持续发展债券的发行，进一步丰富香港的绿色和可持续金融生态系统，香港特区政府在 2021 年 5 月推出为期 3 年的绿色和可持续金融资助计划，向合格的债券发行者和贷款借款人提供补贴，以支付在债券发行和外部审查服务方面的费用。⑥ 与此同时，2022 年 12 月，香港特区政府推出为期 3 年的"绿色和可持续金融培训先导计划"，向参与绿色和可持续金融相关培训的本地合格从业人员和准从业人员提供资助，以应对

① 《央行：2022 年我国绿色贷款保持高速增长》，中国政府网，2023 年 2 月 3 日，https：//www.gov.cn/xinwen/2023-02/03/content_5739935.htm。

② 《全国碳市场全年成交 5089 万吨　总成交额 28 亿元》，"证券时报"百家号，2022 年 12 月 30 日，https：//baijiahao.baidu.com/s?id=1753646181018425349&wfr=spider&for=pc。

③ "Government Green Bond Programme，" https：//www.hkma.gov.hk/eng/key-functions/international-financial-centre/bond-market-development/government-green-bond-programme/。

④ "Government Green Bond Programme，" https：//www.hkgb.gov.hk/en/greenbond/greenbondintroduction.html。

⑤ "Retail Green Bonds，" https：//www.hkex.com.hk/Products/Securities/Debt-Securities/Retail-Green-Bonds?sc_lang=en。

⑥ 《绿色和可持续金融》，香港财经事务及库务局网站，https：//www.fstb.gov.hk/sc/financial_ser/green-and-sustainable-finance.htm。

发展低碳和可持续经济的新趋势。①

积极参与国际合作是中国发展绿色金融的重要途径之一。2022 年，中国发布了《关于推进共建"一带一路"绿色发展的意见》，提出将有序推进绿色金融市场双向开放，鼓励金融机构和相关企业在国际市场开展绿色融资，支持国际金融组织和跨国公司在境内发行绿色债券、开展绿色投资，对外传递了进一步深化绿色金融国际合作的信号。与此同时，2022 年中国和欧盟一同发布了更新版《可持续金融国际平台共同分类目录报告——减缓气候变化》。更新版目录报告聚焦中国和欧盟分类目录的共通之处，从环境与气候目标、原则依据、具体经济活动条目及其条件等角度出发，列示了中欧双方一致认可的对减缓气候变化有重大贡献的经济活动。该目录报告的发布标志着中欧绿色金融合作更加深入，同时推动了跨境绿色交易的进一步发展。②

香港积极参与绿色金融国际合作，与世界各国共建绿色可持续未来。香港于 2007 年加入 C40 城市气候领导联盟，旨在与其他城市共同应对气候危机。③ 2020 年，香港绿色金融协会与广东省金融学会绿色金融专业委员会、深圳经济特区金融学会绿色金融专业委员会及澳门银行公会合作成立了粤港澳大湾区绿色金融联盟，拟充分利用粤港澳大湾区庞大的绿色投资需求及强大的绿色金融资源募集能力推动粤港澳大湾区绿色金融发展。④

（二）日本

2022 年，日本绿色金融发展政策体系持续完善，不断创新绿色金融产品，

---

① 《政府推出〈绿色和可持续金融培训先导计划〉》，香港金融管理局网站，https：//www. hkma. gov. hk/gb_ chi/news-and-media/press-releases/2022/12/20221213-5/。

② 《可持续金融国际平台共同分类目录报告——减缓气候变化》，https：//gxr. dsjfzj. gxzf. gov. cn/bbw/portal/api/attract/investment/fileDownload？fileId＝63ae96e7c313d7000100d2a3&fileName＝%E4%B8%AD%E6%AC%A7%E3%80%8A%E5%8F%AF%E6%8C%81%E7%BB%AD%E9%87%91%E8%9E%8D%E5%85%B1%E5%90%8C%E5%88%86%E7%B1%BB%E7%9B%AE%E5%BD%95%E3%80%8B%EF%BC%88%E4%BD%BF%E7%94%A8%E8%AF%B4%E6%98%8E%EF%BC%89. pdf。

③ "Hong Kong, China," https：//c40. org/cities/hong-kong/。

④ "Greater Bay Area Green Finance Alliance Officially Launched Today," https：//www. hkgreenfinance. org/greater-bay-area-green-finance-alliance-officially-launched-today/。

同时稳步推进转型金融和碳市场建设，充分发挥市场的撬动作用。在国际层面，日本十分重视绿色金融国际合作，支持发展中国家可持续经济转型。

2022 年，在原有的《气候创新金融战略 2020》《2050 年实现碳中和的绿色增长战略》等政策基础上，日本经济产业省（METI）为能源、天然气、造纸、水泥等行业制定了详细的转型金融发展技术路线图。[①] 2022 年，日本金融厅（FSA）同日本银行（BOJ）利用央行和金融监管机构绿色金融网络（NGFS）发布的成果进行了气候情景风险分析，该举措旨在了解气候风险分析测试的限制，帮助金融机构分析气候风险对自身收益及财务稳健性的影响时间和程度。[②] 2022 年 11 月，日本经济产业省发布了有关清洁能源战略中实际推动绿色转型措施的期中报告，明确了促进绿色转型投资的五个方向，即推行以经济成长为导向的碳定价倡议、促进有效的招商引资、评估国际发展趋势并提高开发效率、将绿色金融扩大为转型金融、提高日本绿色金融发展模式的国际影响力，并强调推动能源稳定、提高能源供给韧性的必要性。[③]

绿色债券方面，日本环境省于 2017 年 3 月出台了《绿色债券指导》，旨在为债券发行人、投资者及其他市场参与者提供适合日本债券市场特点的指引，从而促进日本绿色债券发展。[④] 2020 年，日本政府根据绿色债券市场趋势更新了《绿色债券指导》，将可持续发展债券等产品囊括其中。绿色贷款方面，日本环境省在 2020 年出台了《绿色贷款指南》，为绿色贷款市场参与者提供了符合日本市场特点的具体路径及示例，同时力求防止"漂绿"行为，促进日本广泛推行绿色贷款及可持续贷款。[⑤] 环境信息披露方面，东

① "Transition Finance," https：//www.meti.go.jp/english/policy/energy_ environment/transition_finance/index.html.

② Financial Service Agency，"Release of 'Pilot Scenario Analysis Exercise on Climate-Related Risks Based on Common Scenarios'," 2022.

③ 王颖达：《日本经产省发布有关清洁能源战略中 GX（绿色转型）实际推动做法中期报告》，2022。

④ Ministry of Environment，"Green Bond Guidelines 2020," 2020.

⑤ Ministry of Environment，"Green Loan and Sustainability Linked Loan Guidelines 2020," 2020.

京证券交易所在 2022 年同 QUICK 株式会社共同发布了《JPX-QUICK 环境、社会和治理问题文集》，旨在通过定义重要的环境、社会、公司治理议题及其影响，帮助上市公司应对与披露环境、社会和公司治理问题。①

　　日本绿色金融市场在全球绿色金融发展中处于领先地位。据气候债券倡议组织统计，2022 年日本共发行绿色债券 126 亿美元，年发行量居亚洲第 2 位（见图 5）。2022 年 3 月，日本发行了第一只转型债券，其募集资金主要用于提高航空业能源利用率。② 绿色贷款方面，自 2017 年发行第一笔绿色贷款以来，日本绿色贷款规模逐年扩大。根据日本绿色金融门户网站统计，2022 年日本绿色贷款规模达到 76583.3 亿日元（见图 6）。③ 绿色基金方面，2022 年日本 ESG 基金持续活跃。日本经济产业省在 2022 年发行了价值 2 万亿日元的绿色创新基金，以帮助能源、交通、房屋建筑等产业实现绿色发展。④

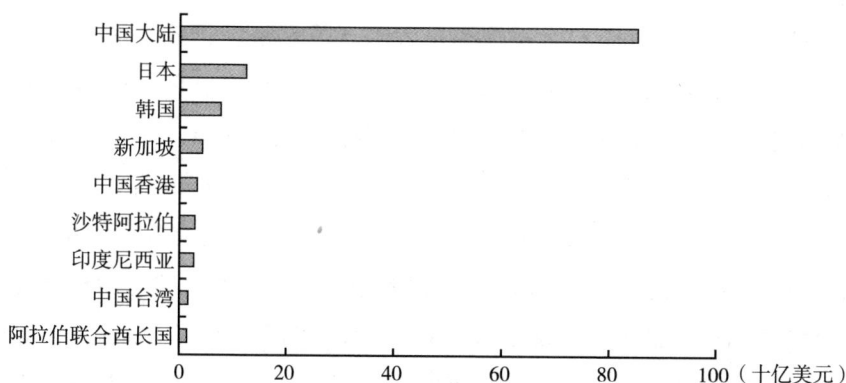

图 5　2022 年亚洲部分国家或地区绿色债券发行量

资料来源：Interactive Data Platform，https：//www. climatebonds. net/market/data/，中央财经大学绿色金融国际研究院整理绘制。

---

① Japan Exchange Group，"JPX and QUICK Publish Anthology of ESG Issues，" 2022.

② "1st Transition Bond，" https：//www. jal. com/en/sustainability/esg－finance/transitionbond/#anc01.

③ "Expectations for Lending of Green Loans in Japan，" http：//greenfinanceportal. env. go. jp/en/loan/issuance_ data/market_ status. html.

④ Baker McKenzie，"JPY 2 Trillion（around USD 16 Billion）Green Innovation Fund under the Green Development Strategy for Carbon Neutrality in Japan by 2050，" 2022.

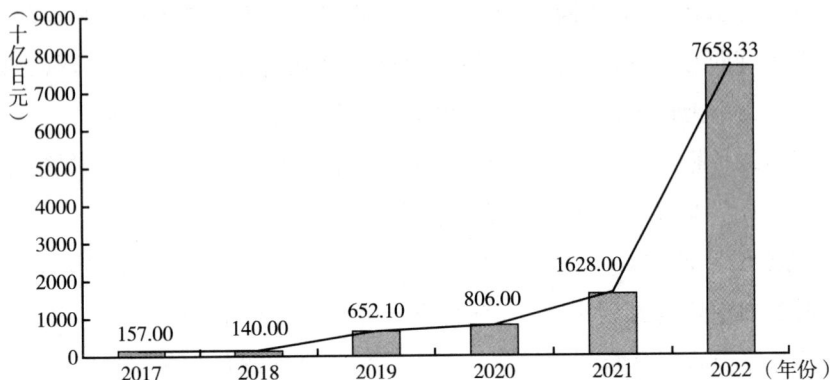

图 6 2017~2022 年日本绿色贷款规模

资料来源："Expectations for Lending of Green Loans in Japan," https：//greenfinanceportal. env. go. jp/en/loan/issuance_ data/market_ status. html，中央财经大学绿色金融国际研究院整理绘制。

碳排放权交易市场方面，日本先后成立了东京碳排放交易系统（东京 ETS）和埼玉碳排放交易系统（埼玉 ETS）。此外，日本政府成立了一个与排放交易系统相配套的碳配额交易机制 J-Credit，实现碳减排的公司可以将经过第三方认证后的数据提交给日本经济产业省，日本环境省或日本农林渔业省可以获得碳配额用于拍卖或协商交易。① 2022 年 5 月，东京证券交易所受日本经济产业省委托，开始开展"碳信用市场技术示范项目"（Technical Demonstration Project for Carbon Credit Market）并于 2022 年 9 月正式开始试点碳信用额度交易，以期进一步发挥市场对实现碳中和的推动作用。②

日本在绿色金融国际合作方面成果显著。在 2021 年 11 月举行的第 26 届联合国气候变化大会世界领导人峰会上，日本首相岸田文雄宣布，自 2021 年起，日本将在 5 年内将其对适应气候变化的援助增加至约 148 亿美元。2022 年日本向《联合国气候变化框架公约》及《京都议定书》下设的适应基金提供了约 600 万美元（相当于 6.5 亿日元）捐款，为发展中国家

① "J-Credit Scheme," https：//japancredit. go. jp/english/pdf/credit_ english_ 001_ 41. pdf.
② Japan Exchange Group, "JPX Commences Carbon Credit Market Demonstration," 2022.

应对气候变化带来的挑战提供援助。[①] 2022 年日本国际协力银行（JBIC）作为国家发展银行相继发行了第 50 期和第 55 期全球美元绿色债券，总额为 10 亿美元。[②] 同时，为支持企业低碳技术出口，日本于 2011 年建立了联合信用机制（Joint Crediting Mechanism），向发展中国家提供低碳技术，助力其经济转型。[③] 继与蒙古国、孟加拉国等 22 个国家建立双边联合信用机制伙伴关系后，日本在 2022 年与斯里兰卡签署了联合信用机制备忘录。通过与斯里兰卡的这项联合信用机制，日本将在斯里兰卡境内启动减少温室气体排放的项目，并为两国实现其国家可持续发展计划做出贡献。[④]

（三）韩国

截至 2022 年，韩国尚未颁布针对绿色金融发展的专门性法案，而是将绿色金融嵌入绿色发展框架，并出台了一系列绿色金融产品政策。与此同时，2022 年韩国持续关注绿色金融产品创新及碳市场建设，并积极开展国际合作，为绿色金融发展增添动力。

基于原有的《低碳绿色增长战略》（2008）[⑤]、《低碳绿色增长基本法》（2010）[⑥] 等政策，2022 年韩国政府宣布《气候变化碳中和与绿色增长框架法》（碳中和法）于 2022 年 3 月 25 日生效。该法主要内容包括到 2050 年实现碳中和的愿景及其实施机制、减少温室气体排放、气候适应、公正转型和绿色增长、碳中和公共财政等多个方面，具体规定了韩国的国家自主贡献为到 2030 年比 2018 年减少 40% 的排放。此外，该法提出将过去以中央政府和专家为中心的制度转变为由社会各部门参与的新治理制度。该法还明确了气

① "Japan's Contribution to the Adaptation Fund（AF），" https：//www.mofa.go.jp/ic/ch/page24e_ 000351.html.

② "Green Bonds，" https：//www.jbic.go.jp/en/ir/greenbond.html.

③ "Joint Crediting Mechanism，" https：//www.mofa.go.jp/ic/ch/page1we_ 000105.html.

④ Ministry of Economy，Trade and Industry，"The Memorandum of Cooperation on the Joint Crediting Mechanism for the Low Carbon Growth Partnership between Japan and Sri Lanka，" 2022.

⑤ The Government of the Republic of Korea，"Low Carbon，Green Growth，" 2008.

⑥ The Government of the Republic of Korea，"Framework Act on Low Carbon，Green Growth，" 2010.

候变化影响评估和气候反应预算，以促进国家碳中和的实现，规定了公正过渡的原则，以保护那些在实现碳中和过程中可能遭受负面影响的地区和人群。①

与此同时，2022年韩国基于《气候变化碳中和与绿色增长框架法》成立了碳中和与绿色增长委员会。该委员会主要负责确定碳中和社会转型及绿色增长的方向、制订减排目标和计划、部署气候危机适应措施、增进公众理解以及推动国际合作，以推动韩国实现碳中和目标。②

环境信息披露方面，2021年1月初，韩国金融服务委员会（Financial Services Commission，FSC）宣布将逐步强制要求上市企业披露ESG相关信息。自2025年起，总资产超过2万亿韩元的韩国综合股价指数（Korea Composite Stock Price Index，KOSPI）上市公司将必须披露ESG相关信息。到2030年，该要求将覆盖所有KOSPI上市公司。③

为明确绿色产业活动，推动绿色金融发展，2021年12月30日韩国环境部公布了国家绿色分类法（K-分类法），为区分绿色活动提供了原则和标准，有助于规范企业和金融机构合理参与绿色金融活动，打击"漂绿"行为。④

据气候债券倡议组织统计，2022年韩国共发行绿色债券85亿美元，居亚洲第3位，仅次于中国大陆和日本。⑤绿色信贷方面，韩国绿色金融市场充分利用其资源，创新推出了以绿色项目认证、政府补贴等为基础的绿色贷款产品。2022年，韩国绿色贷款申请平台提供了五项国有环境基金，主要面向清洁设备建设项目提供低息绿色贷款（见表2）。⑥

---

① 韩国环境部：《气候变化碳中和与绿色增长框架法》，2022。
② "Introduction of the Commission," https：//2050cnc. go. kr/eng/contents/view? contentsNo = 35&menuLevel = 2&menuNo = 42.
③ Pulse, "FSC to Announce Roadmap for ESG Disclosure System in Third Quarter," 2023.
④ Soo Young Song, "The Korean Green Taxonomy (K-Taxonomy) Guideline and Its Implications," 2022.
⑤ Interactive Data Platform, https：//www. climatebonds. net/market/data/.
⑥ 기업육성실 사업개요, https：//www. konetic. or. kr/loan/user/siteguidance/bsnsguidance/Rusec. form? menuNo = 10201000&upperMenuNo = 10000000.

表 2　韩国国有环境基金支持的绿色贷款项目

领域	基金种类	支持限额	支持项目
环境产业	设施安装基金	100 亿韩元	未来环保产业促进贷款
环境产业	成长型基金	20 亿韩元	未来环保产业促进贷款
绿色转型	污染防治基金	100 亿韩元	未来环保产业助推融资
气候变化	温室气体减排基金	100 亿韩元	投资环保设施
清洁空气	细粉尘设施基金	无	清洁空气转换设施贷款

资料来源：https：//www. konetic. or. kr/loan/user/main/Main. do，中央财经大学绿色金融国际研究院整理编制。

碳市场方面，韩国碳排放交易市场（K-ETS）成立于 2015 年，是东亚地区的首个国家碳市场，适用于热能和电力、工业、建筑、交通、废弃物、公共部门等六个部门，共涵盖了韩国温室气体排放量的 73.5%。[①] 2022 年 8 月，韩国政府成立了排放交易推进委员会，通过协调相关部委、公司和行业协会的代表和非政府专家的工作帮助改进韩国碳排放市场体系，在有偿分配和排放效率标准分配等方面提供改革意见。[②]

在 2022 年 11 月举办的《联合国气候变化框架公约》第二十七次缔约方大会（COP27）中，韩国政府表示将与埃及在环境和能源领域建立战略合作伙伴关系。在此背景下，两国将通过官方支持发展或拥有相关技术的韩国企业，加强在可再生能源、交通和其他绿色相关领域的各种计划或项目的合作。[③] 此外，2022 年 11 月 4 日，联合国开发计划署和韩国国际协力事业团（Korea International Cooperation Agency，KOICA）签署了价值 100 万美元的《发展服务协议》（Development Services Agreement，DSA），为发展中国

[①] "Korea Emissions Trading Scheme（K-ETS），" https：//korea. influencemap. org/policy-3600bccb14d8b5d92cd3cfb557a8be1e-1830.

[②] "Korea Emissions Trading Scheme（K-ETS），" https：//korea. influencemap. org/policy-3600bccb14d8b5d92cd3cfb557a8be1e-1830.

[③] "South Korea is Looking forward to Furthering Its Green Cooperation with Egypt：Na Kyung-won，" https：//www. zawya. com/en/economy/north-africa/south-korea-is-looking-forward-to-furthering-its-green-cooperation-with-egypt-na-kyung-won-awpogcai.

家实现其气候变化承诺提供充足的资金。[①]

与此同时，2022 年韩国金融服务委员会、斯坦福大学、韩国科学技术院和韩国开发银行联合举办了 2022 亚洲可持续金融论坛。该活动及其后续活动旨在召集亚洲的学者、行业从业者和政策制定者，呼吁采取综合行动实现全球净零排放转型。[②]

（四）新加坡

新加坡共和国（以下简称"新加坡"）是亚洲重要的经济发展中心和金融中心。作为一个以开放型经济为主的岛国，新加坡的经济社会发展极易受到气候变化的影响。为此，新加坡一直在寻找应对气候变化的解决方案，积极推进绿色金融发展。

2012 年，新加坡政府出台了《国家气候变化战略》，提出除了减少排放，国家还需适应气候变化的影响。新加坡将加大气候科学投资力度，以更深入地了解国家在气候变化面前的脆弱性并制定适当的适应方案，以降低气候变化带来的风险。[③] 2016 年，新加坡通过《新加坡气候行动计划：今天就行动起来、建设低碳新加坡》规划了实现气候变化承诺的具体路径，主要包括提高能源和碳利用效率，减少发电过程中的碳排放量，促进低碳技术的开发与运用，鼓励政府机构、个人、企业、社区共同应对气候变化。[④]

为规范绿色金融产品市场，2022 年新加坡政府出台了《新加坡绿色金融行动计划》[⑤] 和一系列与特定绿色金融产品相关的政策。针对绿色债券，新加坡金融管理局于 2022 年 6 月出台了《绿色债券框架》，详细介绍了新

[①] "UNDP and KOICA Partner to Help Countries Unlock Climate Finance," https：//www.undp.org/press-releases/undp-and-koica-partner-help-countries-unlock-climate-finance.

[②] "Asia Sustainable Finance Forum 2022," https：//www.asff.info/.

[③] National Climate Change Secretariat Prime Minister's Office, Singapore, "National Climate Change Strategy 2012," 2012.

[④] National Climate Change Secretariat Prime Minister's Office, Singapore, "Singapore's Climate Action Plan：Take Action Today, For a Carbon-Efficient Singapore," 2016.

[⑤] Monetary Authority of Singapore, "Green Finance Action Plan," 2022.

加坡政府绿色债券收益的预期用途、评估和选择合格项目的治理结构、管理绿色债券收益的方法。同时，新加坡政府承诺发布债券发行后的分配和影响力报告，保证债券有关信息充分公开。① 绿色基金方面，2022 年发布的《零售 ESG 基金的披露和报告准则》对 ESG 基金信息的披露和报告提出了清晰严格的要求，具体主要包括增强 ESG 基金投资专用性，避免命名误导性，加强投资目标、投资重点等关键项目披露。②

环境信息披露方面，新加坡采取了强有力的措施，其透明度建设居世界前列。根据新加坡交易所 2016 年颁布的《可持续报告准则》，所有上市公司必须编制年度可持续报告。除此之外，新加坡积极提高上市企业环境信息可靠性与透明度，提出"董事会承担最终责任""遵守或解释""披露风险和机遇""提供报告国际可比性"等要求。③

关注绿色金融科技发展是新加坡绿色金融发展的另一个显著特征，其主要推动者是新加坡金融管理局。2020 年，新加坡金融管理局出台了《绿印计划》（Green Print Project），旨在利用技术与金融业共同建立绿色金融数据平台，促进气候相关数据的获取和认证，并监督金融业履行减排承诺。④ 2021 年，新加坡金融管理局与谷歌云联合推出了 Point Carbon Zero 计划，以促进亚洲气候金融技术的创新、孵化和扩展，并引导资本可持续投资。⑤ 为解决 ESG 数据可比性不足等问题，2022 年新加坡金融管理局推出了 ESGenome 计划，提出在新加坡交易所上市的公司可以利用一套跨全球标准和框架的核心指标报告 ESG 数据。该计划旨在简化披露过程，同时让国际投资者和金融机构更容易获得新加坡交易所上市公司的披露信息，以吸引绿色金融投资。⑥ 与此同时，新加坡

① Ministry of Finance, Singapore, "Singapore Green Bond Framework," 2022.
② Monetary Authority of Singapore, "Disclosure and Reporting Guidelines for Retail ESG Funds," 2022.
③ "Practice Note 7.6 Sustainability Reporting Guide," https://rulebook.sgx.com/rulebook/practice-note-76-sustainability-reporting-guide.
④ Linklaters, "Singapore: MAS and SGX Launch Further Initiative under Project Greenprint," 2022.
⑤ "MAS and Google Cloud Launch Point Carbon Zero Programme to Catalyse Climate Fintech Solutions," https://www.mas.gov.sg/news/media-releases/2022/mas-and-google-cloud-launch-point-carbon-zero-programme--to-catalyse-climate-fintech-solutions.
⑥ Linklaters, "Singapore: MAS and SGX Launch Further Initiative under Project Greenprint," 2022.

金融管理局在2022年主持成立了ESG影响力中心（ESG Impact Hub），通过连接金融科技公司和机构、投资者及其他利益相关者来推动ESG行业的发展。[1]

近年来，新加坡绿色债券规模迅速扩大，市场较为活跃，2022年共有3家发行主体合计发行9只绿色债券，发行规模约为44亿美元，同年及历史累计绿色债券发行量均居东盟第一位（见图7）。[2] 根据气候债券倡议组织统计，截至2022年12月底，新加坡已累计发行了285亿美元的绿色债券，占东盟累计发行量的63%。[3] 从绿色债券目标行业分析，建筑业占主导地位，主要涉及绿色建筑的建设。其次，对现有建筑环境进行绿色改造并提高其节能效率也是新加坡绿色债券的关注重点。[4]

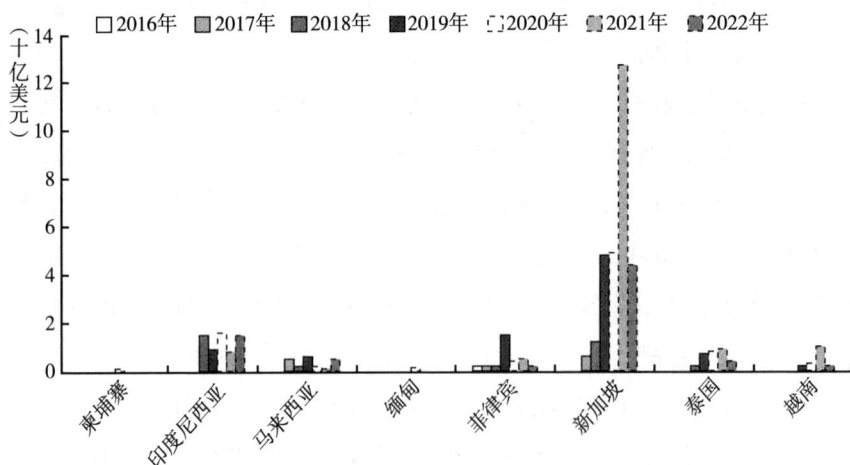

图7 2016~2022年东盟国家绿色债券发行规模对比

资料来源：Climate Bonds Initiative，"Asean Sustainable Finance State of the Market 2022，" 2022。

绿色贷款方面，新加坡在东盟国家中处于领先地位。2020年新加坡政府宣布，自2021年1月1日起实行全球首个绿色和可持续发展挂钩贷款津贴计划

---

[1] CDO Trends， "Singapore Launches ESG Impact Hub for Green Fintech，" 2022.

[2] Climate Bonds Initiative， "Asean Sustainable Finance State of the Market 2022，" 2022.

[3] Climate Bonds Initiative， "Asean Sustainable Finance State of the Market 2022，" 2022.

[4] Climate Bonds Initiative， "Asean Sustainable Finance State of the Market 2022，" 2022.

(Green and Sustainability-Linked Loan Grant Scheme，GSLS)。该计划为寻求绿色贷款的各行业的大小企业绿色贷款认证提供经费支持。此外，GSLS 鼓励银行制定与绿色和可持续发展挂钩的贷款框架，为中小企业申请绿色贷款提供便利。[①]

除政府外，社会和私人资本也在新加坡绿色贷款领域发挥了积极作用。在政府与其他金融机构的共同努力下，新加坡绿色贷款迅猛发展。据气候债券倡议组织统计，新加坡 2022 年绿色贷款发行量及历史累计发行量均远超东盟其他国家。[②]

绿色基金方面，早在 2004 年，新加坡公用事业部便建立了"水资源效率基金"，着力解决国家水资源紧张的问题，鼓励各机构寻求有效和创新的方式来管理他们的水需求。此后新加坡政府部门发行了"能源效率基金""3R 基金""新加坡生态基金"等可持续基金，为企业绿色转型、经济可持续发展提供强有力的资金支持。[③]

截至 2022 年，新加坡并未建立限额交易型（Cap-and-Trade）碳市场，而是建立了自愿性质的碳信用交易市场。2019 年，新加坡第一家碳信用交易所（AirCarbon Exchange，ACX）成立并通过了国际标准认证，其主要特点是利用区块链技术提高交易效率。2021 年，新加坡政府宣布在公私合营的情况下建立气候影响交易所（Climate Impact Initiative-X），在使用区块链技术的同时利用卫星监测和机器学习提高交易的质量和透明度，预计促进新加坡每年减少约 110 亿吨温室气体排放。碳税方面，新加坡自 2019 年 1 月 1日起实施了碳税，成为第一个推行碳定价计划的东南亚国家。2019~2023 年，新加坡将碳税设置为 5 新元/吨二氧化碳。2022 年，新加坡政府宣布自 2024年起，逐步用国际碳信用额度取代碳税。在初级阶段，碳信用额度可以取代应缴税的温室气体排放量的 5%。放眼中长期，该比例会进一步提高，扩大市

---

① "Sustainable Loan Grant Scheme," https：//www. mas. gov. sg/schemes‐and‐initiatives/sustainable‐loan‐grant‐scheme.

② Climate Bonds Initiative, "Asean Sustainable Finance State of the Market 2022," 2022.

③ "Funding," https：//www. greenplan. gov. sg/funding.

场对碳信用额度的需求，使其逐步取代碳税。①

绿色金融国际合作方面，新加坡政府和官方组织积极寻求和各方的合作，共同发起推动国家气候变化的行动。2022 年，新加坡与澳大利亚共同签署了《绿色经济协定》（Green Economy Agreement，GEA）。该协定为世界上第一个结合贸易、经济和环境目标的双边协定，旨在通过减少环境产品和服务的贸易壁垒、促进法规和标准的趋同、探索绿色发展领域的机会等方式推动两国经济向绿色经济过渡，更好地应对气候变化带来的挑战。② 此外，2022 年新加坡与英国签署了英新金融科技谅解备忘录，就共同发展可持续金融科技开展合作，以实现共享信息、促进创新，并推动制定全球性可持续金融科技监管框架。③ 与此同时，新加坡与新西兰开展合作，相互借鉴对方在应对气候变化方面的优势和经验，并向发展中国家提供应对气候变化和环境相关问题的培训。④

此外，新加坡致力于推动区域性绿色金融研究中心建设，为国家和地区绿色金融发展提供技术支持与创新动力。2020 年，在新加坡金融管理局与汇丰银行、高盛集团等全球领先金融机构的支持下，帝国理工学院商学院与新加坡管理大学共同成立了新加坡绿色金融中心（Singapore Green Finance Center，SGFC），致力于发展新加坡和亚洲绿色资本市场，以期为亚洲吸引可持续投资建立完善的生态系统，为亚洲国家和地区共同应对气候变化提供资金支持。此外，该中心还将通过开展绿色金融教育项目培养杰出的专业人才，为新加坡及亚洲其他国家和地区向绿色低碳经济过渡提供人才动力。⑤

---

① Yohei Kitano, "The Future of Carbon Credit Trading in Singapore," Nomura.

② Department of Foreign Affairs and Trade, Australian Government, "Singapore-Australia Green Economy Agreement: Propelling Our Sustainable Future," 2022.

③ "Singapore and the UK Deepen Cooperation on Fintech and Sustainable Finance," https://www.aseanbriefing.com/news/singapore-and-the-uk-deepen-cooperation-on-fintech-and-sustainable-finance/.

④ "Joint Statement by the Prime Ministers of New Zealand and Singapore," https://www.beehive.govt.nz/release/joint-statement-prime-ministers-new-zealand-and-singapore.

⑤ "The Singapore Green Finance Centre is an Initiative of Imperial College Business School and Singapore Management University, Backed by the Monetary Authority of Singapore and Leading Global Financial Institutions," https://www.singaporegreenfinance.com/.

四 非洲及其主要国家绿色金融发展进程

根据 2023 年全球绿色金融发展指数，非洲全球绿色金融发展指数得分为 35.7261，排名第五。与世界其他地区相比，非洲地区气候脆弱性明显，其大部分地区的气温上升速度快，海岸线的海平面上升速度也快。非洲面临有限的资源条件限制，需要通过其他国家从资金到能力建设上的帮助以实现气候目标。

2022 年 6 月，埃及发布了首个国家自主贡献，承诺在外部的支持下，到 2030 年，电力部门减排 33%（相当于 7000 万吨二氧化碳当量），石油和天然气部门减排 65%（相当于 170 万吨二氧化碳当量），交通部门减排 7%（相当于 900 万吨二氧化碳当量）。[①]

埃及尚缺乏系统性的绿色金融政策，其政府机构鼓励金融机构开展绿色金融实践，并在绿色债券和环境信息披露方面有部分政策建设。埃及中央银行在 2021 年发布了《关于可持续金融的指导原则》，其承认并将可持续金融概念定义为"银行在发放贷款或做出投资决策时考虑到气候、环境、社会和治理因素的金融或银行服务"。埃及中央银行旨在通过此项原则鼓励埃及的银行机构为绿色项目提供金融服务。[②]

绿色债券方面，埃及金融监管局于 2018 年 7 月批准了发行绿色债券的法律框架，旨在为新能源和可再生能源、建筑和交通领域的生态友好型项目提供资金。[③] 2019 年，埃及金融监管局修正了《资本市场条例》，将管理绿色债券和伊斯兰债券发行的条款涵盖其中，并宣布将绿色债券发行费用减半。[④] 此外，埃及政府在 2021 年及 2022 年分别颁布了《主权债券法》及

---

① UNFCC, "Egypt's First Nationally Determined Contributions," 2022.

② "Principles and Regulatory Framework," https: //www. cbe. org. eg/en/sustainability/principles-and-regulatory-framework.

③ "Egypt's Financial Regulatory Authority Green Bond Guidelines," https: //www. greenfinanceplatform. org/policies-and-regulations/egypt's-financial-regulatory-authority-green-bond-guidelines.

④ "Egypt's Ministry of Finance to Issue Sovereign Bonds," https: //www. greenfinanceplatform. org/policies-and-regulations/egypt's-ministry-finance-issue-sovereign-bonds.

《主权债券执行条例》，以规范主权债券的使用和发行，为推动绿色投资拓宽道路。①

环境信息披露方面，埃及金融监管局在 2021 年发布了两项整合和披露 ESG 相关信息的重要决定，要求在埃及证券交易所上市的公司和非银行金融部门的公司根据 TCFD 的建议，报告与气候相关的风险和机遇。②

2020 年，埃及成为中东和北非第一个发行主权绿色债券的国家，发行了规模达 7.5 亿美元的债券，募集资金主要用于资助能源和交通部门的环保项目。③ 据气候债券倡议组织统计，截至 2022 年，埃及累计发行绿色债券 8 亿美元，发行规模居非洲国家第二位。④

2019 年，埃及金融监管局成立了中东和非洲地区的第一个可持续金融中心以鼓励和促进可持续投资。该中心通过向埃及公司提供第三方核查和审计，帮助投资者在开发区域市场时树立信心，还为企业提供培训、咨询和研究服务，支持绿色债券等绿色债务融资工具的发行，确保企业遵守绿色融资要求。此外，中心专家组就中心的政策和可能的合作项目提出建议，并与当地和全球可持续融资实体交流经验。⑤

非洲国家的可持续发展离不开国际社会的帮助。但总体而言，非洲国家获得的绿色和可持续融资有限，阻碍了其绿色金融发展进程。埃及等非洲国家正在积极寻求国际社会资金技术支持，通过增信和开发性金融融资等手段开发可持续经济转型项目。为了投资绿色能源，苏伊士运河经济区于 2022 年与来自英国、印度、沙特阿拉伯和阿联酋的国际公司签署了七份谅解备忘

---

① Nevine El Shafei, "Green Finance and ESG Rules in Egypt—An Awaited Overhaul," 2022.
② Sustainable Stock Exchange Initiative, "Egyptian FRA: Mandatory ESG and Climate Disclosure Regulation," 2021.
③ "The Future of Green Finance and Investment in Egypt," https://businessforwardauc.com/2023/06/04/the-future-of-green-finance-and-investment-in-egypt/.
④ Climate Bond Initiative, https://www.climatebonds.net/market/data/.
⑤ 《埃及金融监管局成立可持续金融区域中心》，商务部网站，2021 年 3 月 17 日，http://www.mofcom.gov.cn/article/i/jyjl/k/202103/20210303046645.shtml。

录，在苏伊士省的 Al-Ain Al-Sokhna 建立绿色氢气和合成氨生产设施。[1]

2022 年 11 月，《联合国气候变化框架公约》第二十七次缔约方大会于埃及举行。参会各方借此机会达成了多项协议，如为遭受洪水、干旱和其他气候灾害重创的脆弱国家提供损失和损害资金，承诺将全球气温升幅限制在比工业化前的水平高 1.5℃ 的范围内，提高企业和机构组织的气候行动透明度，鼓励政府、中央银行、商业银行、机构投资者和其他金融参与者参与全球经济向低碳经济转型，根据各参与方地理、政治、文化和社会背景制订一项公正过渡计划。[2] 此外，埃及通过 COP27 与多个国际及地方组织建立合作关系。例如，欧洲投资银行与埃及政府签署了多项合作协议和意向书，宣布支持在能源、交通、水资源和农业适应等多个领域对埃及进行新的投资，并提出为国家绿色项目平台（NWFE 计划）提供资金。[3]

五　大洋洲及其主要国家绿色金融发展进程

根据 2023 年全球绿色金融发展指数，大洋洲全球绿色金融发展指数得分为 54.4419，排名第三。需要指出的是，在全球绿色金融发展指数样本范围内，大洋洲国家仅包含澳大利亚和新西兰，而大洋洲中的部分小岛屿国家和最不发达国家在应对气候变化方面备受关注。

（一）澳大利亚

在过去的几十年里，澳大利亚政府制定了一系列政策和法规促进绿色金融的发展，包括税收优惠、财务激励措施和绿色债券计划等。澳大利亚的绿色金融市场也在不断扩大，越来越多的澳大利亚企业和金融机构利用绿色证

---

[1] "The Future of Green Finance and Investment in Egypt," https：//businessforwardauc.com/2023/06/04/the-future-of-green-finance-and-investment-in-egypt/.

[2] "Five Key Takeaways from COP27," https：//unfccc.int/process-and-meetings/conferences/sharm-el-sheikh-climate-change-conference-november-2022/five-key-takeaways-from-cop27.

[3] European Investment Bank，"COP27：EIB Announces New Support for Egypt's Own Green Transition," 2022.

券和绿色贷款等金融工具，积极寻求绿色发展机会。

政策方面，澳大利亚尚缺乏来自官方的明确的绿色金融战略和发展规划，部分机构对绿色金融发展战略提出了建议。澳大利亚可持续金融倡议组织（Australian Sustainable Finance Institute）在 2020 年发布了《可持续金融线路图》，提出了 37 项政策建议以在实现疫后复苏的同时向净零、资源高效和包容的经济转型。① 澳大利亚可持续金融研究所也在制定澳大利亚的绿色分类方法，将参考国际上关于绿色分类法的相关做法，与澳大利亚金融系统的专家和利益相关者合作，确保分类法的国际信誉和操作性。② 该项目得到了澳大利亚金融监管委员会的支持。③

在环境信息披露政策上，《2001 年澳大利亚公司法》要求所有公司报告其遵守环境法规的情况以及相关指标的完成情况，推动企业更加透明地履行其环保责任。④ 2011 年，澳大利亚养老金投资者委员会（Australian Council of Superannuation Investors，ACSI）和金融服务委员会（Financial Services Council，FSC）合作发布了第一版 ESG 报告指南，⑤ 引导投资决策朝着绿色和社会责任的方向发展。2015 年，这两个委员会对 ESG 报告指南进行了更新，明确涉及环境、气候变化的自愿性 ESG 披露。⑥

碳定价方面，自 2022 年 8 月起，澳大利亚开始推动保障机制（Safeguard Mechanism）的改革。在澳大利亚，保障机制类似于碳信用机制，对其改革的目的是引入可交易的保障机制信用额度，使那些能够更容易将排放量减少

---

① "Australian Sustainable Finance Initiative," https：//www. greenfinanceplatform. org/policies － and－regulations/australian－sustainable－finance－initiative.

② "Taxonomy Project," https：//www. asfi. org. au/taxonomy.

③ "Council of Financial Regulators Climate Change Activity Stocktake 2022," https：//www. cfr. gov. au/publications/policy－statements－and－other－reports/2022/council－of－financial－regulators－climate－change－activity－stocktake－2022/.

④ "Corporations Act 2001," https：//www. legislation. gov. au/Details/C2017C00328.

⑤ "ESG Reporting Guide for Australian Companies," https：//www. asx. com. au/documents/asx－compliance/esg_ reporting_ guide_ mar14. pdf.

⑥ "Australia's Environmental, Social, and Governance（ESG）Reporting Guide," https：//www. greenfinanceplatform. org/policies － and － regulations/australias － environmental － social － and － governance-esg-reporting-guide.

到基础线以下的设施产生信用额度，并将其出售给那些更难以减排的设施，从而激励具有成本效益的碳减排。①

近年来，澳大利亚更新了国家自主贡献。2022 年 9 月 8 日，澳大利亚通过了新的气候变化法案，规定到 2030 年在 2005 年的基础上减少 43% 的排放，到 2050 年实现净零排放。② 此外，2022 年 11 月 30 日，澳大利亚政府提出设立一个 150 亿澳元（约合 102.6 亿美元）的绿色基金——国家重建基金（NRF），支持澳大利亚的工业和经济，使其实现多元化和转型，并帮助其创造安全、高薪的就业机会，以确保未来的繁荣，推动可持续的经济增长。③

市场方面，绿色债券作为绿色金融市场的核心产品之一，在澳大利亚展现出持续增长的势头，截至 2022 年底，澳大利亚共累计发行了 240 亿美元的绿色债券，2022 年澳大利亚发行了 54 亿美元的绿色债券，相较于 2021 年增长 3.7%。④ 澳大利亚的绿色债券市场主要由房地产企业带动。自 2014 年澳大利亚斯托克兰（Stockland）地产有限公司和澳大利亚国民银行（National Australia Bank，NAB）发行首批绿色债券以来，绿色建筑在市场中占据了重要地位，低碳建筑在绿色债券配置中占 43%。⑤ 澳大利亚的州级政府也在绿色债券市场中扮演着重要角色。例如，昆士兰州、维多利亚州和新南威尔士州等地的州级政府积极参与绿色债券的发行。⑥ 其中，维多利亚州在这一领域具有标志性地位，成为澳大利亚首个发行绿色债券的州级政府，同时是全球首个通过国际气候债券认证发行债券的州级或联邦政府。⑦ 澳大利亚的绿色债券市场也在不断探索金融创新。2018 年，澳大利亚国民

① "Safeguard Mechanism Reform: Consultation Paper," https://consult.dcceew.gov.au/safeguard-mechanism-reform-consultation-paper.
② "Climate Change Act 2022," http://www.legislation.gov.au/Details/C2023C00092.
③ "Establishing the $15 Billion National Reconstruction Fund," https://www.minister.industry.gov.au/ministers/husic/media-releases/establishing-15-billion-national-reconstruction-fund.
④ Interactive Data Platform, https://www.climatebonds.net/market/data.
⑤ "Green Finance State of the Market 2019," https://www.climatebonds.net/files/reports/australia_greenbonds_sotm-2019-update_august_270819_final_v1_.pdf
⑥ "Potential Solar Superpower: Current Climate Laggard," https://greeneconomytracker.org/country/australia.
⑦ "Green Bonds," https://www.dtf.vic.gov.au/funds-programs-and-policies/green-bonds.

银行推出全球首个低碳共享投资组合票据,支持风能和太阳能等大型绿色能源项目建设。

绿色信贷方面,澳大利亚西太平洋银行、澳大利亚新西兰银行集团、澳大利亚国民银行以及澳大利亚联邦银行宣布了绿色贷款资产组合将与到2050年实现净零排放的目标保持一致。[①] 这一举措不仅体现了金融机构在绿色发展中的责任意识,也为推动绿色金融市场的进一步发展注入了动力。澳大利亚的绿色贷款也多和绿色房屋、汽车有关,客户可以使用绿色贷款购买太阳能板和雨水箱、对房屋进行节能改造等。例如,2021年2月,澳大利亚联邦银行推出了Commbank绿色贷款计划,帮助客户通过绿色贷款使用小型家用可再生技术设施,如太阳能电池板、电池组和电动汽车充电站。[②] 类似的金融产品还包括Handypay绿色贷款以及Plenti绿色贷款等。[③] 绿色信贷市场的兴起不仅为个人消费者提供了更多选择,也为企业和家庭提供了实现可持续发展目标的资金支持。

绿色保险方面,澳大利亚自然灾害保险的历史可以追溯到1974年,当时澳大利亚财政部提交了一份关于实施自然灾害保险计划可行性的报告,[④] 该报告强调了为洪水等多种自然灾害提供保险的必要性。目前,澳大利亚的保险市场中存在涵盖风暴、洪水和火灾等自然灾害风险的保险产品。

绿色基金方面,2008年,澳大利亚政府发布了绿色区域基金,该基金在4年内为众多项目提供了总额达1330万澳元的资金支持,[⑤] 引领了绿色金融领域的发展。这些项目覆盖了多个领域,包括能源效率措施和减少温室

[①] "Green Finance Country Briefing," https：//www.climatebonds.net/files/reports/cbi_australia_nz_country_briefing_final.pdf.

[②] "CommBank Announces Green Loan," https：//www.commbank.com.au/articles/newsroom/2021/02/Commbank-announces-green-loan.html.

[③] "Compare Green Loans：Go Green and Save Big," https：//www.finder.com.au/green-personal-loans.

[④] "Storm, Flood and Fire Insurance," https：//moneysmart.gov.au/home-insurance/storm-flood-and-fire-insurance.

[⑤] "Green Precincts Fund," https：//www.iea.org/policies/358-green-precincts-fund.

气体排放等，具体措施包括太阳能发电、太阳能热水服务、智能计量、节能电器和照明、风力发电以及功能性绿色建筑设计等。[1] 在 2008~2012 年绿色区域基金执行期间，每年约可节省约 1.33 亿升水和 8810739 千瓦时的能源，不仅有助于缓解饮用水供应的压力，还在一定程度上减少了能源使用和温室气体排放。[2]

2021 年 3 月，澳大利亚政府成立了碳捕集利用和封存发展基金，该基金作为《技术投资路线图》的一部分，旨在为商业化前的碳捕集与封存项目提供高达 2500 万美元的资金支持。[3] 同年 11 月，澳大利亚总理启动了低排放投资基金，该基金规模达 10 亿澳元（约合 7.38 亿美元），旨在支持各类低排放技术，包括碳捕集和封存技术。[4] 这一举措旨在填补市场中存在的技术型企业融资缺口，为那些被认为风险较大的技术项目提供资金支持，进一步促进澳大利亚绿色金融市场的发展。

碳定价方面，2012 年 7 月，澳大利亚开始实施碳税，但于 2014 年废除了碳税计划，并取消了原定于 2015 年开始逐步建立碳排放交易机制的计划。[5] 澳大利亚废除碳税计划后，通过引入碳信用来推动减排工作。2015年，澳大利亚通过《碳信用（碳农业倡议）法案》，创建了基于碳信用的减排基金———一项自愿的碳抵消计划。[6] 这一计划不仅有助于减少碳排放，还为土地所有者、社区和企业提供了机会，开展碳信用项目，避免碳泄露，从

---

[1] "Green Precincts Fund: Tackling Climate Change—Fact Sheet," https://webarchive.nla.gov.au/awa/20160111050038/http://www.environment.gov.au/resource/green - precincts - fund - tackling-climate-change-fact-sheet.

[2] "Green Precincts Fund," https://www.dcceew.gov.au/water/policy/programs/completed/green-precincts.

[3] "Carbon Capture Use and Storage Development Fund," https://business.gov.au/grants - and - programs/carbon-capture-use-and-storage-development-fund.

[4] "Australia Putting $738M into Low Emissions Investment Fund," https://apnews.com/article/climate-technology-business-scott-morrison-australia-c3ae61b0d41df3a9c9f89875e54d91b1.

[5] "About the Mechanism," https://www.cleanenergyregulator.gov.au/Infohub/CPM/Pages/About-the-Mechanism.aspx.

[6] "Australian Carbon Credit Unit (ACCU) Scheme," https://www.dcceew.gov.au/climate - change/emissions-reduction/emissions-reduction-fund.

而在更广泛的范围内推动绿色发展。2021 年 7 月的碳信用价格从每吨 22.00 美元上升到了 2022 年第二季度的每吨 35.10 美元。[①] 更引人注目的是，2022 年上半年，澳大利亚碳信用单位在二级市场上的交易量创下了新纪录，达到了 870 万笔，超过了 2021 年上半年交易量的 3 倍。

国际合作方面，澳大利亚积极推动绿色金融合作，特别是与亚太地区的国家开展双边合作，以促进能源转型和气候适应。自 2016 年以来，澳大利亚已向巴布亚新几内亚提供了约 2 亿美元的双边气候变化和抗灾支持。这一支持范围广泛，涵盖可持续的资源管理、清洁能源以及环境保护等多个领域。同时，巴布亚新几内亚还受益于澳大利亚的一系列区域和全球气候变化投资，提高了应对气候变化风险的能力。例如，澳大利亚太平洋第二阶段气候和海洋支持计划（COSPPac）（2330 万美元，2018～2022 年）支持巴布亚新几内亚气象局提供气候和海洋监测和预测服务；澳大利亚太平洋基础设施融资机构（AIFFP）也为巴布亚新几内亚的第一个公共太阳能发电厂提供资金。建成后该发电厂将成为太平洋地区最大的太阳能发电厂之一。[②]

2022 年 10 月 18 日，澳大利亚与新加坡达成绿色经济协议以促进环境产品和服务特别是清洁能源的贸易和投资，共同寻求应对气候变化的方案。该协议主要通过降低环境产品的关税、提供自由交换环境服务来推动环境投资。[③] 2022 年 1 月，澳大利亚和日本在清洁能源领域建立长期且值得信赖的能源伙伴关系。其中全球首次运输液态氢的贸易计划有助于发展澳大利亚的出口氢产业，并为从事氢供应链项目的企业提供机会。同时，该贸易计划包

---

① "Quarterly Carbon Market Reports," https：//www. cleanenergyregulator. gov. au/Infohub/Markets/ quarterly-carbon-market-reports.

② "Papua New Guinea-Australia's Commitment to Strengthening Climate and Disaster Resilience in the Pacific," https：//www. dfat. gov. au/about－us/publications/png－australias－commitment－to－ strengthening-climate-and-disaster-resilience-in-the-pacific.

③ "Australia and Singapore：Propelling Our Sustainable Green Economy Future," https：// www. dfat. gov. au/about－us/publications/trade－investment/business－envoy/business－envoy－ february-2022/australia-and-singapore-propelling-our-sustainable-green-economy-future.

含2万亿日元（约合245亿美元）的绿色创新基金，支持澳大利亚的氢能投资。[①]

（二）小岛屿发展中国家和最不发达国家

小岛屿发展中国家（Small Island Developing States，SIDS）于1992年联合国环境与发展大会上被正式确立，位于三个地理区域：加勒比地区，太平洋地区，大西洋、印度洋和南海地区。小岛屿发展中国家的总人口约为6500万人，不到世界人口的1%，其面临独特的社会、经济和环境挑战。[②] 最不发达国家（Least Developed Countries，LDC）指的是面临可持续发展结构性障碍的低收入国家，它们极易受到经济和环境冲击的影响，人力资本水平较低。截至2022年底，共有46个最不发达国家，分布于非洲、亚洲、大洋洲和加勒比海地区。[③]

全球气候变化加剧了海平面上升和极端天气事件的发生，这对小岛屿发展中国家和最不发达国家的社会、经济和生态系统造成了极大的冲击。小岛屿发展中国家面临不同的气候变化威胁。如马绍尔群岛和图瓦卢等低洼地区面临海平面上升的威胁；[④] 太平洋的斐济和瓦努阿图，以及赤道大西洋的圣多美和普林西比受到风暴的影响。[⑤] 虽然最不发达国家碳排放只占全

---

① "Clean Hydrogen Collaboration with Japan," https：//www.dfat.gov.au/about-us/publications/trade-investment/business-envoy/business-envoy-february-2022/clean-hydrogen-collaboration-japan.

② "About Small Island Developing States," https：//www.un.org/ohrlls/content/about-small-island-developing-states.

③ "Least Developed Countries（LDCs），" https：//www.un.org/development/desa/dpad/least-developed-country-category.html.

④ "Marshall Islands：New Climate Study Visualizes Confronting Risk of Projected Sea Level Rise," https：//www.worldbank.org/en/news/press-release/2021/10/29/marshall-islands-new-climate-study-visualizes-confronting-risk-of-projected-sea-level-rise. DOI：10/29/marshall-islands-new-climate-study-visualizes-confronting-risk-of-projected-sea-level-rise.

⑤ "Hurricanes and Climate Change," https：//www.ucsusa.org/resources/hurricanes-and-climate-change.

球碳排放的 4%，但是过去 50 年里气候灾害带来的死亡有 69%发生在最不发达国家。①

小岛屿发展中国家在气候金融方面仍面临资金支持不足的问题。2003～2021 年，三个地区的 40 个小岛屿发展中国家从多边气候基金中获批 464 个项目，资金总额达 25 亿美元（见图 8）。② 尽管近年来这些国家获得的资金有所增加，但与实际需求相比仍然存在差距。自 2015 年以来，绿色气候基金（GCF）在支持小岛屿发展中国家方面发挥着关键作用。③ 2022 年被批准

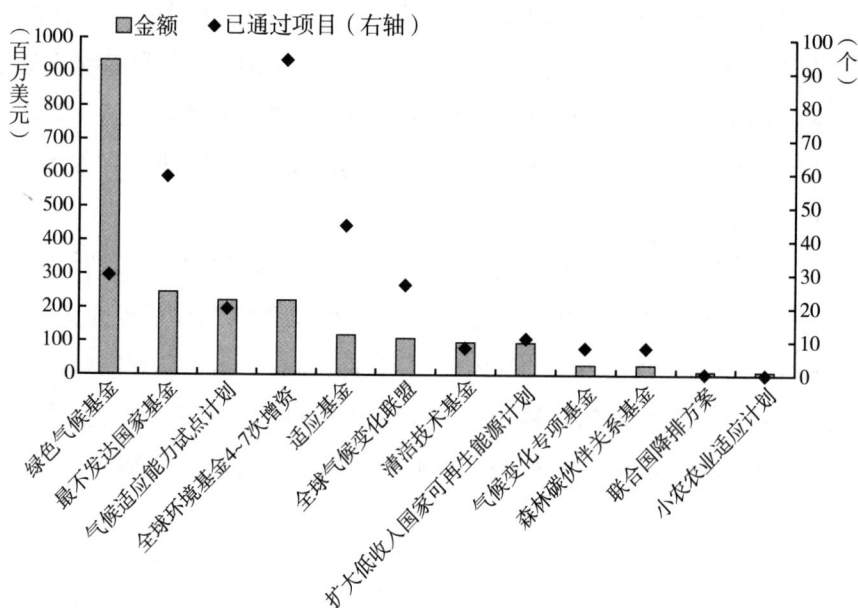

图 8　2003～2021 年支持小岛屿发展中国家的气候基金

资料来源：Climate Funds Update。

---

① UNCTAD, *The Low-Carbon Transition and Its Daunting Implications for Structural Transformation* (New York: United Nations Publications, 2022).

② "Accessing Climate Finance: Challenges and Opportunities for Small Island Developing States," https://www.un.org/ohrlls/sites/www.un.org.ohrlls/files/accessing_climate_finance_challenges_sids_report.pdf.

③ "Climate Finance Regional Briefing: Small Island Developing States (2020)," https://climatefundsupdate.org/publications/climate-finance-regional-briefing-small-island-developing-states-2020/.

用于支持小岛屿发展中国家的项目资金达 1.73 亿美元,其中约有 57%的项目由 GCF 规划。[1]

小岛屿发展中国家还在解决气候变化引发的损失和损害[2]问题的融资安排方面取得进展。《联合国气候变化框架公约》下设专门的损失和损害基金,以帮助小岛屿发展中国家应对可能出现的不可逆转的损害,通过增强农业、生物多样性和基础设施领域的气候适应能力,降低小岛屿发展中国家居民面对气候变化的脆弱性。[3] 损失和损害的概念在 2007 年 COP13 上被正式写入《联合国气候变化框架公约》。历经多次会议,损失和损害议题依旧进展缓慢,2013 年华沙 COP19 创立了损失和损害国际机制,但因缺乏财务支持而效力有限,直至 2022 年 COP27 会议,损失和损害基金才终于确立下来。[4]联合国环境规划署(UNEP)的研究指出,气候适应资金仍然不足,流向发展中国家的国际气候适应资金流量占估计需求的 1/10～1/5,到 2030 年每年将需要超过 3000 亿美元。[5] 损失和损害基金可以部分弥补国际气候资金的短缺,由来自 24 个国家的代表成立过渡委员会共同运营损失和损害基金。[6]

气候融资方面,2001 年成立的最不发达国家基金(LDCF)在全球环境

① "Climate Finance Regional Briefing: Small Island Developing States," https://www.annualreviews.org/doi/10.1146/annurev-environ-012320-083355.

② "损失和损害"指气候变化造成的损失和损害,包括气候灾害带来的损失以及未能及时应对气候变化为国家带来的影响导致的损失。

③ "Establishing a Dedicated Fund for Loss and Damage," https://unfccc.int/establishing-a-dedicated-fund-for-loss-and-damage.

④ "Warsaw International Mechanism for Loss and Damage Associated with Climate Change Impacts (WIM)," https://unfccc.int/topics/adaptation-and-resilience/workstreams/loss-and-damage/warsaw-international-mechanism; "What You Need to Know about the COP27 Loss and Damage Fund," http://www.unep.org/news-and-stories/story/what-you-need-know-about-cop27-loss-and-damage-fund.

⑤ "Adaptation Gap Report 2022," http://www.unep.org/events/publication-launch/adaptation-gap-report-2022.

⑥ "COP27 Reaches Breakthrough Agreement on New 'Loss and Damage' Fund for Vulnerable Countries," https://unfccc.int/news/cop27-reaches-breakthrough-agreement-on-new-loss-and-damage-fund-for-vulnerable-countries.

基金（GEF）的管理下运作，旨在支持最不发达国家应对气候变化，特别是国家气候适应行动方案的制订和实施。最不发达国家基金在20年的历程中，已开展360个项目，总计获得了16.5亿美元的资金，用于支持国家气候适应行动方案的准备和实施，推动相关项目和扶持活动。① 该基金不仅提供资金支持，还在全球范围内支持筹备国家行动计划，并积极参与实施最不发达国家的工作计划。这种综合性的支持有助于提升这些国家在气候变化适应方面的整体能力。

小岛屿发展中国家和最不发达国家面临长期的绿色和气候融资短缺。联合国在2022年3月通过了2022～2031年10年期支援最不发达国家的《多哈行动纲领》（Doha Programme of Action），包含了6个关键领域：投资最不发达国家消除贫困，增强建设能力；科技创新对抗多维脆弱，实现可持续发展目标；支持结构转型，推动繁荣；增强国际贸易，推进区域一体化；应对气候变化、环境恢复，强化风险应对能力，实现可持续发展；动员国际团结，重振全球伙伴关系，创新工具，向可持续转型。② 除此之外，COP27上启动了全球适应目标框架，提出基于减缓气候变化、适应其影响以及解决不可避免的损失和损害问题的需求，为最不发达国家商定出新的气候融资目标。③

在为小岛屿发展中国家提供援助方面，2001年，联合国小岛屿发展中国家办公室创立，致力于通过形成专门单位协调各方合作，支持小岛屿发展中国家的行动、协调后续步骤和监测工作，促进其可持续发展。2014～2024年，联合国小岛屿发展中国家办公室专注于《萨摩亚途径》（SAMOA Pathway），协助小岛屿发展中国家实现其发展目标，④ 推动小岛屿发展中国

---

① "Least Developed Countries（LDC）Fund," https：//unfccc. int/process-and-meetings/bodies/funds-and-financial-entities/least-developed-countries-ldc-fund.

② "Doha Programme of Action," https：//www. un. org/ldc5/doha-programme-of-action.

③ "Least Developed Countries（LDC）Group React to COP27 Outcomes," https：//www. ldc-climate. org/press_ release/least-developed-countries-ldc-group-react-to-cop27-outcomes/.

④ "Small Island Developing States," https：//www. un. org/ohrlls/content/small-island-developing-states.

家与《2030 年可持续发展议程》、《亚的斯亚贝巴行动议程》、《巴黎协定》和《仙台减少灾害风险框架》等全球发展目标相协调。2022 年 8 月,"瓦达德里行动纲要"会议在安提瓜召开,提出"瓦达德里行动平台",接替《萨摩亚途径》,转变愿景和承诺,采取紧急和具体的行动加强小岛屿发展中国家的抵御能力。①

---

① "The Wadali Action Platform," https：//www.aosis.org/wadadli-action-platform/.

国际合作篇

International Cooperation Reports

B.3
绿色金融国际组织和合作机制报告

赵鑫 毛倩*

摘　要： 全球性绿色金融国际组织和合作机制持续发挥积极作用。公共金融部门参与的全球性绿色金融合作平台、公私部门形成的区域性绿色金融合作网络、研究机构搭建的绿色金融学术研究网络持续推动绿色金融国际合作不断深入。2022 年，绿色金融国际合作迈上新的台阶。全球性和区域性绿色金融合作机制以及学术交流活动汇集世界各国力量应对发展挑战，推动政策制定和市场实践，切实应对绿色金融发展难点和痛点。然而当前的绿色金融国际合作仍面临标准多样且复杂、区域诉求与供给资源不匹配、能力建设未形成溢出效应、疫后复苏与金融体系失衡的挑战。展望未来，需要推动政策标准的比较和协同、关注气候脆弱地区发展需求、开展学术交流和技术援助，兼顾可持续性与公平性。

---

* 赵鑫，中央财经大学绿色金融国际研究院研究员，研究方向为可持续金融、转型金融；毛倩，中央财经大学绿色金融国际研究院高级研究顾问，研究方向为可持续金融、生物多样性金融、性别金融。

关键词: 绿色金融 国际合作 区域发展 气候融资

一 全球性绿色金融合作平台

全球性绿色金融合作平台通过利用国际合作框架或集合各国首脑的形式推动克服绿色金融发展挑战。G20可持续金融工作组持续追踪绿色金融发展,央行和监管机构绿色金融网络致力于应对绿色金融发展挑战,财政部长气候行动联盟(The Coalition of Finance Ministers for Climate Action,CFMCA)拟发挥财政政策力量应对气候变化,可持续银行和金融网络关注新兴市场经济体绿色金融发展,可持续金融国际平台推动了工具和方法学应用(见表1)。全球性绿色金融合作平台凝聚全球绿色金融发展意识,聚焦当下绿色金融发展瓶颈,为应对绿色金融挑战群策群力。

表1 国际主流绿色金融平台2022年进展

名称	2022年进展	关注议题
G20可持续金融工作组	《2022年G20可持续金融报告》	可持续金融发展挑战、国别绿色金融发展追踪
央行和监管机构绿色金融网络	《关于自然相关金融风险的声明》 提高绿色和转型金融的市场透明度 《捕捉气候相关风险差异:进展报告》 《弥合数据差距的最终报告》 央行和监管机构气候情景分析等	宏观金融气候情景分析、金融机构风险管理和环境信息披露、生物多样性金融和数据建设
财政部长气候行动联盟	第七届CFMCA会议 通过经济和财政政策及实践推动气候行动 将气候行动纳入财政部主流的战略 界定长期气候战略的财政影响等	气候对经济财政政策的影响、碳定价、私人金融机构、能力建设
可持续银行和金融网络	国别可持续金融发展进展 可持续金融工具工作组会议 数据和披露工作组会议	可持续金融发展、可持续金融市场、数据和信息披露、低收入国家
可持续金融国际平台	分类法比较分析 《可持续金融国际平台转型金融报告》	共同分类目录、转型金融

资料来源:笔者根据公开数据收集整理。

（一）G20可持续金融工作组

G20可持续金融工作组（时称"G20绿色金融研究小组"）于2016年中国担任G20主席国期间提出成立，绿色金融首次成为G20框架下讨论的议题并在接下来的峰会期间不断受到重视。该工作组推动绿色金融国际合作的方式主要在于识别绿色金融发展挑战并提出应对建议，以及在合作框架内追踪各国绿色金融发展进程。

1.《可持续金融综合报告》[①]

《可持续金融综合报告》作为G20可持续金融工作组旗舰报告，由当年轮值主席国提出发展绿色金融的挑战以及应对措施，凝聚国际社会各方的重视和力量，指明绿色金融发展瓶颈和方向。从各年《可持续金融综合报告》来看，环境信息披露和多元化投融资渠道是普遍识别出的挑战。

表2　G20《可持续金融综合报告》主要内容

年份	轮值主席国	挑战	应对措施
2016	中国	环境外部性、期限错配、缺乏定义、信息不对称、分析能力不足； 银行体系、债券市场、机构投资者绿色化不足； 风险分析和度量绿色金融活动	采纳可持续银行原则、创新金融工具、政策协调、能力建设； 提高认知、支持本国绿色债券市场发展及跨境绿色债券投资、降低交易成本； 提供战略性政策信号和框架、采用负责任投资原则、市场产品创新； 推动研究绿色金融指标体系及相关定义，评估绿色金融影响
2017	德国	环境风险分析； 公共环境数据	保持政策信号的一致性，提高环境数据质量，基于国情评估环境风险及财务影响等； 推动知识共享，发挥私人部门作用，支持国际组织开发公共环境数据指南，推动公共环境数据共享

① 2016年、2017年、2018年、2021年使用"可持续金融综合报告"，2022年、2023年使用"可持续金融报告"。

年份	轮值主席国	挑战	应对措施
2018	阿根廷	为资本市场创造可持续资产;发展可持续股权和风险投资;探索数字技术在可持续金融中的应用	提高可持续资产定义的质量和透明度,改善可持续投资分析能力等;推动设立可持续企业孵化器,引入可持续投资要素,明确使用可持续投资标准等;探索在可持续金融领域运用数字技术的监管措施
2021	意大利	提高投资的可比性和互操作性,使其与可持续发展目标保持一致;通过提升可持续信息披露水平来克服信息挑战;提升国际金融机构在《巴黎协定》和《2030年可持续发展议程》中的支持作用	促进区域可持续金融分类法的协同、利益相关方合作以开发可持续投资方法(前瞻性投资组合调整、ESG评级、验证和标签方法);鼓励和推广使用国际可持续准则理事会制定的可持续披露标准;多边开发银行应提升气候融资雄心,促进私人资本参与,支持发展中国家的能力建设
2022	印度尼西亚	发展转型金融框架;提高私营金融机构承诺的可信度;扩大可持续金融产品应用,聚焦可获得性和可承担性	参考使用转型金融框架;促进私营部门投资策略和产品符合气候目标,推动金融机构净零承诺等;多边开发银行应为发展中国家提供混合金融服务和能力建设,国家机构和金融机构应支持国际可持续发展准则理事会工作、数字技术应用以及服务中小企业可持续融资需求等

注:由于部分G20成员在应对气候变化相关议题上存在分歧,绿色金融议题并未在2019年和2020年G20峰会上讨论。

资料来源:笔者根据公开数据收集和整理。

环境信息披露的挑战在于如何提高其披露质量以支持可持续投资决策。环境信息作为可持续投资活动的基础,不仅为环境风险分析提供数据基础,也为可持续投资效果和影响提供判断材料。为应对此挑战,G20可持续金融工作组主要建议在区域上协同绿色活动判定方法和采用国际统一的披露标准(国际可持续发展准则理事会)。除此之外,近年来环境信息披露不断强调需要衡量对实现气候目标的贡献,如将可持续投资活动与温升控制在1.5℃或2℃的目标保持一致。

多元化投融资渠道需要解决的主要问题是如何鼓励股权融资和撬动私人投资。一方面,可持续金融市场上以信贷和债券为主的债务融资是主要的融资模式,而以资本市场为代表的股权融资则相对不足。另一方面,国际金融机构所提供的公共资金是气候投资的重要组成部分,而近年来气候投资目标难以兑现引发对私人投资的关注。G20可持续金融工作组分别建议开发可持续投资方法和工具并将混合融资的方式引入国际气候资金的使用。

2022年,在印度尼西亚召开的G20峰会期间,G20可持续金融工作组发布了《2022年G20可持续金融报告》,转型金融首次被识别为重要议题。以往的绿色金融主要关注"纯绿"或接近"纯绿"的行业或活动,并未对更广范围内的经济活动予以支持,而碳密集型行业的转型活动对于气候目标的实现尤为重要。在该报告中,G20可持续金融工作组提供了一套基于原则的转型金融框架,包括明确转型活动和投资、转型信息披露、转型金融工具、设计政策工具、评估和减缓社会及经济负面影响五个方面的二十二条原则。[1]

此外,G20可持续金融工作组观察到越来越多来自发达国家的金融机构做出自主净零承诺,而新兴市场和发展中经济体则更需要技术援助来支持金融机构制定和跟踪净零/可持续承诺,由此建议提高金融机构自主承诺的可信度和可测性。为了扩展可持续金融市场,G20可持续金融工作组强调发展中国家和中小企业的可持续融资需求,建议多边开发银行和国际组织加强技术援助,鼓励政府部门制定政策和激励措施以培育本国市场。[2]

2. 可持续金融路线图和进展追踪

G20可持续金融工作组除了凝聚国际各方共识关注绿色金融发展重点领域外,还运用G20框架下的合作机制追踪成员绿色金融发展进程。2016年G20可持续金融工作组在其综合报告中提出了七项可选措施以应对绿色金融发展挑战。2017年,G20可持续金融工作组根据这七项措施追踪了各成员绿色金融体系化的进程,追踪了多个国家和国际层面的发展动态,但由于部分G20成员存在意见分歧而有所中断,但从2021年开始此项工作恢复并升级为《G20可持续金融路线图》,并获得2021年G20财长和央行行长会议

---

① G20 Sustainable Finance Working Group, "2022 G20 Sustainable Finance Report," 2022.

② G20 Sustainable Finance Working Group, "2022 G20 Sustainable Finance Report," 2022.

的认可。2022 年 G20 可持续金融工作组根据《G20 可持续金融路线图》的五个关注领域分别追踪了成员和其他国际组织的发展进程。①

在使投资同可持续目标保持一致的市场开发方法上，联合国环境署金融倡议组织通过制定框架和指导方针的方式，从金融机构的角度出发促进实现可持续发展目标和《巴黎协定》，并与世界银行集团等组织计划在研究开发的同时实现互操作性，实现不同披露方法之间的对比和衡量。在可持续发展的风险、机遇和影响，以及保持信息的一致性、可比性与决策有用性方面，国际组织支持制定了信息披露标准，以最大限度地发挥对金融部门的积极影响，改善企业对可持续发展相关事项的披露情况。评估和管理气候及转型风险方面，巴赛尔银行监管委员会开发了气候相关金融风险的管理原则，支持银行业风险管理。② 国际金融机构、公共金融和政策激励方面，印度尼西亚主办的可持续投资国际政策杠杆论坛（Forum on International Policy Levers for Sustainable Investment）讨论了一系列各国采取的政策措施以营造可持续金融发展的有利环境。③ 在交叉领域问题上，数字解决方案和气候公正转型被识别为重要挑战，以提高可持续金融市场效率和在转型过程中减少并消除对当地社区和中小企业的不利影响。④

（二）央行和监管机构绿色金融网络

2017 年 12 月成立的央行和监管机构绿色金融网络（Network for Greening the Financial System，NGFS）由各国中央银行和监管机构组成，在自愿的基础上交流发展经验和分享最佳实践以实现金融支持可持续经济转型，为金融领域环境和气候风险管理的发展做出贡献。截至 2022 年底，央行和监管机

---

① G20 Sustainable Finance Working Group, "2022 G20 Sustainable Finance Report," 2022.

② "Principles for the Effective Management and Supervision of Climate-Related Financial Risks," https://www.bis.org/bcbs/publ/d532.htm.

③ G20 Sustainable Finance Working Group, "G20 Presidency Summary-Forum on International Policy Levers for Sustainable Investment," 2022.

④ G20 Sustainable Finance Working Group, "G20 Sustainable Finance Roadmap," 2022.

构绿色金融网络共有 121 家成员单位和 19 家观察员机构。[1] 中国人民银行为该网络的初始成员单位。[2]

2022 年 NGFS 调整了其工作流程，针对央行成立政策监管、气候情景设计和分析、货币政策和净零转型的研究项目，分别成立生物多样性丧失和自然相关风险工作组、能力建设工作组和混合金融倡议。[3] 2022 年 NGFS 共发布 9 篇研究报告，主要聚焦宏观金融气候情景分析、金融机构风险管理和环境信息披露以及数据建设。

自 2018 年起，NGFS 致力于制定宏观金融气候情景分析方法（NGFS Scenarios），为金融行业提供气候分析方法框架。2022 年 9 月，NGFS 发布第三版气候情景分析方法，纳入了短期和长期物理风险因素以及部门层面更为细致的分析（见图 1）。[4] NGFS 的研究结果表明，从长远来看，与不作为或无序过渡相比，及时及协调的转型活动成本更低。[5] 此外，NGFS 调查发现，许多央行和市场机构仍处于制定气候风险评估方法并完善现有的信用风险评估框架的过程中，部分央行认可将气候相关风险评估纳入其货币政策操作的必要性。[6]

金融机构风险管理方面，NGFS 更新了金融机构、信用评级机构和监管机构在核算气候相关风险差异方面的进展，并基于资产绿色性，探讨了第一支柱资本要求引入调节因素的支持证据。[7] 环境信息披露方面，NGFS 关注到绿色金融市场透明度的问题，通过对多家央行和金融监管机构的调查，围绕分类法，外部审查和评估，气候转型指标、框架和市场产品三个方面阐明

---

① NGFS, "Annual Report 2022," 2023.

② "Joint Statement by the Founding Members of the Central Banks and Supervisors Network for Greening the Financial System," https：//www.ngfs.net/sites/default/files/medias/documents/joint_ statement_ -_ greening_ the_ financial_ system_ -_ final_ 0.pdf.

③ NGFS, "Annual Report 2022," 2023.

④ FSB&NGFS, "Climate Scenario Analysis by Jurisdictions：Initial Findings and Lessons," 2023.

⑤ "NGFS Scenarios for Central Banks and Supervisors," https：//www.ngfs.net/sites/default/medias/documents/ngfs_ climate_ scenarios_ for_ central_ banks_ and_ supervisors_ .pdf.pdf.

⑥ NGFS, "Credit Ratings and Climate Change—Challenges for Central Bank Operations," 2022.

⑦ NGFS, "Capturing Risk Differentials from Climate-Related Risks," 2022.

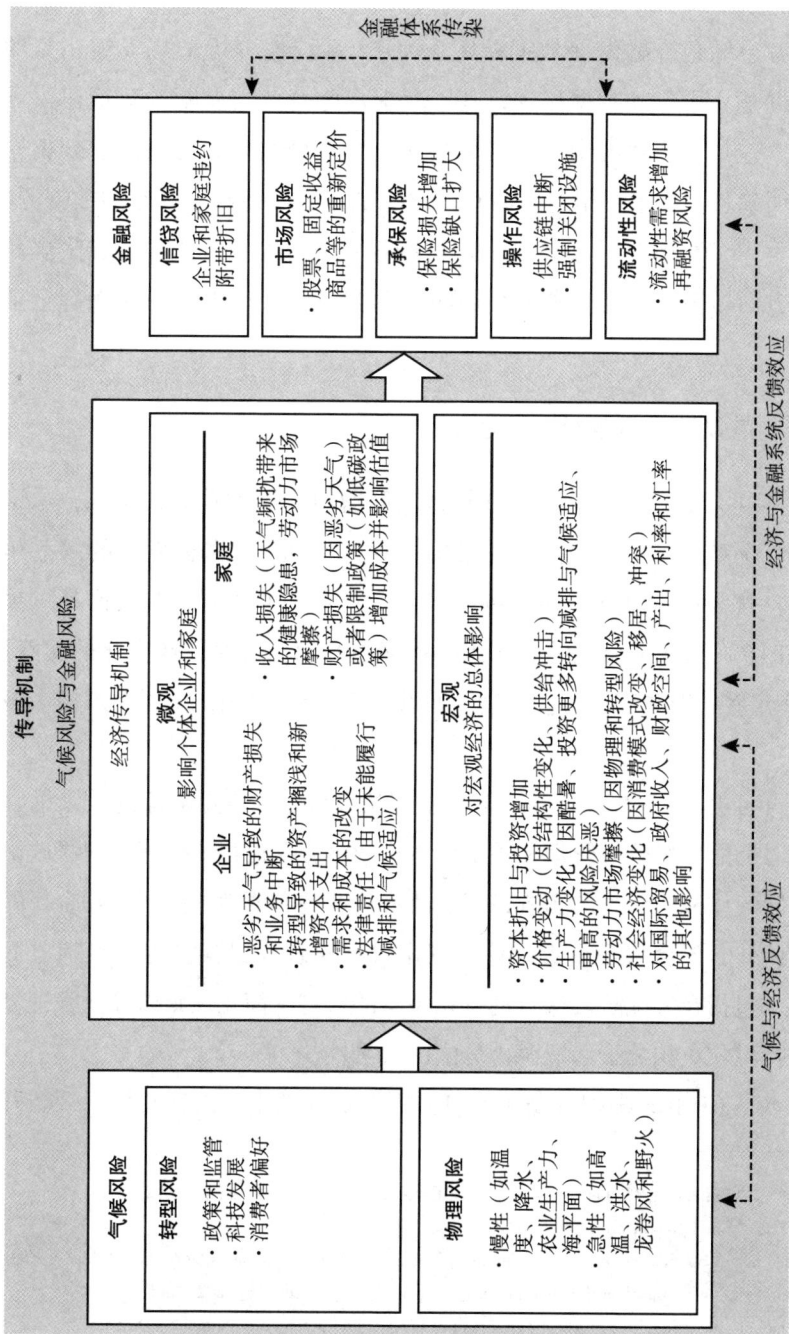

图 1　NGFS 情景传导机制

资料来源："NGFS Scenarios for Central Banks and Supervisors," https://www.ngfs.net/sites/default/files/medias/documents/ngfs_climate_scenarios_for_central_banks_and_supervisors_pdf.pdf。

了发展现状和主要挑战。①

为了弥合绿色金融发展数据差距，NGFS 系统地分析了与气候相关的数据差距并建立了气候数据目录，基于此提出弥合此类差距的政策建议和解决方案，包括向一致的全球披露标准靠拢，贯彻共享和可操作的分类原则，制定明确且对决策有用的指标和方法标准，更好地利用现有的数据源、方法和工具。② NGFS 还从实体经济、披露报告、风险、市场动员、法规和国际倡议方面提供了一组反映绿色金融的数据指标，用于跟踪和了解绿色金融体系。③

（三）财政部长气候行动联盟

2019 年 4 月成立的财政部长气候行动联盟由各国财政部长组成，承诺采取行动以应对气候变化和实现《巴黎协定》目标。该联盟发布的《赫尔辛基原则》作为指导原则推动了各国气候变化行动的实施，并根据其六项原则（见图 2）形成了相应的工作组，探索财政部门应对气候变化的实践。截至 2022 年底，财政部长气候行动联盟共有 78 个成员国，中国并未加入该联盟。④

2022 年 4 月，CFMCA 举办了第七届部长级会议，重点关注财政紧缩和能源波动时期的气候政策管理和碳定价方法。该会议讨论了疫情和地缘政治因素对各国气候战略实施的影响，指明政策权衡的必要性并强调国际合作的重要性。此外，该会议还重点讨论了碳定价在实现《巴黎协定》目标方面的有效性，包括在实施阶段保障利益相关者的参与，简化规则以降低管理复杂性，保持税收负担分配和资源再分配的公平性。⑤

2022 年，CFMCA 根据《赫尔辛基原则》成立的工作组就其目标领域开

---

① NGFS, "Enhancing Market Transparency in Green and Transition Finance," 2022.

② NGFS, "Final Report on Bridging Data Gaps," 2022.

③ "Dashboard on Scaling up Green Finance," https://www.ngfs.net/sites/default/files/medias/documents/ngfs_dashboard_scaling_up_green_finance_october_2022.pdf.

④ "Member Countries," https://www.finan ceministersforclimate.org/member-countries.

⑤ CFMCA, "Annual Report 2022," 2022.

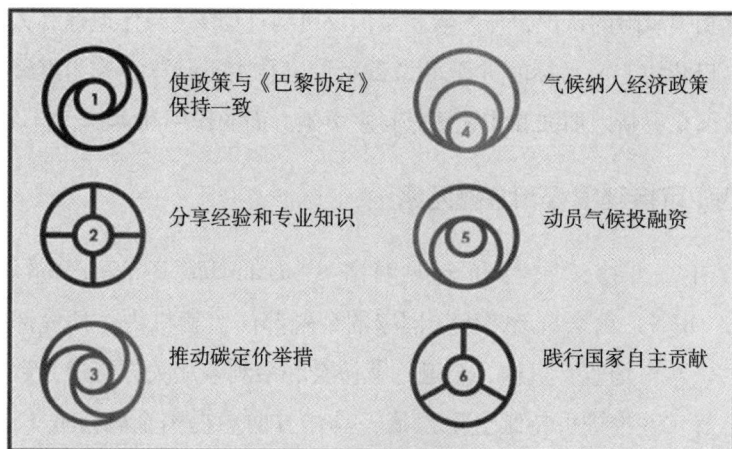

图 2　《赫尔辛基原则》

资料来源：CFMCA，"The Helsinki Principles"。

展工作。"使政策与《巴黎协定》保持一致"工作组探索了长期气候战略的财政影响，包括转型对财政盈余的主要影响方式、气候战略的财政影响有关研究、现有的建模工具及其权衡。[①]"分享经验和专业知识"工作组评估了各国财政部目前应对气候变化和气候行动主流化的能力，提供课程等相关培训项目。[②]"推动碳定价举措"工作组通过开展会议讨论交流了不同国家碳定价方法、碳税实施和化石能源补贴等方面的经验。[③]"气候纳入经济政策"工作组整理了成员国的经验和做法，以期通过宏观经济建模分析、气候相关财政风险评估、绿色预算、公共投资和资产管理、绿色公共采购将气候变化因素纳入经济财政政策和实践。[④]"动员气候投融资"工作组与 NGFS 合作加

① CFMCA，"How to Scope the Fiscal Impacts of Long-Term Climate Strategies? A Review of Current Methods and Process，" 2022.

② CFMCA，"Strategies for Mainstreaming Climate Action in Ministries of Finance：Governance，Capacities，and Research Practices，" 2022；"Launch of New Training Initiative of the Coalition of Finance Ministers for Climate Action at the 2022 World Bank/IMF Spring Meetings，" https：// www. financeministersforclimate. org/sites/cape/files/inline-files/Training%20Initiative%20Launch% 20-%20Coalition%20of%20Finance%20Ministers%20for%20Climate%20Action. pdf.

③ CFMCA，"Annual Report 2022，" 2022.

④ CFMCA，"Driving Climate Action through Economic and Fiscal Policy and Practices，" 2022.

深对自然相关风险的认识，与气候政策倡议机构（CPI）合作追踪私人金融机构实现《巴黎协定》目标的进程。① "践行国家自主贡献"工作组继续评估和分享财政部在更新、加强和实施国家自主贡献方面的作用和实践经验。②

（四）可持续银行和金融网络

2012 年，可持续银行和金融网络（Sustainable Banking and Finance Network，SBFN）由来自新兴市场国家的金融部门监管机构、环境部委、财政部委、资本市场监管机构、金融行业协会和多利益相关方组成，致力于结合国际良好实践推进可持续金融发展，具体方向为提高金融行业 ESG 和气候风险管理水平，增加对环境和社会有积极影响的资本流动。截至 2023 年6 月，SBFN 共有来自 63 个国家的 80 家成员单位。③

SBFN 当前下设测量工作组、可持续金融工具工作组、数据和披露工作组以及低收入国家特别工作组，通过组织会议、调查访谈、知识分享和出版报告的形式来帮助成员理解可持续金融发展的新趋势并携手采取应对措施。

测量工作组采用系统方法来评估和衡量国家可持续金融框架方面的进展。2021 年，SBFN 公布第三轮全球和国别进展报告并于 2022 年发布了国别层面的可持续金融进展报告。中国、哥伦比亚和印度尼西亚处于可持续金融发展的第一梯队，处于可持续金融政策成熟阶段。④ 可持续金融工具工作组通过交流分享可持续金融市场建设经验和开展国别案例研究挖掘新兴市场绿色、社会和气候投资机会，该工作组当前聚焦于分析国别可持续金融分类目录进展。⑤ 数据和披露工作组致力于了解成员可持续信息披露举措，追踪

① CFMCA, "An Overview of Nature-Related Risks and Potential Policy Actions for Ministries of Finance: Bending the Curve of Nature Loss," 2022; Climate Police Initiative, "Private Financial Institutions' Paris Alignment Commitments: 2022 Update," 2022.

② CFMCA, "Annual Report 2022," 2022.

③ SBFN, https://www.sbfnetwork.org/.

④ "Global and Country Progress Reports 2021 & 2022," https://www.sbfnetwork.org/publications-superceded-may-23/global-progress-report-2021/.

⑤ "SBFN Sustainable Finance Instruments Working Group," https://www.sbfnetwork.org/working-groups/sustainable-finance-instruments/.

信息披露趋势并制定相关指南和工具包。① 低收入国家特别工作组关注低收入国家在可持续金融方面面临的挑战和机会，探索可持续金融和普惠金融之间的关联。②

（五）可持续金融国际平台

2019 年 10 月，可持续金融国际平台（International Platform on Sustainable Finance，IPSF）成立，致力于为政策制定者提供多边对话平台，在尊重国家和区域背景的情况下推广最佳实践、比较不同的举措并确定可持续金融的障碍和机遇，帮助投资者识别和抓住真正有利于气候和环境目标实现的可持续投资机会，促进私人资本投入环境可持续投资领域。截至 2023 年 6 月，可持续金融国际平台的 19 个成员共同占据了全球 55% 的温室气体排放量、51% 的世界人口和 55% 的 GDP。③ 中国人民银行作为初始成员单位参与了可持续金融国际平台。

自成立起，可持续金融国际平台就开始关注绿色分类法的对比分析和可持续信息披露，其中一项重要产出是中欧《可持续金融共同分类目录》，对中欧可持续金融分类法（目录）的协同产生积极作用。2021 年 11 月至 2022 年 1 月，可持续金融国际平台就共同分类目录征集反馈，并根据收到的反馈和评估进行了更新，纳入了制造业和建筑业的经济活动。当前版本涵盖了 72 项减缓气候变化的活动，并补充说明了国际《可持续金融共同分类目录》的最新进展。④

转型金融成为 2022 年可持续金融国际平台的另一个重要关注领域。随着可持续金融发展的不断深入，向气候中性和可持续经济转型逐渐成为共

---

① "Data and Disclosure Working Group," https：//www.sbfnetwork.org/working－groups/data－and－disclosure－working－group/.

② "SBFN Task Force for Low-Income Member Countries," https：//www.sbfnetwork.org/working－groups/task－force－for－low－income－member－countries/.

③ "International Platform on Sustainable Finance," https：//finance.ec.europa.eu/sustainable－finance/international－platform－sustainable－finance_ en.

④ IPSF, "Common Ground Taxonomy-Climate Change Mitigation," 2022.

识，IPSF 特别成立了一个工作组以探索如何采用分类法、标签和投资组合调整指标等，并在公司战略和披露中考虑转型因素。2022 年 11 月，IPSF《转型金融报告》在对既有的转型金融框架和工具开展全面分析的基础上，提出了目标设定和能力实现方面的 9 项自愿性转型金融原则以及更为具体的子原则。IPSF 旨在通过转型金融的有关研究，号召从经济活动、实体企业和投资组合三个层面关注转型金融，帮助政策制定者制定转型金融政策工具和激励政策，增强企业和金融机构转型金融意识。[①]

二 区域性绿色金融合作网络

通过发挥地理、经济和地缘上具有密切关联的合作优势，区域性绿色金融合作网络通过优化绿色金融实践、区域间政策协同、创新融资工具的方式推动区域内成员国开展绿色金融合作。具有代表性的绿色"一带一路"合作倡议和平台、东南亚国家联盟绿色金融合作、拉丁美洲和加勒比地区绿色金融合作通过创建并优化合作平台的方式，推动符合区域发展目标的协同发展，持续实现绿色金融政策一致性，促进解决区域内成员国的绿色融资困境。

（一）绿色"一带一路"合作倡议和平台

"丝绸之路经济带"和"21 世纪海上丝绸之路"（简称"一带一路"）分别于 2013 年 9 月和 10 月相继提出。2015 年 3 月，国家发展改革委、外交部和商务部联合发布的《推动共建丝绸之路经济带和 21 世纪海上丝绸之路的愿景与行动》中提出"共建绿色丝绸之路"。[②] 随着绿色"一带一路"的理念不断深化，2022 年 3 月，环保部、外交部、国家发展改革委、商务部联合发布的《关于推进共建"一带一路"绿色发展的意见》

---

① IPSF, "Transition Finance Report," 2022.
② 《推动共建丝绸之路经济带和 21 世纪海上丝绸之路的愿景与行动》，新华网，2015 年 3 月 28 日，http://www.xinhuanet.com/world/2015-03/28/c_ 1114793986_ 2. htm。

正式提出到 2030 年共建"一带一路"绿色发展格局基本形成。① 在一系列的政策推动下，"一带一路"绿色投资原则、"一带一路"绿色发展国际联盟、"一带一路"银行间常态化合作机制相应建立并发展成为主要的绿色金融合作机制。

1. "一带一路"绿色投资原则

2018 年 11 月，在伦敦举行的中英绿色金融工作组第三次会议上，中国金融学会绿色金融专业委员会和伦敦金融城绿色金融倡议共同发布了《"一带一路"绿色投资原则》（Green Investment Principle，GIP）。自 2019 年起，"一带一路"绿色投资原则会议逐年召开，发布年度进展报告以评估签署机构对原则的落实情况，并指出未来工作重点领域。

2022 年度进展报告指出《"一带一路"绿色投资原则》签署机构普遍建立了可持续发展治理框架，开展气候风险评估，定期追踪绿色金融业务，气候信息披露范围不断扩大。截至 2022 年 6 月，GIP 共有 43 家签署机构，包括银行、保险公司、资管机构等各类主体。②

2022 年 11 月，"一带一路"绿色投资原则在第 27 届联合国气候变化大会期间正式宣布设立第二个区域分会——GIP 非洲分会（办公室）。GIP 非洲分会将致力于进一步扩大 GIP 成员规模，探索非洲的绿色投资机遇，为非洲金融机构提供能力建设服务，支持当地绿色金融标准和原则的制定。③

2. "一带一路"绿色发展国际联盟

2019 年 4 月，中国生态环境部与中外合作伙伴共同发起成立了"一带一路"绿色发展国际联盟（BRI International Green Development Coalition，BRIGC）④，

---

① 《国家发展改革委等部门关于推进共建"一带一路"绿色发展的意见》，中华人民共和国国家发展和改革委员会网站，https：//www.ndrc.gov.cn/xxgk/zcfb/tz/202203/t20220328_1320629.html。

② GIP，"Annual Report 2022，" 2023.

③ 《"一带一路"绿色投资原则（GIP）非洲分会在埃及 COP27 期间宣布成立》，中国金融学会绿色金融专业委员会网站，2022 年 11 月 11 日，http：//www.greenfinance.org.cn/displaynews.php? id=3904。

④ 《联盟介绍》，"一带一路"绿色发展国际研究院网站，http：//www.brigc.net/gywm/lmjs/202007/t20200726_102077.html。

包含政府部门、金融机构、非营利性组织等 42 家联盟会员单位。① 2019 年
该联盟发布的《"一带一路"项目绿色发展指南》探索编制了项目分级分类
体系并提出正面和负面清单。② 2022 年，"一带一路"绿色发展国际联盟对
比了其提出的《"一带一路"绿色发展原则》与《"一带一路"绿色投资原
则》，指出两套框架具有兼容性，可以发挥这两项绿色投融资倡议的协同增
效作用，在中长期阶段融合两项原则。③

3. "一带一路"银行间常态化合作机制

2017 年，"一带一路"银行间常态化合作机制（Belt and Road Bankers
Roundtable，BRBR）由中国工商银行在"一带一路"国际合作高峰论坛期
间倡导成立。"一带一路"银行间常态化合作机制不断完善，成立了绿色金
融工作组、投融资工作组、金融科技工作组，通过发行绿色债券、发布报
告、开展论坛及研修班的形式加强信息交流和能力建设。④ 2022 年，"一带
一路"银行间常态化合作机制扩展至 71 个国家和地区。⑤

（二）东南亚国家联盟绿色金融合作

东南亚国家联盟（The Association of Southeast Asian Nations，ASEAN）
成立于 1967 年，当前包括印度尼西亚、马来西亚、菲律宾、新加坡、泰
国、文莱、越南、老挝、缅甸、柬埔寨。⑥ 2022 年东盟国家人口约为 6. 72
亿人，GDP 约为 36000 亿美元。⑦ 如果把东盟国家视为整体的话，东盟将

---

① 《联盟会员单位名单》，"一带一路"绿色发展国际研究院网站，http：//www. brigc. net/gywm/
lmhy/202306/t20230629_ 132435. html。
② 《〈"一带一路"项目绿色发展指南〉基线研究报告》，"一带一路"绿色发展国际联盟网
站，http：//www. brigc. net/zcyj/yjkt/202011/t20201125_ 102826. html。
③ "一带一路"绿色发展国际联盟：《推动"一带一路"投资绿色发展：〈"一带一路"项目
绿色发展指南〉和〈"一带一路"绿色投资原则〉的协同增效》，2020。
④ 中国工商银行股份有限公司：《2022 社会责任（ESG）报告》，2023。
⑤ 《中国工商银行 2022 年经营发展稳中提质》，中国工商银行网站，2023 年 4 月 3 日，
https：//www. icbc-ltd. com/page/814947803314110464. html。
⑥ "About Us，" https：//asean. org/about-us/。
⑦ IMF DATAMAPPER，https：//www. imf. org/external/datamapper/LP @ WEO/OEMDC/ADVEC/
WEOWORLD.

是亚洲第三大经济体，位列中国和日本之后。东盟国家地理位置处于热带海洋地区，深受气候变化影响，气候变化给其经济和社会发展带来严峻挑战。

根据全球气候风险指数（Global Climate Risk Index），越南、缅甸、菲律宾和泰国是过去 20 年世界上受气候变化影响较严重的国家。[①] 世界银行把越南列为未来最有可能受到全球变暖影响的五个国家之一。[②] 另据亚洲开发银行估计，如果不加以控制，气候变化可能会在 21 世纪末使东盟国家的 GDP 减少 11%，并对农业、旅游业和渔业等关键行业部门以及人类健康和劳动生产率造成影响。[③]

为应对气候变化，东盟成员国积极采取措施，参与《联合国气候变化框架公约》和《巴黎协定》，在《东盟国家年度报告》和《东盟共同体愿景 2025》中提出应对措施。2021 年，应对气候变化已被确定为东盟地区优先发展领域之一。[④] 在绿色金融合作方面，东盟分类法委员会、东盟资本市场论坛和东盟催化绿色融资机制是主要的合作组织和平台，分别推动了可持续分类法、绿色债券标准和绿色融资机制的发展（见表 3）。

表 3 东盟绿色金融政策、标准和融资机制等

年份	颁布机构	名称
2017	东盟资本市场论坛	《东盟绿色债券标准》
2018	东盟资本市场论坛	《东盟社会债券标准》
2018	东盟资本市场论坛	《东盟可持续发展债券标准》
2019	东盟基础设施基金	东盟催化绿色融资机制
2020	东盟资本市场论坛	《东盟可持续资本市场路线图》
2020	东盟国家央行和货币当局	《东盟国家中央银行管理气候和环境风险报告》

① Germanwatch, "Global Climate Risk Index 2018," 2017.

② "Vietnam," https://www.gfdrr.org/en/region/vietnam.

③ Asian Development Bank, "Southeast Asia and the Economics of Global Climate Stabilization," 2015.

④ ASEAN, "ASEAN State of Climate Change Report," 2021.

年份	颁布机构	名称
2021	东盟资本市场论坛	东盟绿色复苏平台
2021	东盟分类法委员会	《东盟可持续分类标准》（第一版）
2022	东盟催化绿色融资机制	东南亚绿色、社会、可持续和其他标签(GSS+)债券倡议
2022	东盟资本市场论坛	《东盟可持续发展挂钩债券标准》

资料来源：笔者根据公开数据收集整理。

东盟分类法委员会在东盟财长和央行行长会议的支持下成立，推动东盟国家可持续金融的协同发展。2021 年，东盟分类法委员会发布了《东盟可持续分类标准》（ASEAN Taxonomy）（第一版），提供了初始讨论框架以便共同开发东盟分类法，引导资金投入东盟区域的转型活动。① 基于此分类法，2022 年，印度尼西亚和马来西亚分别开发了第一版绿色分类目录及基于原则的可持续和责任投资分类法，② 新加坡和泰国也在开发本国的绿色分类法。

由东盟各国证券监管机构组成的东盟资本市场论坛相继推出了《东盟绿色债券标准》、《东盟社会债券标准》和《东盟可持续发展债券标准》等。这一系列绿色债券相关标准成为所有东盟成员国的共同语言，并被应用到东盟成员国各自的法规中。2022 年，东盟资本市场论坛制定了《东盟可持续发展挂钩债券标准》，提高可持续发展挂钩债券的透明度、一致性和统一性，推动可持续发展挂钩债券发挥支持企业可持续发展的作用。③

2019 年，东盟催化绿色融资机制由东盟基础设施基金设立，利用多边开发机构资金弥合融资差距，促进东南亚地区绿色基础设施的发展。

① "ASEAN Sectoral Bodies Release ASEAN Taxonomy for Sustainable Finance-Version 1," https：// asean. org/asean-sectoral-bodies-release-asean-taxonomy-for-sustainable-finance-version-1/.

② Securities Commission Malaysia, "Principles-Based Sustainable and Responsible Investment Taxonomy for the Malaysian Capital Market," 2022.

③ "ASEAN Sustainability-Linked Bond Standards," https：//www.theacmf. org/initiatives/sustainable-finance/asean-sustainability-linked-bond-standards.

欧盟、欧洲投资银行、亚洲开发银行、绿色气候基金和法国、意大利、韩国、英国、德国的开发机构承诺向东盟催化绿色融资机制提供 18 亿美元的联合融资和技术援助。[①] 2022 年 9 月，东盟催化绿色融资机制发起了东南亚绿色、社会、可持续和其他标签债券倡议，深化和加速可持续资本市场的发展，其目标是到 2025 年发行至少价值 10 亿美元的 GSS+债券。[②]

（三）拉丁美洲和加勒比地区绿色金融合作

拉丁美洲是指从墨西哥起的西半球南部的整个地区，包括北美洲的墨西哥、中美洲和南美洲大陆。在地理划分上，加勒比海地区经常与拉丁美洲划在同一范畴，统称拉丁美洲和加勒比地区。2011 年 12 月，拉美和加勒比国家共同体（简称"拉共体"，CELAC）成立，是由拉丁美洲和加勒比地区的 33 个国家组成的国际组织。[③] 拉共体的人口达 6.5 亿人，其 GDP 约为 7 万亿美元，如果将其看作一个整体的话，拉共体将成为世界第三大经济体。[④] 拉丁美洲和加勒比地区自然资源丰富，但其气候脆弱性特征给当地居民生活和社会生产带来极大的隐患。

2022 年 7 月，世界气象组织发布《拉丁美洲和加勒比地区气候状况报告》，指出拉丁美洲和加勒比地区温度持续上升，1991~2021 年，平均升温速度约为 0.2℃/十年，而 1961~1990 年为 0.1℃/十年。并且该地区的海平

---

① "ASEAN Catalytic Green Finance Facility（ACGF），" https：//www. adb. org/what－we－do/funds/asean-catalytic-green-finance-facility/overview#green-finance.

② "The Green，Social，Sustainable and Other Labeled（GSS＋）Bonds Initiative for Southeast Asia，" https：//www. adb. org/publications/green－social－sustainable－bonds－initiative－southeast-asia.

③ 《拉美和加勒比国家共同体》，外交部网站，https：//www. fmprc. gov. cn/web/wjb_ 673085/zzjg_ 673183/ldmzs_ 673663/dqzz_ 673667/lmhjlbgjhgtt_ 690392/gk_ 690394/。

④ "The Community of Latin American & Caribbean States，" https：//en. wikipedia. org/wiki/Community_ of_ Latin_ American_ and_ Caribbean_ States.

面上升速度超过全球平均水平，进一步威胁着生活在沿海地区的人口。① 冰川退缩、特大干旱、极端降雨、飓风肆虐等极端天气严重影响该地区的农业产量和粮食安全。来自美洲开发银行的研究模型预计，考虑气候变化影响后，拉丁美洲和加勒比地区农业收益、农业生产面积和农业产量的平均增长率将分别下降7.5%、1.2%和5.2%。该地区农产品价格将上涨，该地区大多数国家将仅能达到或低于粮食供需比的临界值，加剧粮食安全风险。②

应对气候变化方面，截至2022年底，33个拉丁美洲和加勒比地区国家已提交国家自主贡献。③ 阿根廷、哥斯达黎加和智利通过了其国家气候变化战略；乌拉圭制定了气候变化应对系统来实现政府部门协调；哥斯达黎加整合了国家自主贡献和长期发展战略；智利的国家自主贡献将对海洋和生物多样性的保护作为关键气候行动之一。④

绿色金融合作方面，拉丁美洲和加勒比地区绿色金融平台（Green Finance for Latin America and the Caribbean，GFL）成立，促进其国家开发性银行、私营金融机构和金融市场参与者共享绿色金融信息和知识，开展政策交流对话及扩大拉丁美洲和加勒比地区可持续投资规模。⑤ 截至2023年7月，拉丁美洲和加勒比地区绿色金融平台共支持开展了289个项目，集中于绿色金融，绿色、社会和其他主题债券，可持续能源金融机制领域（见图3），墨西哥、哥伦比亚和巴西为主要的项目开展地。其中债券方面，社会债券、绿色债券和可持续发展债券为主要的债券品种，同时支持性别债券和橙色债券。⑥

---

① "State of Climate in Latin America and Caribbean," https：//wmo.int/publication-series/state-of-climate-latin-america-and-caribbean.

② "Vulnerability to Climate Change and Economic Impacts in the Agriculture Sector in Latin America and the Caribbean," https：//publications.iadb.org/en/vulnerability-to-climate-change-and-economic-impacts-in-the-agriculture-sector-in-latin-america-and-the-caribbean.

③ "NDC Registry," https：//unfccc.int/NDCREG.

④ Inter-American Development Bank, "Climate Policies in Latin America and the Caribbean," 2021.

⑤ "About GFL," https：//greenfinancelac.org/about-us/.

⑥ "Projects Map," https：//greenfinancelac.org/projects-map/.

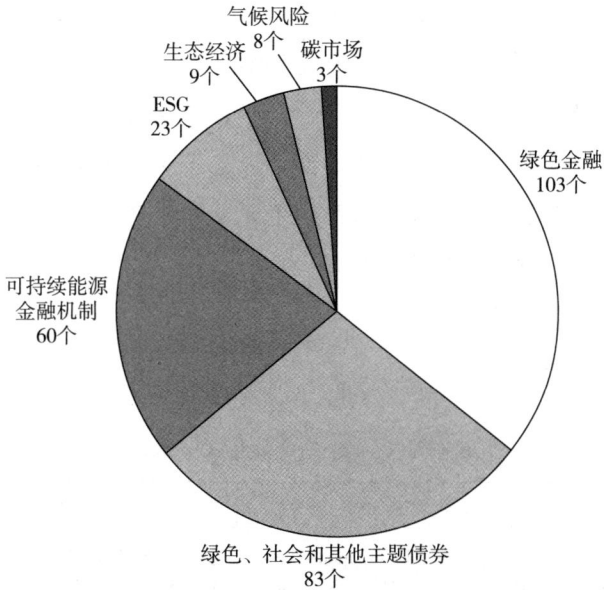

图3 截至2023年7月拉丁美洲和加勒比地区绿色金融平台项目分布

资料来源："Project Map," https://greenfinancelac.org/projects-map/。

三 绿色金融学术研究网络

绿色金融学术研究网络通过集合研究力量，凝聚全球智慧，共同完善绿色金融理论，为解决绿色金融发展难题群策群力。全球可持续金融与投资研究联盟（The Global Research Alliance for Sustainable Finance and Investment, GRASFI）通过召开年度学术会议，探索绿色金融前沿领域，积蓄青年研究力量，利用其政策对话网络，为绿色金融发展提供智力支持。

（一）全球可持续金融与投资研究联盟

全球可持续金融与投资研究联盟于2017年成立，旨在促进可持续金融与投资方面多学科的学术研究。截至2023年底，共有中央财经大学、剑桥大学、牛津大学、耶鲁大学等24个成员高校。该联盟主要通过每年组织召开关于可持续金融的学术会议，为从事可持续金融和投资研究的学者提供学术交流平台，培养可持续金融学生和青年学者。[①]

2022 年，苏黎世大学主办了第五届全球可持续金融与投资研究联盟学术年会，主题涵盖气候风险和政策、衡量标准、企业可持续发展和投资者影响力等，其中生物多样性金融和高净值个人投资者的可持续投资行为是该届年会的新兴讨论主题。[②] 2022 年 GRASFI 会议共有 5 篇论文获奖，分别研究了企业气候承诺、机构投资者参与、范围 3 排放衡量、绿色证券设计和自然区域价值（见表 4）。

表 4　GRASFI 2022 年度获奖论文

获奖类别	论文标题	研究内容
最佳论文奖	Cheap Talk in Corporate Climate Commitments：The Effectiveness of Climate Initiatives	通过微调 ClimateBert 模型，引入了一种深度学习方法，来分析企业气候信息披露，以减少廉价的气候承诺
利益相关者透明度领域最佳论文奖	Which Institutional Investors Drive Corporate Sustainability？	只有一小部分机构投资者推动了机构所有权与企业的环境和社会效益之间的正向关系，这部分投资者的特点是对参与有坚定承诺
气候金融研究领域最佳论文奖	Scope 3 Emissions：Data Quality and Machine Learning Prediction Accuracy	从范围 3 的构成和排放值数据集差异性的角度，探讨了范围 3 排放数据的质量，并讨论了机器学习模型预测范围 3 排放数据的表现
影响力研究领域最佳论文奖	The Optimal Design of Green Securities	企业可以使用基于项目的证券为绿色项目融资，该证券指定了由收益资助的项目，但不对结果做出承诺，或者基于结果的证券，不限制收益的使用，但激励对结果的承诺。该文章用理论说明了绿色证券设计中的最优性、演化性和共存性特征

---

① "About GRASFI，" https：//sustainablefinancealliance.org/about-2/.
② "Agenda，" https：//zurich2022.sustainablefinancealliance.org/agenda/.

续表

获奖类别	论文标题	研究内容
最佳博士论文奖	Nature as a Defense from Disasters: Natural Capital and Municipal Bond Yields	自然资本损失会影响交通市场和市政当局的借贷成本

资料来源："The 5th Annual GRASFI Conference," https://www.csp.uzh.ch/en/research/GRASFI 22.html。

（二）可持续金融政策洞察、研究和交流国际网络

可持续金融政策洞察、研究和交流国际网络（International Network for Sustainable Financial Policy Insights, Research, and Exchange, INSPIRE）成立于 2019 年，通过资助研究和培育伙伴关系，携同研究学者、NGFS 成员和观察员组织，与中央银行和金融监管机构一道，共同推进可持续金融政策议程。[①] 截至 2023 年 7 月，INSPIRE 共有来自高校、智库和研究机构的 70 名成员单位，中央财经大学绿色金融国际研究院为其成员单位之一。[②] INSPIRE 当前成立了三个项目组，包括金融体系气候情景分析，中央银行、金融监管与生物多样性，可持续中央银行操作工具箱，召集来自全球的研究人员与央行等金融机构共同应对绿色金融挑战。

2022 年 3 月，INSPIRE 与 NGFS 合作发布了《中央银行、监管机构与生物多样性：应对生物多样性丧失和系统性金融风险的行动议程》。该议程首次对中央银行和监管机构为何以及如何应对生物多样性丧失带来的风险进行了全球评估，分析了巴西、中国、法国、马来西亚、荷兰和英国等 45 个有关当局已采取的行动，指出需要将初步的生物多样性金融实践发展为全面的应对措施。[③]

---

① "About," https://www.inspiregreenfinance.org/about/.

② "INSPIRE Community," https://www.inspiregreenfinance.org/about/? anchor=inspire-community.

③ "Central Banking and Supervision in the Biosphere," https://www.inspiregreenfinance.org/publications/central-banking-and-supervision-in-the-biosphere/.

2022 年，可持续中央银行操作工具箱总共发布 10 个与中央银行可持续管理和发展相关的研究成果，包括中央银行如何应对气候和自然相关风险，在金融监管中纳入绿色转型因素，探究气候变化与外汇管理、通货膨胀等宏观指标关联性研究（见表 5）。

表 5 2022 年 INSPIRE 可持续中央银行操作工具箱研究成果

话题	标题	内容
公正转型	Supporting the Just Transition: A Roadmap for Central Banks and Financial Supervisors	阐述了中央银行和监管机构在支持公正转型中可以发挥的积极作用
生物多样性	Beyond Climate: Addressing Financial Risks from Nature and Biodiversity Loss	拓展了中央银行应对环境危机方法的理论和实践需要，从目前对气候变化影响的关注，扩展到生物多样性丧失的诱因、气候-生物多样性联系和自然相关风险的传播渠道
绿色监管	Greening Capital Requirements	讨论了如何实现绿色资本要求，并探讨了如何将绿色差异化资本要求纳入金融监管框架
绿色抵押	Greening Collateral Frameworks	对环境风险暴露法和环境足迹追踪法进行了区分，并认为环境足迹追踪法应成为中央银行抵押品框架绿色转型的核心
可持续性的外汇管理	Sustainable Management of Central Banks' Foreign Exchange Reserves	探讨了提高可持续性表现的外汇储备管理，并概述了外汇储备管理者可用于"绿色化"运营的 12 种不同渠道
双重实质性	Aligning Financial and Monetary Policies with the Concept of Double Materiality: Rationales, Proposals and Challenges	阐述了在金融和货币政策中使用双重实质性的理由
央行可持续和负责任管理	Sustainable and Responsible Management of Central Banks' Pension and Own Portfolios	中央银行越来越希望在职责限制范围内，使其运营与可持续发展目标保持一致。本文概述了中央银行投资组合可持续和负责任管理的当前实践，并就如何在这些投资组合中引入可持续、负责任或 ESG 的理念为中央银行提供了建议

续表

话题	标题	内容
中央银行 气候信息披露	Central Banks and Climate-Related Disclosures: Applying the TCFD's Recommendations	回顾了 2017 年首次发布的 TCFD 关键建议,以及迄今为止中央银行对这些建议的应用,探讨了改进中央银行气候信息披露的潜力及其可能对更广泛金融体系的影响
预防气候与 自然风险措施	Developing a Precautionary Approach to Financial Policy—From Climate to Biodiversity	提出了一种金融政策方法,以预防气候变化与生物多样性减少造成的金融损失。它兼顾了审慎政策和货币政策,承认计量实践和价格发现的重要性,也证明了要采取更大胆的政策行动,将资本配置转向更短的时间框架,以更好地适应环境威胁的不确定性和潜在灾难性
通货膨胀与 气候变化	Inflation and Climate Change: The Role of Climate Variables in Inflation Forecasting and Macro Modelling	指出宏观经济模型忽略了气候相关信息的潜在缺陷,并探讨了中央银行如何将气候变化因素纳入其经济模型

资料来源:INSPIRE Toolbox for Sustainable Central Banking,中央财经大学绿色金融国际研究院整理。

四 绿色金融国际组织合作挑战与展望

(一)绿色金融国际组织合作挑战

1.倡议标准多样且复杂

绿色金融倡议和标准的设立具有良好的示范效应,为各国政策制定和市场建设提供了一定的参照,也为国际绿色金融交流搭建起平台。然而由于出发点、涵盖议题、目标对象等不同,各国绿色金融倡议和标准之间内容差异巨大。

经合组织的研究显示,中国、欧盟、法国、荷兰和日本对可持续金融相关的定义、分类、激励等存在不同，甚至存在分歧（见表6）。加之对绿色金融的理解不断变化，难以就关键议题得到明确且相对一致的结论。例如，就碳披露而言，尽管目前有许多碳排放披露倡议，但没有统一的指标来衡量碳足迹。[①] 另据世界经济论坛报告，当前可持续发展倡议或行动联盟已经超过200个，由此产生的多种标准已经给市场带来了混乱。[②] 这样缺乏协调性、可靠性和共同准则的绿色金融将产生一定程度的无序，不利于国际绿色金融合作。

表6　可持续金融定义和分类的来源、激励措施、目标和部门

	中国分类法	欧盟分类法	法国定义	荷兰定义	日本定义
主权绿色债券			×	×	
法定绿色贷款定义	×	×	×	×	
法定绿色债券定义	×	×	×	×	×
利率激励手段	×		×	×	
财税激励或补贴	×		×		×
货币政策/抵押品激励	×				
包含社会目标	×	×	×		
气候变化适应		×	×	×	×
气候变化减缓	×	×	×	×	×
水资源和海洋保护	×	×	×		
污染防治	×	×	×		
废物回收	×	×	×	×	×
生态圈/生物多样性	×	×	×		
具有阈值的气体排放		×			
清洁煤	×				
水能	×	×	×	×	×
太阳能	×	×	×		
风能	×	×	×	×	×

---

① A. W. Zimmermann et al., "Techno Economic Assessment Guidelines for CO$_2$ Utilization," *Frontiers in Energy Ressources* 8 (2020)：8-52.

② "7 Sustainable Finance Challenges to Fix Global Inequality," https：//www.weforum.org/agenda/2022/05/sustainable-finance-challenges-global-inequality/.

续表

	中国分类法	欧盟分类法	法国定义	荷兰定义	日本定义
生物质能	×	×		×	
输配电	×	×	×	×	
能源效率	×	×	×	×	×
绿色建筑/建筑能源效率	×	×	×	×	×
私人客运	×	×	×	×	
公共客运	×	×	×	×	
货运铁路	×	×	×	×	
水路运输	×	×	×		
水利基础设施	×	×	×	×	
清洁供水	×	×			
林业	×	×	×	×	×
渔业和水产养殖		×	×		×
制备、再利用、回收	×	×	×	×	
废物转化为能源	×	×	×	×	
洁净钢		×			
清洁铝材		×			
洁净水泥		×			
低碳技术		×			
氢		×			
信息与通信技术		×			

资料来源：https://www.oecd-ilibrary.org/sites/cdb1fb77-en/index.html? itemId =/content/component/cdb1fb77-en#section-d1e1347，中央财经大学绿色金融国际研究院整理。

2. 区域诉求与资源供给的不匹配

发展中国家对应对气候变化挑战具有强烈的需求。东南亚国家地处热带和环太平洋火山地震带，台风、洪水、干旱等极端气象灾害威胁当地居民的正常生活；拉丁美洲地区自然资源丰富，气候变化将对其林业和农业产生负面影响，甚至对粮食安全产生威胁；非洲地区作为气候最为脆弱的地区之一，不仅受到极端气候和食物短缺的影响，还面临海平面上升对其沿海地区居住环境的影响。

然而这些处于最易受气候变化影响区域的国家往往无法获得匹配的绿色

金融资源。例如，撒哈拉以南非洲地区的绿色债券数量占绿色债券总数量的1.5%，其价值仅占0.3%，[1] 加之从资金流向上来看，这样的错配性在进一步加剧。例如，在环境等优先领域，70%的气候资金和93%的私人资金用于中等收入国家的气候变化减缓项目，只有8%和2%的资金分别用于受气候变化影响严重的最不发达国家和小岛屿发展中国家。[2]

3. 能力建设未形成溢出效应

发展中国家面临的气候资金短缺问题部分是由于缺乏市场建设和数据基础能力建设因素。发展中国家金融市场发展尚不完善，相关金融服务和专业知识难以支持绿色金融产品的落地实施。并且发展中国家还缺乏指导和技术能力，难以估计合理的气候适应资金需求。气候政策倡议组织报告指出，相比于气候变化减缓，编制气候变化适应报告具有不确定性，需要足够的技术和专业知识来评估气候变化适应措施，这也造成了非洲地区气候变化适应资金被低估的情况。[3]

积极推进绿色金融发展的国家和地区已经积累了丰富的专业知识和实践经验，然而这些专业知识和实践经验大多依托发达国家的背景，并未充分纳入对发展中国家的考量，忽视了发展中国家绿色金融能力建设的需求，方法学的不适应和缺乏对发展中国家的关注使得绿色资金难以流向需要的地区。

4. 疫后复苏与金融体系失衡

受疫情影响，发展中国家可持续资金缺口持续扩大，而发达国家的可持续金融市场仍创新高。经合组织研究显示，除中国以外的发展中国家获得的可持续发展资金（Financing for Sustainable Development）从2019年的4.6万亿美元下降到2020年的3.9万亿美元（下降幅度达17%）。其中下

---

① "Green Bonds in Sub-Saharan Africa," https://odi.org/en/publications/green-bonds-in-sub-saharan-africa/.

② "7 Sustainable Finance Challenges to Fix Global Inequality," https://www.weforum.org/agenda/2022/05/sustainable-finance-challenges-global-inequality/.

③ Climate Policy Initiative, "Climate Finance Needs of African Countries," 2022.

降幅度最大的是可支配政府收入（偿还债务后的政府收入），下降幅度达22%（见图4）。①

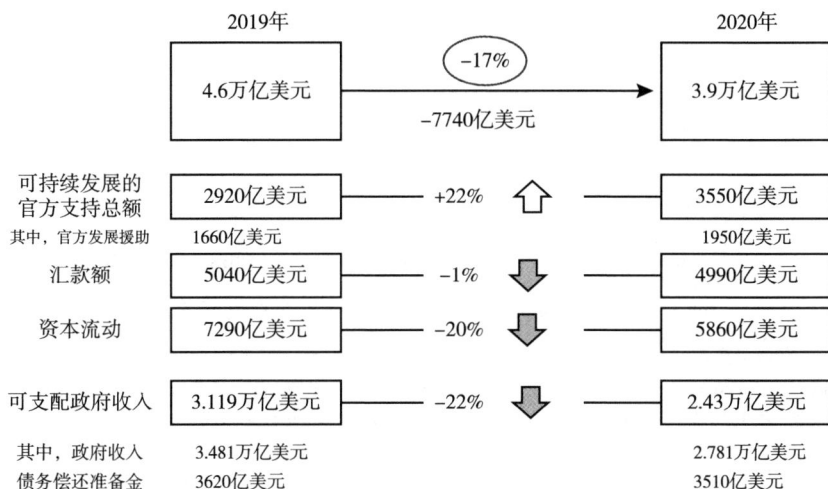

图 4　2019～2020 年发展中国家可持续发展资金

资料来源："From a Great Lockdown to a Great Divergence," https：//www. oecd-ilibrary. org/ sites/fcbe6ce9-en/1/2/5/index. html？ itemId＝/content/publication/fcbe6ce9-en&_ csp_ ＝ 32 4f5278c3cd15483ec0c51666af7400&itemIGO＝oecd&itemContentType＝book。

与之形成对比的是，2019～2020 年，发展中国家持有的金融资产增长率下降或保持停滞，但高收入国家持有的金融资产增长率大幅上升（见图5）。并且发达国家的可持续投资总额从 2018 年的 30.7 万亿美元上涨到 2020 年的 35.3 万亿美元。② 2020 年机构投资者、资产管理者和资产所有者所管理的近 100 万亿美元总资产中，可持续资产占 35.9%（气候资金承诺额为1000 亿美元）。③

---

① OECD，"Global Outlook on Financing for Sustainable Development 2023：No Sustainability without Equity," 2023.

② OECD，"Global Outlook on Financing for Sustainable Development 2023：No Sustainability without Equity," 2023.

③ Global Sustainable Investment Alliance，"Global Sustainable Investment Review 2020," 2021.

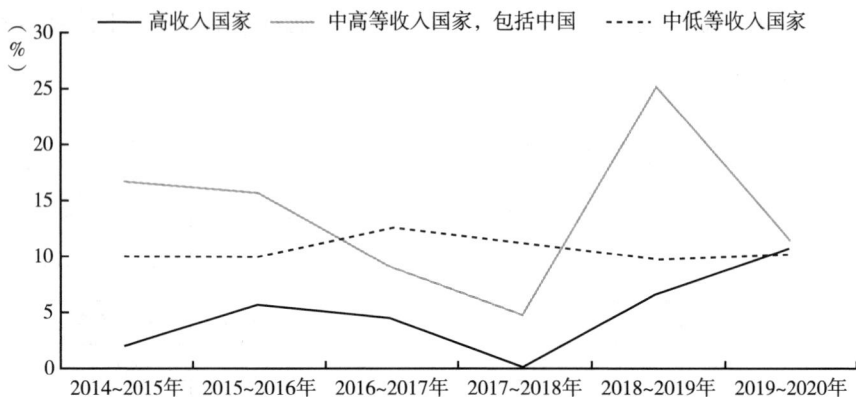

图5 2014～2020年不同类别国家持有的金融资产增长率

资料来源："From a Great Lockdown to a Great Divergence，"https：//www.oecd-ilibrary.org/sites/fcbe6ce9-en/1/2/5/index.html？itemId=/content/publication/fcbe6ce9-en&_csp_=324f5278c3cd15483ec0c51666af7400&itemIGO=oecd&itemContentType=book。

（二）绿色金融国际组织合作展望

1. 推动政策标准的比较和协同

政府部门、金融机构、国际组织等创立的绿色金融政策、标准和倡议在一定程度上推动了绿色金融的发展，然而当前的发展阶段需要从多样性迈向一致性，探索出一套绿色金融国际合作的共同语言。具体来看，一方面，需要就当前绿色金融政策开展国别比较研究，全面且系统性地展现各国政策的相似性和侧重点，具体地反映各国绿色金融政策差距，找到当前绿色金融发展的薄弱点。另一方面，呼吁推进区域性绿色金融标准协同，使之成为全球标准协同的一个突破口。[①] 2022年，中欧《可持续金融共同分类目录》继续收集利益相关方意见，根据收到的反馈进行评估，添加了有利于减缓气候变化的活动，当前版本的共同分类目录涵盖了72项气候减缓活动，被中国和欧盟的分类法共同认为具有"实质性贡献"（substantial contribution）。2021

① 王遥、赵鑫、毛倩：《中国绿色金融国际合作进展与展望》，《海外投资与出口信贷》2022年第5期。

年，《东盟可持续金融分类法》的出台促成了东盟国家对绿色金融标准的共识，推动了新加坡、马来西亚、泰国等东南亚国家以此建立适合自身的绿色金融标准。

2. 关注气候脆弱地区需求

近年来，全球自然灾害频发，气候变化影响越发严峻。发达国家于2009年承诺的对发展中国家每年投入1000亿美元的气候融资目标长期未能实现（见图6），并且该目标由发达国家协商产生，并非基于发展中国家的需求。因此亟须关注气候脆弱地区，加强承诺，解决气候资金精准性和规模性难题。

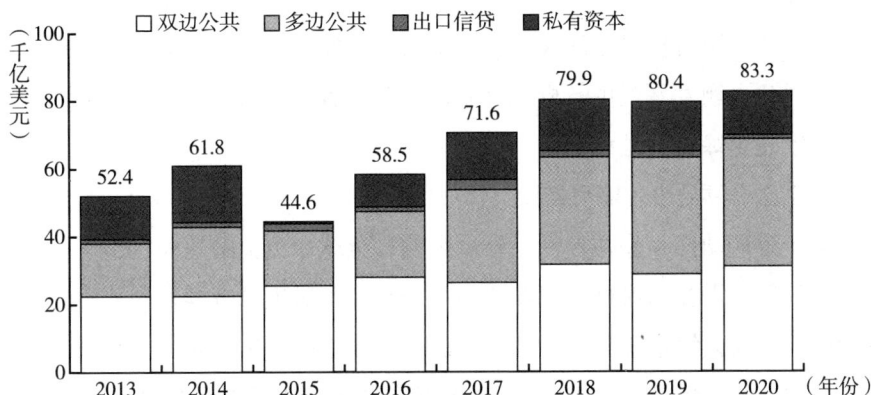

图6 2013~2020年发达国家对发展中国家的气候融资

资料来源：ECD，"Aggregate Trends of Climate Finance Provided and Mobilised by Developed Countries in 2013-2020，" 2022。

2022年11月，COP27会议期间达成合作协议，为遭受气候灾害严重打击的气候脆弱国家提供损失和损害资金。[①] 其中损失和损害是指气候变化不可避免的风险所带来的负面后果，如海平面上升、持续热浪、荒漠化、海洋

[①] "COP27 Reaches Breakthrough Agreement on New 'Loss and Damage' Fund for Vulnerable Countries，" https：//unfccc.int/news/cop27-reaches-breakthrough-agreement-on-new-loss-and-damage-fund-for-vulnerable-countries.

酸化以及丛林大火、物种灭绝和农作物歉收等极端事件。① 各国政府同意建立过渡委员会，就如何实施新的资助安排和基金运行提出建议。

COP26 期间推动商定了新的全球气候融资目标——新气候融资集体量化目标（New Collective Quantified Goal on Climate Finance，NCQG），2022 年在波恩气候大会上继续推动该气候融资目标的商议，预期于 2024 年完成该目标的制定，并取代 2009 年制定的气候融资承诺。②

3. 学术交流和技术援助

能力建设为解决绿色金融资源与需求不匹配问题提供保障，而这离不开学术研究与技术援助的投入。研究交流可以借助既有的学术研究网络，切实地了解发展中国家面临的难题与挑战，集聚全球社会对欠发达地区发展问题的关注。双多边机构提供的技术援助不仅可以发挥国际资金的作用，还可以为当地绿色金融发展提供契机，刺激绿色金融服务需求，从实践层面帮助发展中国家建立绿色金融市场。

4. 金融必须公平才能可持续

由于政治动荡和公共事件等外部影响，全球绿色金融发展已出现一定程度上的失衡，需要确保可持续发展中的公平性，避免可持续发展目标之间的零和博弈，优化绿色金融国际合作机制。经合组织指出，如果能动员公共和私人部门参与，仅需转移 1% 的全球金融资产就可以填补可持续发展目标的融资缺口。③ 这样的转变可减少可持续融资方面的不平等现象，从而更有效地管理和预防气候目标未果对全球社会造成的负面影响。绿色金融国际合作应持续深入推进，助力可持续目标价值链的韧性建设，推动全球可持续发展进程。

---

① "What You Need to Know about the COP27 Loss and Damage Fund," https：//www. unep. org/news-and-stories/story/what-you-need-know-about-cop27-loss-and-damage-fund.

② "A Climate Finance Goal That Works for Developing Countries," https：//unctad. org/news/climate-finance-goal-works-developing-countries.

③ OECD, "Global Outlook on Financing for Sustainable Development 2023：No Sustainability without Equity," 2023.

B.4
多边开发性金融机构气候融资进展报告

赵 鑫 王龙仪 缪高意*

摘 要: 一系列气候协定呼吁利用金融手段来支持应对挑战并对受气候变化影响的发展中国家提供援助。多边开发性金融机构承担着主要的气候资金任务,为气候应对技术的研发和应用提供了有利环境,多边开发银行通过可持续项目投资、创新投融资机制、能力建设等从资金到技术上推动了全球和区域气候金融的合作,实现气候公正。在面临可持续融资挑战时,多边开发银行由于其独特优势在气候金融当中发挥重要作用,亟须通过改革来促进中低收入国家的经济增长和可持续发展。未来多边开发性金融机构应在气候投融资规模、金融工具创新、数据可得性和发展中国家援助方面进一步发挥作用。

关键词: 气候金融 多边开发银行 多边气候基金

一 气候融资和多边开发机构

(一)气候融资及其资金机制

气候融资是指从地方、国家或跨国层面,支持应对气候变化的融资,其

---

* 赵鑫,中央财经大学绿色金融国际研究院研究员,研究方向为可持续金融、转型金融;王龙仪,中央财经大学绿色金融国际研究院助理研究员,研究方向为可持续金融、生物多样性金融、性别金融;缪高意,中央财经大学绿色金融国际研究院科研助理。

来自公共部门、私人部门和其他渠道。①《联合国气候变化框架公约》（UNFCCC）、《京都议定书》和《巴黎协定》呼吁拥有更丰富金融资源的缔约方向缺少支持和气候脆弱的缔约方提供金融资源。减缓和适应气候变化都需要大量的投资来减少二氧化碳排放，适应并减少气候变化的不利影响。

根据《联合国气候变化框架公约》"共同但有区别的责任""各自的能力"原则，发达国家缔约方应提供资金，协助发展中国家缔约方实现气候目标。《巴黎协定》重申了发达国家的义务，首次鼓励其他缔约方开展自主贡献。

为了促进气候融资的融通，《联合国气候变化框架公约》建立了向发展中国家缔约方提供气候融资资源的资金机制，同时服务于《京都议定书》和《巴黎协定》。UNFCCC包括私人领域的市场机制和公共部门的非市场机制。除此以外，非UNFCCC的气候融资还包括多种类型的多边开发机构融资。

1. UNFCCC下的资金机制

公共部门方面的资金机制主要由多边气候基金来开展运作。1992年《联合国气候变化框架公约》指定全球环境基金（Global Environment Facility, GEF）作为其临时资金机制，2010年《联合国气候变化框架公约》第十六次缔约方大会设立了绿色气候基金（Green Climate Fund, GCF）。这些气候资金机制的政策、计划优先事项和赞助资格标准由缔约方大会决定。除此以外，缔约方还设立了两个特别基金——气候变化特别基金（Special Climate Change Fund）和最不发达国家基金（Least Developed Countries Fund），由全球环境基金进行管理。2021年联合国气候变化大会上还设立了适应基金（Adaptation Fund）。

《京都议定书》除了规定各缔约方通过减排措施实现气候目标外，还提供了三种以排放许可证为交易基础的基于市场的资金机制，分别为国际排放

---

① "Introduction to Climate Finance," https：//unfccc. int/topics/introduction-to-climate-finance.

交易（International Emissions Trading）、清洁发展机制（Clean Development Mechanism）和联合履约机制（Joint Implementation）。

《京都议定书》第 17 条规定，国际排放交易允许拥有闲置排放单位（允许排放但还未使用）的国家将多余的产能出售给超过其目标的国家。《京都议定书》第 12 条定义的清洁发展机制允许做出减排或限制排放承诺的国家（附件 B 缔约方）在发展中国家实施减排项目。《京都议定书》第 6 条定义的联合履约机制允许做出减排或限制排放承诺的国家（附件 B 缔约方）从另一附件 B 缔约方附加的减排项目中获得减排单位。

2. 非 UNFCCC 下的资金机制

除了 UNFCCC 外，非 UNFCCC 下的资金机制主要由多边开发机构提供的气候融资机制组成。多边开发银行（Multilateral Development Bank）和气候基金（Climate Fund）是其中主要的气候融资提供方。多边开发银行是由两个或两个以上国家特许成立的国际金融机构，为发展中国家经济和社会发展提供资金援助和技术援助。多边开发银行可分为全球性多边开发银行和区域性多边开发银行。气候基金是由国际组织或其他国家成立的帮助发展中国家或地区开展应对气候变化活动的国际金融机构，包括多边气候基金和双边气候基金。前述全球环境基金和绿色气候基金便属于多边气候基金。

（二）气候融资下的多边机构

2009 年，于哥本哈根举行的《联合国气候变化框架公约》第 15 次缔约方大会（COP15）上，发达国家承诺在有意义减缓行动和透明实施情境下，到 2020 年每年筹集 1000 亿美元用于实现发展中国家气候行动的集体目标。该气候融资目标在 COP16《坎昆协议》中正式确立。在 COP21 上该年度气候融资目标扩展到 2025 年。

根据 OECD 统计，2016~2020 年尽管气候融资额持续增长，但仍未实现发达国家年度气候融资达 1000 亿美元的目标。2020 年，发达国家为气候行动提供和动员了 833 亿美元，与 2019 年相比增长了 4%（见图 1）。2020 年，来自公共部门的气候融资占 82%，公共部门是气候融资的主要提供方。更进一步，多边机构是公共部门中最大的贡献方，占气候融资的 44%。

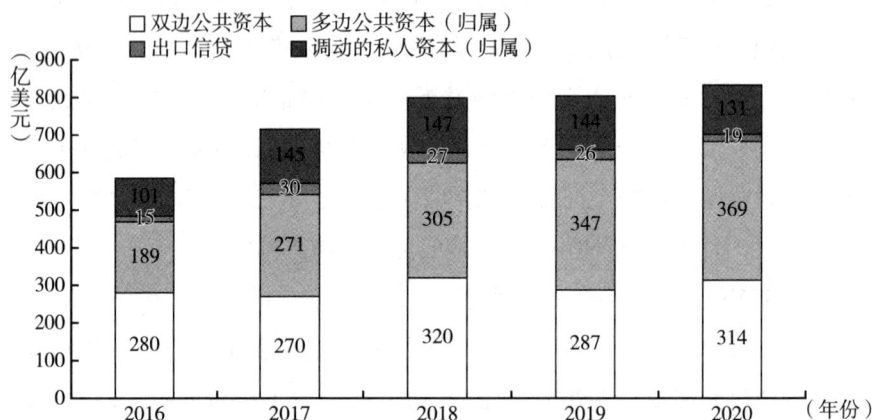

图 1　2016～2020 年发达国家气候融资

资料来源：OECD，"Climate Finance Provided and Mobilized be Developed Countries in 2016-2020"。

从气候资金的流向来看，减缓气候变化是其中平均占比最大的部分，占多边公共机构气候融资的 64%，其中气候适应资金大部分流向了小岛屿发展中国家和最不发达国家。从行业来看，多边公共机构支持的三个主要领域为能源行业、交通行业和农林牧渔行业，占比分别为 26%、16% 和 11%。从融资工具来看，贷款是多边公共机构最为常用的融资工具，其占比达 84%。其中，多边开发银行和多边气候基金使用的融资工具侧重不同。相较而言，多边开发银行绝大部分气候融资是贷款的形式，多边气候基金则主要使用赠款。

多边气候基金和多边开发银行作为气候变化领域主要的多边公共机构，承担了多项气候资金任务，为气候应对技术的研发和应用提供了有利环境，推动实现气候公正。多边气候基金能够试验和培育气候应对相关的技术方法，提供资金支持以实现这些技术方法的落地，并引导绿色资金流向发展中国家和新兴经济体。多边开发银行通过中长期愿景、绿色项目投资、创新投融资机制、能力建设等从资金到技术上推动了全球和区域气候金融的合作。

二 多边气候基金

多边气候基金支持世界各国采用低碳转型和气候适应型发展。因此，多边气候基金的运行也部分体现发达国家在《联合国气候变化框架公约》下履行的支持发展中国家减缓和适应气候变化承诺的工作。多边气候基金推动各国采取低碳排放、气候适应发展，并从能力建设、研究、方法技术应用等方面消除气候资金流动障碍。除此以外，部分多边气候基金作为《联合国气候变化框架公约》下的资金机制，承担支持发展中国家减缓和适应气候变化的资金任务。

根据 Climate Funds Update 数据库的数据，全球共有 23 个多边气候基金。截至 2022 年 12 月，多边气候基金做出了 397.91 亿美元的资金承诺，提供了 292.49 亿美元的资金。英国、美国、德国、日本、法国、挪威、瑞典和加拿大为主要的多边气候基金注资国家。印度、巴西、印度尼西亚、孟加拉国和南非是主要的多边气候基金接受方。① 其中绿色气候基金、全球环境基金和气候投资基金为规模较大的三个多边气候基金。

表 1　2022 年全球气候基金提供和撬动的总气候资金

单位：百万美元，个

多边气候基金	关注领域	捐赠出资承诺金额	捐赠实际提供金额	批准金额	支出金额	批准项目数量
小农气候适应项目	适应	381.97	331.79	293.08	194.68	42
小农气候适应项目+	多用途	24.52	0	0	0	0

---

① "Data Dashboard," https：//climatefundsupdate. org/data-dashboard/.

续表

多边气候基金	关注领域	捐赠出资承诺金额	捐赠实际提供金额	批准金额	支出金额	批准项目数量
适应基金	适应	1039.20	978.28	777.32	453.54	239
生物碳基金	减缓——降低因森林砍伐和退化产生的温室气体排放，以及森林的可持续管理，保护和提高森林碳存量	349.89	219.35	107	0	5
清洁技术基金	减缓——广泛	5404.31	5404.31	5315.54	1721.64	148
森林碳合作伙伴基金-准备基金	减缓——降低因森林砍伐和退化产生的温室气体排放，以及森林的可持续管理，保护和提高森林碳存量	466.54	466.54	311.24	253.47	46
森林碳合作伙伴基金-碳基金	减缓——降低因森林砍伐和退化产生的温室气体排放，以及森林的可持续管理，保护和提高森林碳存量	874.50	874.50	0	0	0
森林投资计划	减缓——降低因森林砍伐和退化产生的温室气体排放，以及森林的可持续管理，保护和提高森林碳存量	735.86	735.86	573.73	249.18	48
全球环境基金第四次增资	多用途	1082.98	1082.98	938.91	938.92	233
全球环境基金第五次增资	多用途	1152.40	1147.92	825.88	485.87	233
全球环境基金第六次增资	多用途	1117.15	1109.43	906.03	207.39	240
全球环境基金第七次增资	多用途	700.46	700.36	1416.94	0	128
全球气候变化联盟	多用途	1332.90	1332.90	898.97	214.33	109
全球能效和可再生能源基金	减缓——广泛	281.50	275.50	223.59	89.07	19
绿色气候基金独立补救机制	多用途	10322.03	8279.56	6721.72	807.84	505
绿色气候基金第一次增资	多用途	9998.25	1899.40	836.36	11.52	66

续表

多边气候基金	关注领域	捐赠出资承诺金额	捐赠实际提供金额	批准金额	支出金额	批准项目数量
最不发达国家基金	适应	1686.42	1583.82	1278.12	533.72	285
千年发展目标基金	适应	89.50	89.50	89.52	89.52	18
市场准备伙伴基金	减缓——广泛	131.46	129.76	82.35	63.02	42
气候适应力试点项目	适应	1144.79	1144.79	988.81	618.07	68
扩大低收入国家可再生能源项目	减缓——广泛	765.62	765.62	600.99	108.09	64
气候变化特别基金	适应	379.60	372.94	283.99	180.66	72
联合国 REDD 项目	减缓——降低因森林砍伐和退化产生的温室气体排放,以及森林的可持续管理,保护和提高森林碳存量	329.04	323.94	323.52	315.56	35

资料来源:Climate Funds Update,https://climatefundsupdate.org/the-funds/。

(一)绿色气候基金

绿色气候基金于 2010 年成立,是《联合国气候变化框架公约》和《巴黎协定》下的金融机制之一,也是全球最大的气候基金,专门服务于发展中国家的气候融资机构以提高和实现其国家自主贡献目标。自 2015 年以来共资助了超过 100 个气候项目。

绿色气候基金通过综合性策略,最大限度地发挥气候应对和可持续发展之间的协同效应,降低投资风险以调动更大规模的资金,通过投资新技术、商业模式和最佳实践,将气候风险和机遇纳入投资决策。绿色气候基金采用"国家主导,开放合作"的模式推动因地制宜的气候项目。在融资工具方面,绿色气候基金通过赠款、优惠债务、担保或股权工具的灵活组合,利用混合融资和撬动私人投资来支持发展中国家的气候行动。在支持领域方面，绿色气候基金将一半的资源用于气候变化减缓，一半用于气候变化适应，其中气候变化适应资源中的一半以上投向气候脆弱国家，缩减气候变化减缓和气候变化适应的差距。

根据《绿色气候基金战略计划（2020—2023）》，绿色气候基金提出"可持续发展背景下推动低碳和气候韧性范式转变"和"支持《巴黎协定》和《联合国气候变化框架公约》的执行"。其战略重点包括加强国家对方案的自主权、培养范式转变投资组合、大规模推动私营部门融资、改善获得资金资源的机会。

截至2022年底，绿色气候基金共投资209个项目和计划，投资总额达114亿美元。其中173个项目的绿色气候基金总额从2021年的18.7亿美元增至2022年的25.4亿美元（见图2）。在支持地域上，绿色气候基金的资金最多地流向了非洲地区，占比为29%。其次是多区域、亚太地区和拉丁美洲地区。在支持领域方面，气候变化减缓、气候变化适应和交叉领域的占比相对均衡，各部分均占1/3左右。在金融工具方面，贷款占比明显提高，从2021年的1.12亿美元上涨到2022年的2.33亿美元。

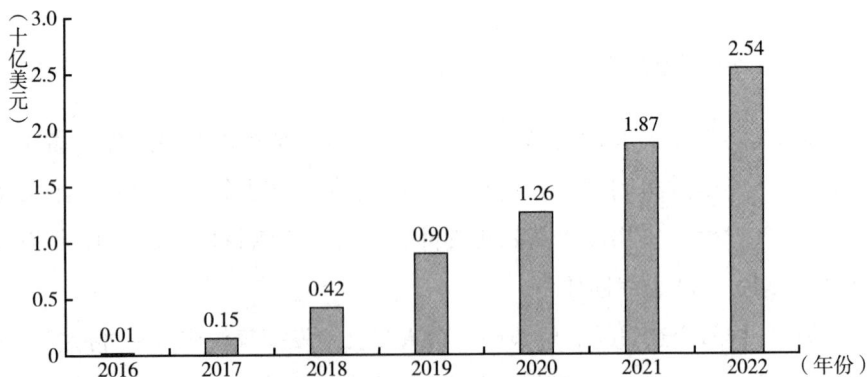

图2　2016~2022年173个项目的绿色气候基金投资总额

资料来源："Annual Portfolio Performance Report（2022），" https：//www. greenclimate. fund/ sites/default/files/document/11-annual-portfolio-performance-report-gcf-b37-inf06_ 0. pdf。

（二）全球环境基金

全球环境基金于 1991 年 10 月成立，包括来自 184 个国家的国际机构、民间社会组织和私营部门，支持发展中国家实现以国家主体驱动的可持续发展，从而产生全球环境效益。全球环境基金作为多边气候基金，提供了赠款、混合融资和政策帮助以支持生物多样性、气候变化、污染、土地和海洋健康等领域的项目。在 30 多年的发展中，全球环境基金已经为 5000 多个国家和地区的项目提供了超过 230 亿美元的资金并筹集了 1290 亿美元的共同融资。[①]

全球环境基金的资金由捐赠国提供，提供给发展中国家和经济转型国家以实现国际环境公约和协议目标。全球环境基金依托联合国组织内部运作，其理事会审查并批准 18 家全球环境基金机构（8 家多边开发银行、4 家联合国组织、4 家国际组织和 2 家基金机构）实施和管理项目。

全球环境基金自 1994 年开启每四年一次的计划增资。其中，第八次增资（2022～2026 年）的认捐额为 53.3 亿美元（见图 3）。根据 2022 年全球环境基金评估报告，2022 财年与以往两年相比新项目进展速度更快，拨付比例与 2021 年持平。2022 财年，全球环境基金批准的项目净承诺投资额增至 15.37 亿美元，并支付了 6.62 亿美元的项目融资。其中，生物多样性和气候变化是最大的两个投资领域。在地域方面，最不发达国家和小岛屿发展中国家的项目比例分别上升至 21% 和 12%。

（三）气候投资基金

气候投资基金（Climate Investment Funds）成立于 2008 年，是最大的多边气候基金之一，旨在帮助中低收入国家应对气候变化。气候投资基金筹集到了来自政府和私营部门的资金，与世界银行、非洲开发银行、欧洲复兴开发银行、亚洲开发银行、美洲开发银行合作，共同支持了 72 个国家的 370

---

① "Who We Are," https：//www.thegef.org/who-we-are.

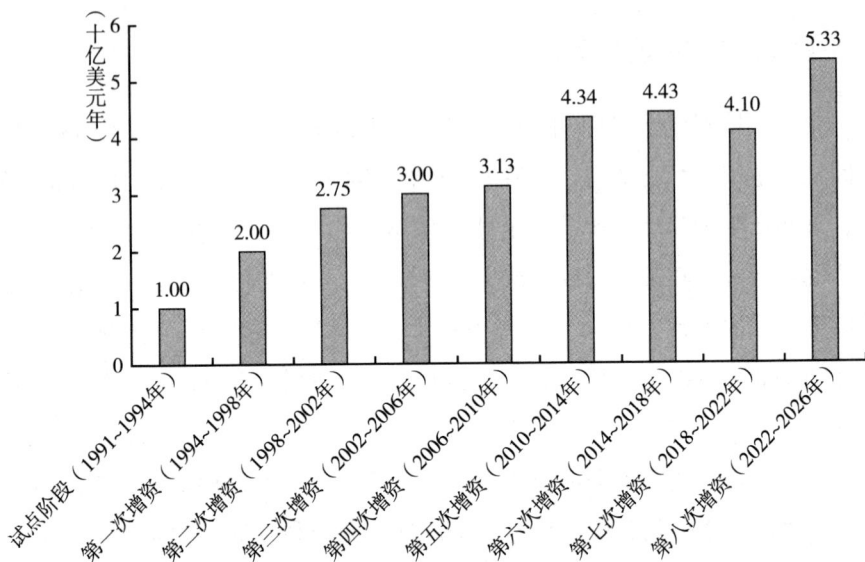

图3　全球环境基金计划增资期认捐额

说明：截至 2022 年 6 月 23 日。
资料来源：全球环境基金网站，https：//www. thegef. org/who-we-are/funding。

多个项目。当前气候投资基金包含清洁技术基金（Clean Technology Fund）和战略气候基金（Strategic Climate Fund）。

　　清洁技术基金为低收入和中等收入国家的清洁技术项目提供资金。该基金采用赠款、优惠贷款、股权和担保等金融工具，使低碳技术投资能够吸引来自中低收入国家的投资者。清洁技术基金以低碳技术为核心，推动低碳技术的示范、部署和转让，发挥技术在减少温室气体排放方面的潜力。战略气候基金主要为试点创新方法、针对特定气候变化挑战提供融资。战略气候基金包括森林投资项目、气候韧性试点项目、扩大低收入国家可持续项目、可持续能源整合项目，以及自然、人类和气候项目。

　　截至 2022 年底，气候投资基金已批准了 75 亿美元并支持了 407 个项目，预计将从各国政府、双边机构、多边开发银行和私人部门筹集 643 亿美元的联合融资。在资金来源上，英国、美国、日本和德国是主要的资金提供方。支持项目领域方面，可持续能源是气候投资基金最支持的项目，52.4% 的资金流向了可持续能源项目。支持地域方面，亚洲、撒哈拉以南非洲、拉丁美洲和哥伦比亚地区是气候投资基金资金主要流向的区域，占比分别为33%、22%、18%。

多边气候基金作为重要的气候资金组织，是运行气候资金的重要国际组织。多边气候基金通过创新战略伙伴关系并开展规模化融资，减少排放并提高应对气候变化的能力，同时增强经济弹性并改善人群健康，为发展中国家创造绿色就业机会。多边气候基金在支持发展中国家实施《巴黎协定》与《联合国气候变化框架公约》方面具有相辅相成的作用。例如，绿色气候基金促进履行环境公约和气候相关的范式转变，全球环境基金以国家推动的方法帮助实现环境公约目标；清洁发展基金侧重于动员多部门以培育低碳技术（见表2）。2017年，绿色气候基金、全球环境基金、清洁发展基金联合适应基金开展"气候融资交付平台年度对话"，强化环境公约下气候基金的运作，包括探索协同效应、监测、评估和学习以及外联沟通。[1]

表2　三大多边气候基金愿景和使命

多边气候基金	愿景和使命
绿色气候基金	在可持续发展的背景下促进低排放和气候适应型发展道路的范式转变
全球环境基金	通过帮助发展中国家履行对多项环境公约的承诺，并根据部门一体化原则以及项目和计划融资的系统方法，在国家、区域和全球范围内建立和加强伙伴关系，从而保护全球环境
清洁发展基金	动员多边开发银行、政府、私营部门和社区，测试和开拓新技术、创造市场并促进转型变革，实现更加繁荣、公平的气候经济

资料来源：笔者根据公开资料整理。

三　多边开发银行

多边开发银行兴起于第二次世界大战后，是在当时重建全球经济和促进

---

[1] "Who We Are," https://www.greenclimate.fund/statement/multilateral-climate-funds-are-working-together-enhance-complementarity-and-collaboration.

发展的背景下，形成的以国家信用为基础的国际金融体系主体之一。1944 年在布雷顿森林会议上，国际社会为促进经济合作和支持战后重建，创立了国际货币基金组织（International Monetary Fund，IMF）和国际复兴开发银行（International Bank for Reconstruction and Development，IBRD，世界银行的前身）。国际货币基金组织致力于稳定国际货币制度和促进国际贸易，而国际复兴开发银行旨在为战后重建和发展提供资金和技术支持。这两个机构的成立确立了国际金融体系，为各国提供资金、技术和合作机会，以实现经济稳定、发展和减贫的目标。随着时间的推移，区域多边开发银行相继出现，如亚洲开发银行、非洲开发银行和美洲开发银行等为相应地区的发展提供支持。亚洲基础设施投资银行和新开发银行等新兴多边开发银行重点关注新兴市场以及发展中国家的投资需求，并致力于通过提供基础设施投资、可持续发展项目和其他领域的投资促进新兴经济体的经济增长和可持续发展。

多边开发银行在气候融资领域中发挥着重要作用，通过提供资金支持、风险分担和技术援助推动气候友好型项目发展，降低私人投资者的投资风险，并促进国际合作，以长期视角应对全球气候挑战，实现可持续发展目标。

（一）多边开发银行气候融资

多边开发银行在新时期除了促进全球经济发展外，结合当前应对气候变化和可持续发展背景，支持区域或成员国之间合作以实现全球经济的可持续转型。自 2012 年起，多家多边开发银行联合发布年度《多边开发银行气候融资联合报告》，对前一年的气候融资项目情况进行说明。本报告主要以 2021 年气候融资数据为依据，从融资目标、资金来源、资金投向等角度进行分析。

1. 多边开发银行的气候融资目标

多边开发银行于 2020 年先后设定了新的气候融资目标和承诺，致力于在应对气候变化方面发挥更为积极的作用。各多边开发银行的气候融资目标具有不同的侧重点，如扩大气候融资规模、加大对气候变化适应与减缓项目的支持比例等。2021 年，多边开发银行的气候融资业务在总体业务中的比重介于 18%~67%。其中，新开发银行的气候融资业务占比最低，而非洲开发银行的气候融资业务占比最高。欧洲复兴发展银行、欧洲投资银行和美洲开发银行集团在 2021 年已经取得了显著成果，提前实现或接近实现了既定的气候融资比例目标，为全球应对气候变化挑战贡献了积极力量（见表3）。

表3　多边开发银行气候融资目标/承诺和进程总结

多边开发银行	气候融资目标/承诺	进程
非洲开发银行（AFDB）	2020~2025 年，气候融资将增加一倍至 250 亿美元，其中优先考虑为气候适应项目提供融资	2021 年，用于支持气候融资的资金达到 240 亿美元，且有 67% 的资金专门用于支持气候适应项目
亚洲开发银行（ADB）	到 2030 年，在亚洲开发银行承诺的业务中（按 3 年滚动平均值计算，包括主权和非主权业务），至少 75% 将用于支持气候变化减缓和气候适应项目。2019~2030 年，亚洲开发银行自有账户的气候融资资金规模预计将达到 800 亿美元。此外，亚洲开发银行在 2021 年已将其气候融资目标进一步提升至 1000 亿美元。中期目标：2019~2024 年，气候融资将占其业务数量的 65%	2021 年，支持气候变化减缓和气候适应的业务占亚洲开发银行总业务的比例为 56%
亚洲基础设施投资银行（AIIB）	到 2025 年，气候融资将占据实际批准融资总额的 50% 或更多。同时，预计到 2030 年，累计批准的气候融资金额将达到 500 亿美元	2021 年，气候融资占亚洲基础设施投资银行批准融资总额的 48%
欧洲复兴开发银行（EBRD）	到 2025 年，欧洲复兴开发银行绿色融资将占其年度投资总额的 50% 以上	2021 年，用于支持绿色金融的资金占比达到 50%
欧洲投资银行（EIB）	到 2025 年，欧洲投资银行计划逐步将其业务中专门用于气候行动和环境可持续发展的融资比例提升至 50% 以上。同时，气候适应融资也将增长到气候融资总额的 15%	2021 年，用于气候行动和环境可持续的资金占比达到 51%
美洲开发银行集团（IDBG）	在 2020~2023 年的业务中，美洲开发银行集团承诺的气候融资占总融资额的比例不低于 30%	2021 年，在美洲开发银行集团的年度批准总额中，30% 的融资用于支持气候变化相关活动
伊斯兰开发银行（IsDB）	伊斯兰开发银行致力于在 2025 年之前，实现气候融资占其承诺融资总额 35% 的目标	2021 年，伊斯兰开发银行年度批准总额的 31% 用于气候行动，包括气候变化适应和减缓活动

续表

多边开发银行	气候融资目标/承诺	进程
新开发银行 （NDB）	2022~2026年,新开发银行计划将批准资金总额的40%用于推动气候变化减缓和气候变化适应的相关项目	2021年,新开发银行气候融资占其总投资的18%
世界银行集团 （WBG）	在2021~2025年的5年间,世界银行集团计划将其融资的平均35%专门用于气候融资。其中,国际复兴开发银行和国际开发协会（IDA）的气候融资中,有50%将投向气候变化适应和韧性建设项目	2021年,世界银行集团的气候融资资金占总融资资金的比例为32%

资料来源：笔者根据公开资料收集和整理。

2. 多边开发银行的气候融资资金来源

2019年，在纽约举行的联合国气候行动峰会上，设定了2025年的气候融资目标，即全球气候融资总额至少达到650亿美元。[①] 根据《2021年多边开发银行气候融资联合报告》，多边开发银行在2020年就已提前实现这一承诺，其气候融资规模已达到660亿美元。相较于2020年，2021年多边开发银行所承诺的气候融资资金增幅为24%，总额高达818亿美元，创历年新高。[②]

多边开发银行的气候融资资金主要来源于多边开发银行自有账户及多边开发银行管理的外部资金。自有账户的资金主要来源于银行的成员国和其他相关国家或机构所缴纳的资金，缴纳资金根据各成员国的经济和贡献程度按比例进行分摊。除了自有账户的资金以外，多边开发银行还可以通过其管理的外部资金来支持气候融资，包括由不同国家或组织提供的各种信托基金项目。这些信托基金包括气候投资基金、绿色气候基金、全球环境基金下的气候相关基金等，专门用于气候融资项目。多边开发银行的自有账户资金在总

---

① 《多边开发银行气候投融资的进展情况及相关建议》"经济观察报"百家号, 2023年1月11日, https：//baijiahao. baidu. com/s? id=1754708522855859564&wfr=spider&for=pc。

② "2021 Joint Report on Multilateral Development Banks' Climate Finance," https：//www. eib. org/en/publications/2021-joint-report-on-multilateral-development-banks-climate-finance。

体资金中占据主导地位，其占比稳定在95%左右，而外部管理资金的占比约5%（见图4）。

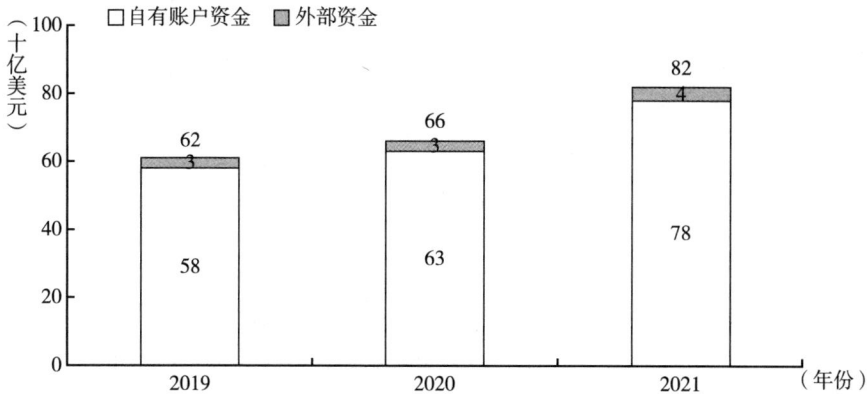

图4　2019～2021年多边开发银行气候融资资金来源

说明：因四舍五入，存在误差，下同。

资料来源：《2021年多边开发银行气候融资联合报告》，中央财经大学绿色金融国际研究院整理绘制。

3. 多边开发银行气候资金投向

（1）分经济体气候资金投向

2021年，多边开发银行气候融资规模达818亿美元，其中有507亿美元流向低收入和中等收入经济体，311亿美元流向高收入经济体。[①] 相较于2019年，2020年流向低收入和中等收入经济体的气候资金有所下降，从415亿美元降至380亿美元。然而，2021年流向低收入和中等收入经济体的气候资金快速回升至507亿美元，增幅约为33%，并达到了历史最高水平。在2019～2021年的3年中，多边开发银行对高收入经济体的气候融资规模持续扩大，从2019年的201亿美元增长至2021年的311亿美元，增幅约为55%，其在气候融资总额中的占比也由33%提升至38%（见图5）。

[①] 《2021年多边开发银行气候融资联合报告》采用世界银行2021年6月更新的基于收入的国家分类体系。报告中的国家主要被划分为两个经济体系类别：低收入和中等收入经济体，该类别包含低收入经济体、中低收入经济体以及中高收入经济体，人均国民总收入低于12695美元；高收入经济体，人均国民总收入高于12695美元。

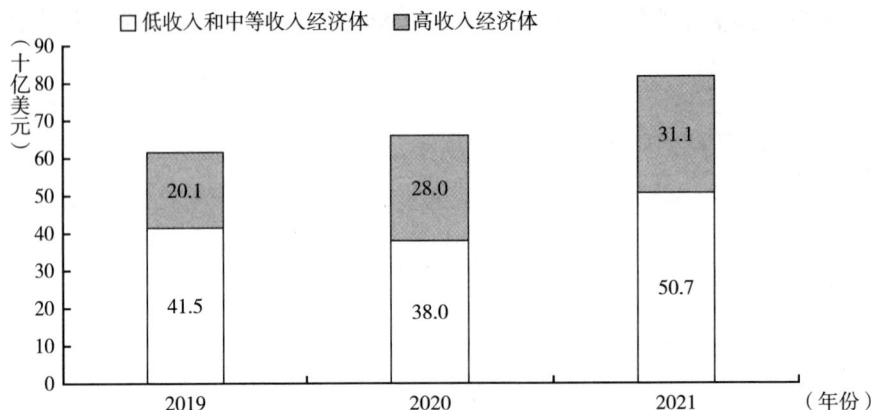

图 5　2019～2021 年多边开发银行气候融资金额

资料来源：《2021 年多边开发银行气候融资联合报告》，中央财经大学绿色金融国际研究院整理绘制。

世界银行集团和欧洲投资银行在气候投资规模方面处于领先地位，但在经济体投向上的侧重点各不相同。世界银行集团对低收入和中等收入经济体的投资额度最高，达到了 280 亿美元。欧洲投资银行对高收入经济体的投资额度最高，达到了 281 亿美元（见图 6）。伊斯兰开发银行的气候融资规模最为有限，仅为 7 亿美元，这与其主要关注支持伊斯兰国家和社群的发展项目有关。

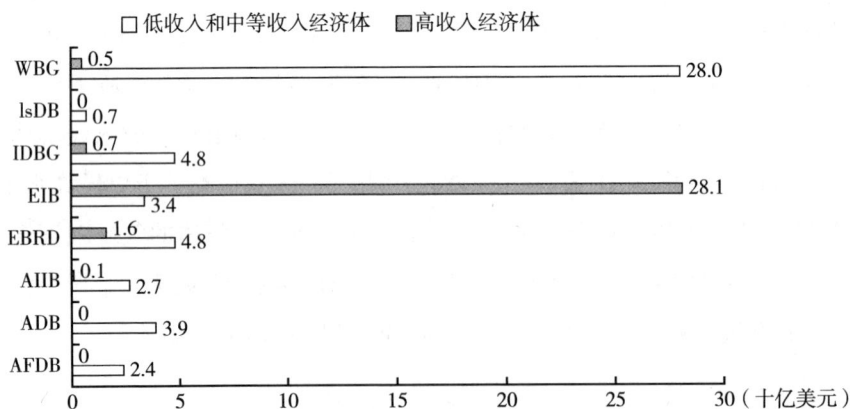

图 6　2021 年多边开发银行气候融资规模

资料来源：《2021 年多边开发银行气候融资联合报告》，中央财经大学绿色金融国际研究院整理绘制。

（2）分用途气候资金投向

①气候变化减缓和气候变化适应资金

从气候资金的投向领域来看，用于减缓和适应气候变化的气候资金分配不均，更多的资金流向了气候变化减缓领域。2019~2021年，气候变化减缓资金的占比稳定在76%~77%，而气候变化适应资金的占比则在23%~24%。

就气候变化减缓而言，流向低收入和中等收入经济体的资金从2019年的275亿美元增至2021年的331亿美元，流向高收入经济体的资金从2019年的191亿美元增至2021年的295亿美元。从规模上看，多边开发银行对低收入和中等收入经济体的气候变化减缓投资规模总体呈增长趋势，但其占比并未提升。2019~2021年，投向低收入和中等收入经济体的气候变化减缓资金分别占总体气候融资的45%、38%和40%。此外，高收入经济体在近几年也持续获得了来自多边开发银行的气候资金支持（见图7）。

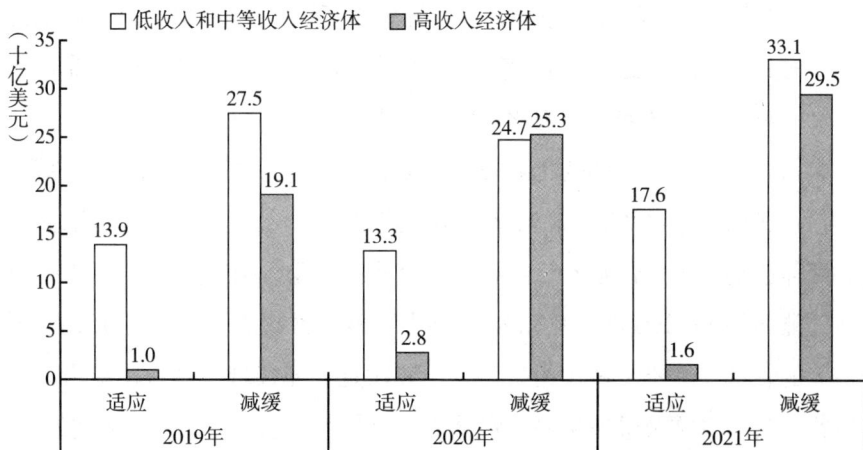

图7　2019~2021年多边开发银行气候资金分用途投向

资料来源：《2021年多边开发银行气候融资联合报告》，中央财经大学绿色金融国际研究院整理绘制。

气候变化适应方面，2021年的气候变化适应资金总额超过了多边开发银行预期设定的180亿美元目标，达到了192亿美元，但其在气候融资总额中的占比仅为23.5%。低收入和中等收入经济体的气候变化适应资金从

2019 年的 139 亿美元增至 2021 年的 176 亿美元。流向高收入经济体的气候变化适应资金在 2020 年达到峰值后下降至 2021 年的 16 亿美元。世界银行集团的气候变化适应资金高达 116 亿美元。值得注意的是，非洲地区国家的气候脆弱性特征使得其亟须提高气候变化适应能力。非洲开发银行的气候变化适应资金规模已连续 3 年超过其气候变化减缓资金规模。多边开发银行的气候变化适应资金投入有限的主要原因在于长期以来关注气候变化减缓的紧迫性而忽视了气候变化适应的重要性。气候变化减缓项目通常与减少温室气体排放和能源转型等直接相关，这些措施可以在相对短的时间内削减气候变化带来的负面影响。因此，许多政策制定者和国际机构更倾向于优先支持这些项目，以期实现短期内的环境效益和经济效益。相比而言，气候变化适应项目的复杂性、不确定性以及投资回报时间长等融资问题，限制了其资金投入的规模。随着气候变化影响逐渐凸显以及《巴黎协定》呼吁在气候变化减缓和气候变化适应之间保持平衡，多边开发银行正在不断加大对气候变化适应项目的资金支持力度，尤其是满足发展中国家的气候变化适应资金需求。①

②气候变化减缓和气候变化适应资金用途

多边开发银行的气候变化减缓资金覆盖了研究、发展和创新，跨部门活动，信息通信技术（ICT）和数字技术，建筑物、公共设施及最终用途，交通，固体废物管理，供水及污水处理，农林牧渔业，制造业，采矿和金属生产业，能源等 11 个领域（见图 8）。其中，能源领域是气候变化减缓资金投入最大的领域，其资金占比约为 39%。其次是交通领域，其占比约为 26%。建筑物、公共设施及最终用途，农林牧渔业等领域也获得了一定比例的气候变化减缓资金支持。

多边开发银行的气候变化适应资金投向则是涵盖了沿海和河流基础设施，作物和粮食生产，交叉领域，能源、交通等建成环境和基础设施，金融服务，工业、制造业和贸易，信息通信技术和数字技术，机构能力支持或技

---

① "Paris Agreement," https：//unfccc.int/files/essential_background/convention/application/pdf/english_ paris_ agreement. pdf.

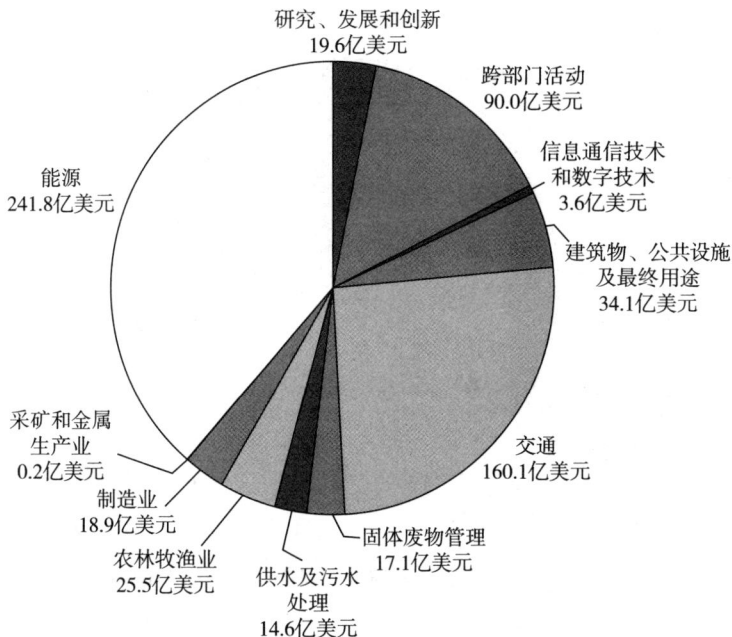

图 8 2021 年多边开发银行气候变化减缓资金流向

资料来源：《2021 年多边开发银行气候融资联合报告》，中央财经大学绿色金融国际研究院整理绘制。

术援助，其他农业和生态资源，供水和污水处理系统等 10 个领域，覆盖了重要的经济和社会方面。多边开发银行在气候变化适应领域尤其关注低碳转型和可持续基础设施建设。在各项投入中，能源、交通等建成环境和基础设施投入为 49.9 亿美元。其次是交叉领域、供水和污水处理系统，资金投入分别为 30.9 亿美元和 29.8 亿美元，占比均约为 16%（见图 9）。

（3）分借款人类型气候资金流向

从公共部门和私人部门分类来看，向公共部门提供气候资金有助于政府部门和公共机构在基础设施建设以及气候项目上获得资金支持，从而推动各国实现其设定的气候变化与可持续发展目标。多边开发银行向私人部门提供气候融资，可以吸引更多的私人投资，降低投资风险，增强气候融资的灵活性，并推动私营企业履行其社会和环境责任目标。多边开发银行向私人部门

127

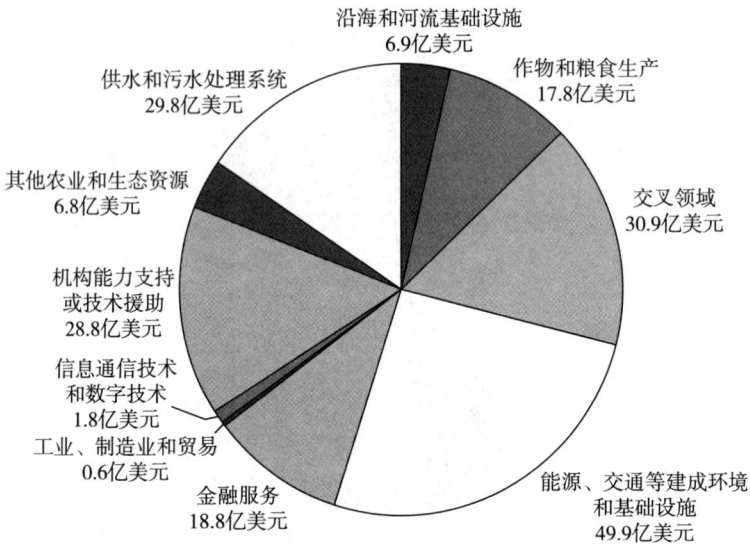

图9 2021年多边开发银行气候变化适应资金流向

资料来源：《2021年多边开发银行气候融资联合报告》，中央财经大学绿色金融国际研究院整理绘制。

提供商业化的贷款条件，支持私人企业参与气候项目，并且共同分担风险。

比较来看，2019~2021年气候资金大多投向了公共部门，并且呈现稳定增长的趋势，其占比保持在71%~73%。2019~2021年，尽管私人部门获得的气候融资相对较少，但也逐年增加，从2019年的178亿美元增加到2021年的223亿美元（见图10）。

（4）分地区气候融资资金流向

多边开发银行在气候融资方面向全球多个地区提供了资金支持，涵盖了东亚和太平洋地区、欧洲（欧盟）、欧洲（非欧盟）、中亚地区、拉丁美洲和加勒比地区、中东和北非地区、南亚地区、撒哈拉以南非洲地区以及跨区域等9个地区。尽管各多边开发银行对不同地区的投资重点有所不同，但均体现了对全球范围内应对气候挑战和促进可持续发展的承诺。各地区的资金占比情况也反映出各多边开发银行气候融资投资重点和战略布局的不同。

欧洲（欧盟）地区获得最多的气候资金支持，并表现出逐年增加的趋

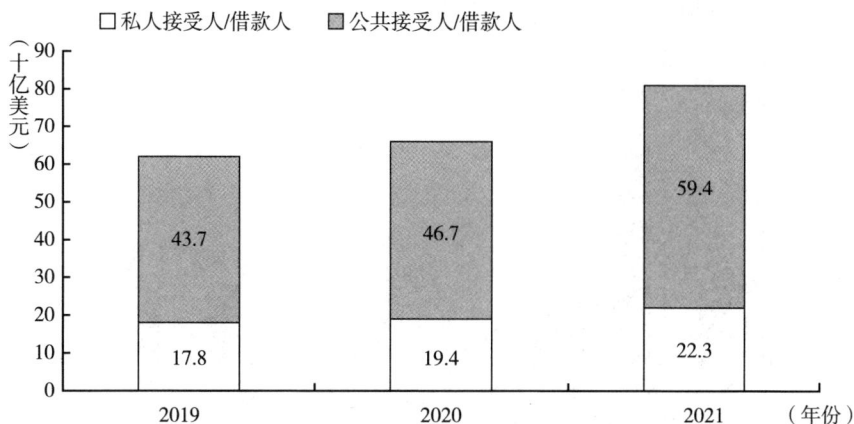

图 10　2019~2021 年多边开发银行气候融资接受人/借款人类型

资料来源：《2021 年多边开发银行气候融资联合报告》，中央财经大学绿色金融国际研究院整理绘制。

势，从 2019 年的 190 亿美元增加至 2021 年的 302 亿美元。撒哈拉以南非洲地区获得的气候资金从 2019 年的 74 亿美元增加至 2021 年的 128 亿美元。2022 年度气候脆弱性指数显示，排名前十的气候脆弱国家中有 9 个位于撒哈拉以南非洲地区，表明该地区面临更大的气候挑战，需要更多的国际气候资金支持。[①] 除此之外，太平洋地区的小岛屿发展中国家地势低洼，极易受到海平面上升以及各种极端天气带来的不利影响。从理论上来看，这些小岛屿发展中国家更需要气候资金支持以加强基础设施建设并提高气候韧性，但东亚和太平洋地区的气候资金减少，从 2019 年的 64 亿美元下降至 2021 年的 60 亿美元（见图 11）。

4. 多边开发银行气候融资工具

多边开发银行的气候融资工具，主要分为投资贷款、赠款、担保、股权融资、信用额度、政策性融资、基于成果的融资以及其他。其中，政策性融

[①]　"Climate Change," https：//www. afdb. org/en/topics – and – sectors/sectors/climate – change#：~：text＝Total％20volume％20of％20climate％20finance，and％20％243. 6％20billion％20in％202022.

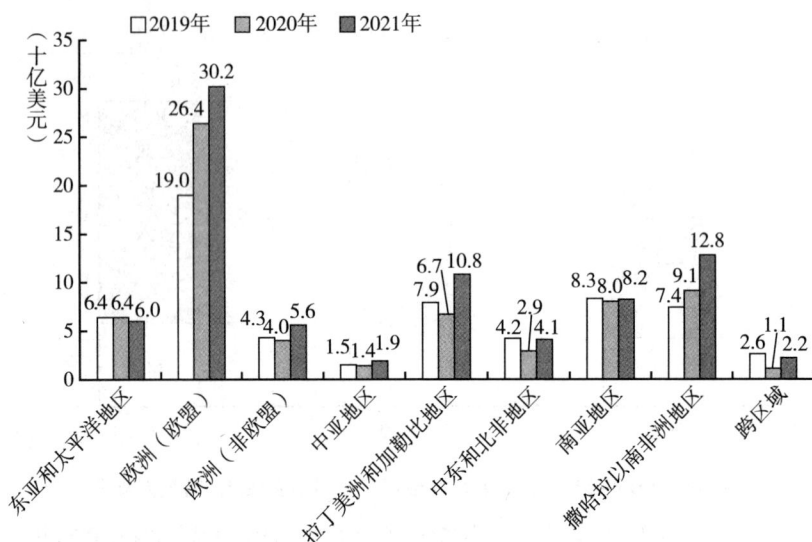

图 11 2019~2021 年多边开发银行气候资金（按地区划分）

资料来源：《2021 年多边开发银行气候融资联合报告》，中央财经大学绿色金融国际研究院整理绘制。

资主要为公共部门的借款人提供融资，帮助借款人解决国内或国外发展融资的实际或预期需求。基于成果的融资将多边开发银行的资金支付与特定发展项目的可衡量成果挂钩。

多边开发银行将投资贷款作为最重要的气候融资工具，其规模在 2019~2021 年呈现不断增加的趋势，从 449 亿美元增长至 639 亿美元，占比从 72.9% 增至 78.3%。[①] 其他金融工具如股权融资、担保和信用额度等的融资资金变化相对较小，对气候资金总额的影响有限（见图 12）。

世界资源研究所的数据显示，多边开发银行在 2021 年每提供 1 美元的气候资金，可以撬动 25 美分的私人资金。[②] 多边开发银行的气候融资工具种类多样，其中部分工具可以帮助分散项目风险，从而鼓励私人资金参与。

---

① 根据《2021 年多边开发银行气候融资联合报告》中的解释，投资贷款可用于任何以促进可持续社会和经济发展为总体目标的发展活动。

② "The Good, the Bad and the Urgent: MDB Climate Finance in 2021," https://www.wri.org/insights/good-bad-and-urgent-mdb-climate-finance-2021.

然而，气候融资活动往往涉及多个领域的协同合作，单一的金融工具可能难以解决所有问题。因此需要推广结构化的金融工具组合以应对气候复杂性挑战。

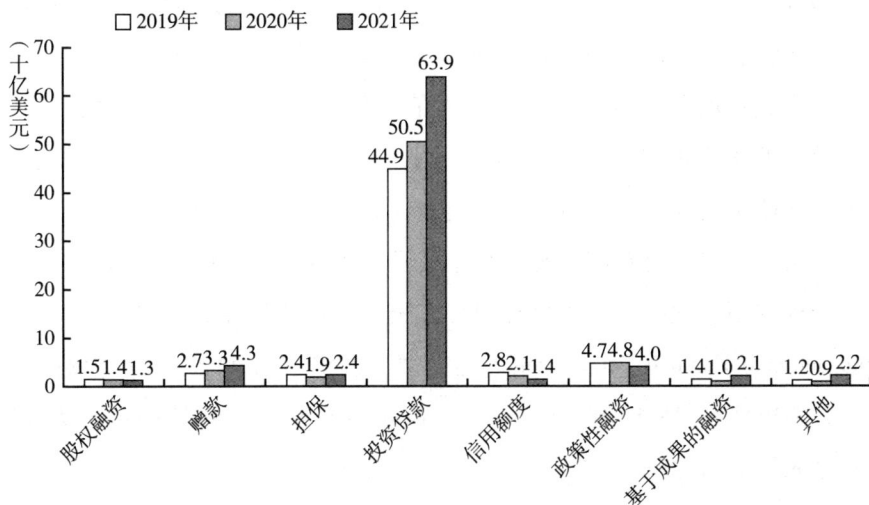

图12 2019~2021年多边开发银行气候资金（按金融工具划分）

资料来源：《2021年多边开发银行气候融资联合报告》，中央财经大学绿色金融国际研究院整理绘制。

2021年，多边开发银行的气候融资规模达到历史新高，流向低收入、中等收入和高收入经济体的气候资金均整体呈现增长趋势。但是气候变化减缓和气候变化适应领域的资金分配仍然存在一定的不均衡，其中大部分气候资金仍流向气候变化减缓领域。从各领域的气候变化减缓资金流向来看，能源领域所获得的气候资金最多，交通领域次之。而在气候变化适应领域，能源、交通等建成环境和基础设施是最主要的资金支持领域。就借款人类型而言，公共部门仍然占主导地位，私人部门所占比例相对较低。投资贷款是多边开发银行最主要的气候融资工具。欧洲（欧盟）、撒哈拉以南非洲地区以及拉丁美洲和加勒比地区是气候资金流向较多的几个地区。

（二）多边开发银行气候融资实践

1. 全球性多边开发银行——世界银行

2021年7月1日至2022年6月30日财年，世界银行集团为应对气候变化总计提供了317亿美元的资金，较上一财年增长19%。[①] 该财年的气候融资金额占其总投资的36%，超额完成了其2021~2025年气候变化行动计划所设定的35%的平均目标。其中，国际复兴开发银行和国际开发协会合计出资262亿美元，其中近一半的资金（129亿美元）专门用于气候变化适应投资，世界银行集团在努力缩小气候变化减缓和气候变化适应之间的资金规模差距。此外，作为世界银行集团的私营部门分支，国际金融公司（International Finance Corporation）也提供了创纪录的44亿美元气候融资。同时，多边投资担保机构（Multilateral Investment Guarantee Agency）为气候融资注入了11亿美元的资金。

在2022年的《联合国气候变化框架公约》第27次缔约方大会（COP27）上，世界银行宣布将大幅增加气候融资。在此次会议上，世界银行推出了"降低排放以扩大气候行动"（Scaling Climate Action by Lowering Emissions，SCALE）伞形多伙伴信托基金，旨在汇集全球各方资金，包括捐助国、私营部门和基金会等，以支持温室气体减排项目。[②] SCALE通过基于成果的气候融资，计划向取得事先拟定的可验证减排结果的国家提供赠款。该基金将支持各国实施具有影响力的减排项目和政策，以实现国家的减排目标，并建立系统化的减排记录。这些项目还将产生可在碳市场上出售的超额

① "World Bank Group Delivers Record ＄31.7 Billion in Climate Finance in Fiscal Year 2022," https：//www.worldbank.org/en/news/press－release/2022/09/07/world－bank－group－delivers－record－31－7－billion－in－climate－finance－in－fiscal－year－2022.

② 《世界银行集团推出减排新基金》，世界银行网站，2022年11月9日，https：//www.shihang.org/zh/news/press－release/2022/11/08/world－bank－group－presents－new－fund－for－lowering－emissions。

碳信用，为吸引更多私营部门资金进行减排活动提供可能性。①

2. 区域性多边开发银行

（1）欧洲投资银行

欧洲投资银行在 2022 年将超过一半的资源用于气候行动和环境可持续发展，共提供了 366 亿欧元的资金，占其总投资的58%。② 除此以外，欧洲投资银行在 2021 年撬动并支持了总计 2220 亿欧元的绿色投资。这一成就为欧洲投资银行实现其设定的在 2030 年完成 1 万亿欧元绿色投资目标奠定了坚实的基础。此外，欧洲投资银行还承诺将在 2022～2027 年提供 450 亿欧元，以支持欧盟的 "REPowerEU" 能源计划，旨在推动能源系统变革以应对俄乌冲突造成的全球能源市场波动和欧洲能源安全问题。③

欧洲投资银行在促进欧洲公正转型中发挥着重要作用。2022 年 9 月，欧洲投资银行与欧盟委员会签署了公共部门贷款机制协议。该协议承诺到 2027 年提供 100 亿欧元资金，以支持受化石燃料转型影响最严重的地区，帮助这些地区降低转型的经济成本和社会成本。

在 COP27 上，欧洲投资银行宣布将在 2023 年推出一个全球公正转型方案，为受全球变暖影响最大的地区提供气候资金和咨询服务。此外，欧洲投资银行还推出了支持环境可持续发展的新框架，旨在在全球范围内支持环境可持续项目，以追求绿色、有韧性、公平和包容的发展途径。④

---

① "Scaling Climate Action by Lowering Emissions（SCALE），" https：//www. worldbank. org/en/programs/scale/overview.

② "EIB Group Sustainability Report 2022," https：//www. eib. org/en/publications/20230023 - sustainability-report-2022.

③ "EIB to Support Green Deal Industrial Plan with €45 Billion in Additional Financing," https：// www. eib. org/en/press/all/2023-270-eib-to-support-green-deal-industrial-plan-with-eur45-billion-in-additional-financing#：～：text = At%20its%20meeting%20this%20week，eligible% 20sectors%20in%20the%20EU.

④ "EIB at COP27：Financing a Global Just Transition to Climate Neutrality," https：//www. eib. org/en/press/all/2022-455-eib-at-cop27-financing-a-global-just-transition-to-climate-neutrality.

（2）亚洲开发银行

2022 年，亚洲开发银行的气候融资总额达到了 71. 10 亿美元，其中 60%的资金用于支持气候变化减缓项目，而其余的 40%则用于气候变化适应项目。值得关注的是，用于气候变化适应项目的资金从 2021 年的 13 亿美元增长至 2022 年的 28 亿美元，增幅为 115%。① 亚洲开发银行对气候变化适应领域的重视程度正在逐步提升，从而加速实现其 2024 年气候变化适应资金投入达到 90 亿美元的目标。

亚洲开发银行气候融资进展主要集中在撬动私人资本应对气候变化方面。一方面，亚洲开发银行承诺 2022 年为私营部门提供气候融资 5 亿美元。例如，VinFast 电动汽车绿色贷款项目利用亚洲开发银行 2000 万美元的气候变化减缓贷款，吸引了其他来源的 7800 万美元的共同融资，进一步促进了越南的电动汽车产业发展。另一方面，亚洲开发银行一直努力确保从项目的最初阶段就考虑气候风险和气候变化适应机会。例如，孟加拉国的沿海城镇气候适应性项目将亚洲开发银行提供的 2. 26 亿美元资金用于 22 个沿海城镇的适应性解决方案。

在 2022 年的 COP27 上，亚洲开发银行重点介绍了一系列针对气候适应性和灾害抵御能力的举措。这些举措中不仅包含亚洲开发银行自身所倡导的行动，还包括与其他多边开发银行和合作伙伴共同提出的倡议，坚定了环境保护工作目标。此外，亚洲开发银行提出了重点关注能源转型、碳定价、《巴黎协定》第六条（涉及国际碳市场的运作，主要支持政府参与国家之间的减排量转让，同时鼓励私营部门投资气候友好型的解决方案）等议题。

（3）欧洲复兴开发银行

欧洲复兴开发银行在 2022 年增加了应对气候变化的资金承诺，该年分别提供了 59 亿欧元和 2. 46 亿欧元用于气候变化减缓和气候变化适应。为了更快地履行其气候行动承诺，欧洲复兴开发银行进行了内部改革，包括在

---

① "Climate Finance in 2022," https：//www. adb. org/news/infographics/climate-finance-2022.

2022 年推出气候变化适应和治理倡议。欧洲复兴开发银行还特设专项部门，以更准确地跟踪气候融资目标的实现情况和资金流向。

在 COP27 上，欧洲复兴开发银行还发布了《气候变化适应行动计划》，旨在推动气候变化适应性融资。该计划涵盖三大主要行动领域，包括将气候变化适应纳入欧洲复兴开发银行的主流业务、建立战略合作伙伴关系以扩大全球影响力、增加私营部门对气候变化适应领域的投资。另外，欧洲复兴开发银行引入了企业气候治理基金，计划在 2024 年与 100 多家客户达成合作关系，为金融机构、企业、市政机构以及政策制定者提供量身定制的咨询服务，其规模达 3000 万欧元。①

（4）非洲开发银行

2022 年，非洲开发银行在气候融资方面取得了显著进展，该行气候融资总额达到了 36 亿美元，占其融资总额的 42%，超过了既定的 40% 的目标。具体而言，气候变化减缓和气候变化适应融资的占比分别为 36% 和 64%。与 2021 年相比，2022 年的气候变化适应融资呈现明显的增长趋势。

为响应气候脆弱国家的需求，非洲开发银行创新性地建立了气候行动窗口（Climate Action Window，CAW）。气候行动窗口覆盖了非洲开发银行的 37 个成员国，其中包括世界上气候最脆弱和最容易受到气候变化影响的国家。在德国、瑞士、荷兰和英国初始资金的支持下，截至 2022 年底，气候行动窗口共计获得了 4.29 亿美元的赠款。其目标是在 3 年内为气候最脆弱的非洲国家筹集 40 亿~130 亿美元，用于支持气候变化适应和气候变化减缓项目的投资。

在 COP27 上，非洲开发银行积极参与并主办了非洲边会，与非洲国家一同提高非洲在气候变化问题上的影响力，并在会议中取得了重要进展（见表 4）。

---

① "Launch of EBRD Climate Adaptation Action Plan at COP27," https：//www.ebrd.com/news/2022/launch-of-ebrd-climate-adaptation-action-plan-at-cop27.html.

表4 非洲开发银行在 COP27 中的重要进展

进展	内容
进展1	推动建立气候行动窗口,以支持非洲发展基金第16次增资
进展2	宣布农业部与发展伙伴合作以实现非洲粮食安全保障的承诺
进展3	支持非洲开发银行在萨赫勒地区的"沙漠发电"倡议项目
进展4	建立非洲绿色基础设施联盟(AGIA),由非洲开发银行、非洲联盟、非洲50基金(Africa50)以及其他全球合作伙伴合作发起,旨在加速非洲绿色基础设施项目的融资

资料来源:根据公开资料收集和整理。

（5）美洲开发银行

2022年,美洲开发银行为气候变化相关活动提供了总计59亿美元的气候资金,占其全年总批准金额的43%,超过了预先设定的30%的目标。除了提供气候资金支持外,美洲开发银行还为16个国家提供了气候政策咨询支持,帮助它们制订长期的气候变化战略方针、国家生物多样性计划以及进行能力建设等。

美洲开发银行还与国际货币基金组织在拉丁美洲和加勒比地区建立了紧密的合作伙伴关系,旨在协助其成员国加快气候融资进程。双方计划通过政策改革、能力建设以及多种金融工具（如混合融资工具、绿色债券等）支持,进一步探索气候融资领域的风险与担保之间的协同效应,并撬动更多的私人资金参与气候融资。[1]

2022年,美洲开发银行作为拉丁美洲和加勒比地区最重要的多边开发银行,积极参与了多个与气候变化有关的国际会议。例如,美洲开发银行在 COP27 上积极发声,为拉丁美洲和加勒比地区吸引更多私营和公共投资以促进气候行动。

（6）伊斯兰开发银行

2022年,伊斯兰开发银行继续实施《气候行动计划（2020—2025

---

[1] "IDB and IMF to Deepen Ties to Catalyze Climate Reforms and Private Sector Resources for Climate Action," https://www.imf.org/en/News/Articles/2023/06/21/pr23226-idb-imf-deepen-ties-catalyze-climate-reforms-private-sector-resources-climate-action#:~:text=The%20IMF%20and%20IDB%20will, for%20a%20regional%20green%20fund.

年）》，并致力于在 2025 年实现气候融资占年度批准投资总额 35%的目标。截至 2022 年，伊斯兰开发银行在气候融资方面的投入达到 10.5 亿美元，占当年批准投资总额的 33%。具体而言，气候变化减缓和气候变化适应融资的占比分别达 35%和 65%。伊斯兰开发银行宣布在 2023 年底使其主权业务与《巴黎协定》目标完全保持一致。为此，伊斯兰开发银行在 2022 年启动了《巴黎协定实施行动计划（2022—2023 年）》，并举办了一系列《巴黎协定》和"气候主流化"主题研讨会。

作为全球最大的南南合作发展银行，伊斯兰开发银行正在通过创新型融资工具为其成员国的气候行动提供资金支持，如绿色伊斯兰债券（sukuk）以及气候变化适应型伊斯兰债券等其他伊斯兰债券。[1] 截至 2022 年底，该行已发行了总计 50 亿美元的绿色和可持续发展债券。

在 COP27 上，伊斯兰开发银行与阿拉伯协调组（Arab Coordination Group，ACG）成员一致承诺，到 2030 年将累计提供 240 亿美元的融资，以应对全球气候危机。伊斯兰开发银行特别表示，将在 2023~2030 年批准至少 130 亿美元的气候融资，用于支持气候变化适应和气候变化减缓。

（7）亚洲基础设施投资银行

2022 年，亚洲基础设施投资银行共批准了 68.1 亿美元的资金，专门用于支持可持续基础设施项目。这些资金分布在 33 个成员国的 202 个项目中，其中 56%的资金专项用于气候融资。在 38 亿美元的气候融资中，81%用于气候变化减缓领域，其余则用于气候变化适应领域。此外，交通领域和能源领域是获得气候投资最多的两个领域。[2]

亚洲基础设施投资银行在 2022 年承诺将在 2023 年 7 月 1 日之前将所有新的融资业务与《巴黎协定》目标保持一致。亚洲基础设施投资银行正在将董事会批准的环境和社会保障措施纳入其投资业务，不断扩大其对环境可持续

---

[1] "Islamic Development Bank（IsDB）Group at COP27," https：//www.isdb.org/cop27.

[2] "AIIB Issues New Impact Report Demonstrating the Bank's Commitment to Climate Financing," https：//www.aiib.org/en/news - events/news/2023/AIIB - Issues - New - Impact - Report - Demonstrating-the-Bank-s-Commitment-to-Climate-Financing.html.

的承诺。此外，亚洲基础设施投资银行在气候融资领域的进展还体现在气候融资流向追踪的能力建设工作上。亚洲基础设施投资银行与 Keppel（一家专注于可持续性的资产管理公司）合作设计了新的气候融资监测指标，进一步提高了气候融资跟踪的精确性，从而降低了潜在的"洗绿"风险。

亚洲基础设施投资银行在 COP27 期间组织会议集中讨论了气候融资问题，重点探讨了国际多边机构在动员私营资本和推动具有气候韧性的基础设施建设方面发挥的作用。亚洲基础设施投资银行宣布将与"全球人类与地球能源联盟"（Global Energy Alliance for People and Planet）建立战略伙伴关系，共同动员高达 10 亿美元的资金，用于推动绿色能源转型和可再生能源项目的建设。此外，亚洲基础设施投资银行还宣布在 2023 年发行首笔气候韧性债券的计划。

（8）新开发银行

新开发银行计划在 2022～2026 年为其成员国提供总额达 300 亿美元的资金支持，以响应其 2022～2026 年总体战略。该战略于 2022 年 5 月获得新开发银行理事会的批准，旨在于未来 5 年内将新开发银行发展成为全球领先的多边开发银行，为新兴市场和发展中国家提供可持续发展方案，特别是在应对气候变化方面的解决方案。新开发银行在战略周期内将总批准资金的40% 专门用于气候融资，并计划在战略周期结束时确保其新项目与《巴黎协定》目标保持一致。其中，气候变化减缓和气候变化适应的资金分配将取决于各成员国的战略部署，通过贷款、股权投资等多种金融工具实施。

在 2022 年 10 月由新开发银行与中国财政部共同主办的"扩大发展融资，实现可持续未来"主题研讨会上，新开发银行行长马可·特罗约强调了该机构将加强对清洁能源、基础设施、水资源等领域的投资，并通过创新金融工具和拓展合作伙伴关系来扩大其发展影响力。[①] 新开发银行在 2022年共批准了 14 个项目，尽管其中没有属于清洁能源、能源效率和环境保护

---

① 《"扩大发展融资，实现可持续未来"研讨会在沪举行》，人民日报网站，2022 年 10 月 26 日，http：//paper. people. com. cn/rmrb/html/2022 - 10/26/nw. D110000renmrb _ 20221026 _ 6 - 07. htm。

等与气候变化直接相关的领域类别的项目，但有 6 个项目属于多领域类别。其中两个项目的主要目标都与支持可再生能源和能源使用效率密切相关。

在 COP27 期间，新开发银行主办了主题为"利用气候融资促进南非公正转型"的边会活动，深入探讨了多边开发银行协助南非向公正、零排放经济转型的未来发展方向。[①]

四　多边开发银行改革

（一）多边开发银行的优势

可持续发展目标作为国际合作的一大突出成就，明确了国际社会的努力方向，却没有明确如何完善这一目标的资金机制。据估计，实现可持续发展目标所需的投资缺口达到每年 2.5 亿美元。[②] 此外，低碳基础设施建设需求资金缺口达到 1 万亿美元。[③]

从金融部门的角度出发，满足可持续发展的资金需求面临客观条件限制。亟须实现可持续发展的发展中国家财政空间有限，而来自较富裕国家的援助预算则会受到财政和政治因素的影响。此外，应对气候变化和实现可持续发展的投资项目往往具有较高的风险和较长的回款期限，难以吸引私人投资。在各类金融机构中，多边开发银行凭借长期且稳定的资金、反周期、优惠条件、经验和技术援助、动员私营部门的独特优势而在气候金融当中扮演着不可或缺的角色。

---

① "NDB Side Event at COP27: Leveraging Climate Finance for a Just Transition in South Africa," https://www.ndb.int/event/ndb-side-event-at-cop27-leveraging-climate-finance-for-a-just-transition-in-south-africa/.

② United Nations, "United Nations Secretary General's Roadmap for Financing the 2030 Agenda for Sustainable Development," 2019.

③ New Climate Economy, "The Sustainable Infrastructure Imperative: Financing for Better Growth and Development," 2019.

1.长期且稳定的资金

与其他金融机构相比，多边开发银行的融资方式具有长期性并且更稳定。以股权投资为例，投资者采用股权投资时平均持股时间为 3~4 个月，体现出追求短期利润的特征。这种投资行为使许多经济体容易受到突发事件影响。多边开发银行因充足的资金储备更愿意提供长期、稳定的融资以降低市场波动对项目的影响。尽管多种贷款的宽限期存在不同，但根据多边开发银行数据，其金融工具的使用期限通常为 20~30 年。

2.反周期

多边开发银行作为政府间组织，通常以政策为导向，而不以利润为导向，因此不易受到金融市场的周期性影响，从而产生一定的反周期作用。此外，多边开发银行具有较高的信用评级，能从资本市场上获得更为优质的资金资源。因此，多边开发银行将起到平抑经济周期的作用，在全球经济波动的情况下发挥稳定剂的作用。

3.优惠条件

多边开发银行可以提供多种优惠条件以有效地降低项目融资成本，比来自其他金融市场的融资更具吸引力。具体而言，多边开发银行提供的优惠条件包括优惠利率、宽限期、早期融资、首次损失条款等。

4.经验和技术援助

多边开发银行作为发展融资的主要国际机构，积累了宝贵的专业知识，经常发起并参与开发性金融领域的项目研究。多边开发银行的权威性也获得了市场投资者的认可，赋予项目一定的声誉价值。换句话说，多边开发银行的参与表明项目符合多边开发银行的融资要求，进而向市场传递出优质项目的信号。

多边开发银行在机构和项目层面上提供技术援助。多边开发银行在制度上协助国家和机构加强资本市场建设。多边开发银行帮助政府稳定市场并创造必要条件推动资本市场发展，包括制定促进宏观经济稳定的政策、完善银行体系和资本市场的法律建设、提供信用增级的结构性融资。在项目层面，多边开发银行提供项目结构优化、风险化解方案设计以及其他提高项目融资能力的建议，提高项目落地的可行性。

5.动员私营部门

基于以上四个特征，多边开发银行在动员私营部门方面具有优势。从受资助的国家角度出发，多边开发银行为国家或地方政府认可的项目提供融资，产生降低政治和其他不确定性风险的作用。此外，协助政府实现此类战略项目可以吸引私营部门的资金流向同类型项目，起到示范作用。

在动员私营部门参与上，多边开发银行还可以提供银团贷款或其他集合融资、风险吸收金融机制（如优先贷款和担保，以吸收早期操作风险）、夹层融资（如与项目相关的衍生品）。此外，多边开发银行还将通过资助广泛的可行性研究来识别和判断项目风险。

（二）多边开发银行的局限性

传统多边开发银行的宗旨和主要职能为聚焦最不发达国家和中低收入国家的发展问题，开展经济、社会、教育、医疗、政府治理等各方面的合作并实施援助项目。例如，之前世界银行的主要任务是消除极端贫困和共享繁荣，并且致力于在2030年之前消除极端贫困。亚洲基础设施投资银行和新开发银行等新兴多边开发银行的兴起则满足了新兴市场和发展中国家的投资需求，旨在通过提供基础设施融资、可持续发展项目和其他领域的资金来促进中低收入国家的经济增长和可持续发展。

如前所述，多边开发银行的优势在于资金规模大、信用等级高、融资成本低、投资模式多元和全球影响力大，以及提供技术援助和开展能力建设。然而在新发展阶段，为实现可持续发展目标，多边开发银行在全球经济治理中的作用仍然存在局限性，主要体现为治理结构不完善、决策滞后等，并且可能会受到主导国影响，其独立性也受到质疑。

多边开发银行在治理结构上最主要的问题是出资比例不均衡和大股东主导治理。多边开发银行通常由主要出资国主导决策，这使一些新兴市场国家和发展中国家在多边开发银行的治理结构中处于弱势地位，这些国家的声音和利益在决策过程中容易受到忽视，发展需求无法得到充分满足。这种治理结构也将导致部分国家在决策中具有较大影响力，难以充分代表各成员国的多元需求。并且部分决策可能会受到政治因素的干扰，偏离以发展为核心的决策导向。

多边开发银行的决策过程复杂导致其贷款援助存在滞后。由于多边开发银行的董事会通常由来自不同成员国的董事代表组成，涉及重大决策时，董事代表背后的国家或地区的直接利益诉求往往会存在冲突，造成决策过程中需要较长的时间进行协商才能最终达成共识。并且多边开发银行通常需要对贷款援助项目进行严格的评估并遵守其他制度和程序，确保项目的可行性和合规性，造成从项目提议到最终批准需要等待很长的一段时间。另外，多边开发银行对于一些紧急的灾后重建项目或者公共事件反应较为迟缓。

尽管多边开发银行具有相当规模的资金，但目前的资金远不能满足成员国日益增长的发展需求，尤其是在基础设施建设、可持续发展和应对气候变化等领域。多边开发银行的主要资金来源于成员国的注资和借款，但其成员国的注资水平可能会受到政治和经济因素的影响，进而导致资金不足或不稳定的情况发生。此外，由于多边开发银行在投资贷款方面通常采取谨慎的态度，其贷款条件较为严格，往往需要借款国满足一定的经济、政治和社会标准，并实施特定的政策和改革措施。为降低风险，多边开发银行会避免涉及受地缘政治因素影响较大的国家，这影响了资金分配的公平性。

（三）多边开发银行改革起步

2018 年，G20 全球金融治理知名人士小组发布了《让全球金融体系惠及所有人》，提出了关于国际金融机构的改革议程，并将关注点放在了世界银行集团和其他多边开发银行上。[①] 2022 年，布里奇顿议程、G20 多边开发银行资本充足性框架、世界银行改革路线图等一系列密集的倡议和行动呼吁多边开发银行改革以应对 21 世纪发展挑战。

---

① "Making the Global Financial System Work for All," https：//www. globalfinancialgovernance. org/files/g20epg-full%20report. pdf.

布里奇顿议程的重点是降低借贷成本，提出发挥多边开发银行以相对较低的利率（从金融市场或利用特别提款权储备）借款的能力，使在资本市场中面临更高成本的借款人能获得较低利率的融资，当自然灾害发生时推迟债务付款。2022 年 6 月召开的巴黎新全球融资契约峰会讨论面对气候变化和其他发展挑战的世界多边金融机构改革。布里奇顿议程作为其中一项关键议题被充分讨论。

2022 年，G20 发布多边开发银行资本充足性框架的独立审查，主要研究了如何充实非优惠窗口的资产负债表以及利用现有资本增加多边开发银行融资总量，提出多边开发银行改革资本充足性行动计划（见表 5），为多边开发银行的改革提出了更加具体的措施。

表 5　多边开发银行改革资本充足性行动计划

调整界定风险容忍度的方法	多边开发银行应进一步反思其界定风险容忍度的方法，利用评级机构作为外部评估工具，对多边开发银行业务带来的风险进行有据可依、切合实际的评估。为此，可采取的措施包括加强与评级机构的对话，从多边开发银行章程中删除具体的杠杆数字目标，并将其纳入资本充足率框架
对可赎回资本给予更多信任	可赎回资本是股东承诺支持多边开发银行的有力工具。多边开发银行应将其财务效益纳入多边开发银行资本充足性评估
扩大金融创新的用途	多边开发银行应更广泛、更频繁地使用经过验证的创新方法，创造更多可用资本或将贷款风险转移给有意愿的交易对手，从而调动金融市场作为发展资金的来源，并可能释放出数十亿美元的额外资金
改善信用评级机构对多边开发银行财务实力的评估	G20 和更广泛的股东应明确其对多边开发银行的支持，这对评级机构和市场如何看待多边开发银行非常重要。同时，评级机构也可以改进方法，更好地考虑多边开发银行的独特使命、业绩记录和财务实力
增加获取多边开发银行数据和分析的机会	更容易获取和更具有可比性的数据和分析，以及定期的资本审查，将有助于股东、评级机构和市场参与者评估多边开发银行的运行情况

资料来源：根据公开资料整理编制。

2022 年 12 月，世界银行集团提交了一份题为《世界银行集团使命、业务和资源的演变：路线图》的文件。该文件旨在重振世界银行集团的运营战略，以更好地应对全球发展挑战，强调重新审视世界银行集团的愿景和使命，全面改革其运营模式，以及考虑如何加强其财务能力，特别是借鉴 G20 资本充足率框架审查。

然而，世界资源研究所、全球发展中心（Center for Global Development）等智库和非政府组织批评多边开发银行的改革进程"雄心不足"。全球发展中心指出，世界银行集团的路线图没有明确说明如何将全球挑战纳入其使命宣言。虽然它建议吸引大量资金用于补贴全球公益类项目，但没有详细说明资源的有效利用，从而有可能分散对发展的有效投资。此外，该路线图应该公开发布以确立其合法性，并呼吁今后的文件编制应更加透明。①

通过改革提高气候投融资水平，更好地应对气候变化无疑是多边开发银行改革的重要议程。气候问题专家质疑世界银行集团目前提出的到2025 年气候投资占 35% 的目标是否充分，并指出欧洲复兴开发银行和亚洲基础设施投资银行等其他多边开发银行的目标是 50%。他们还强调，世界银行集团在如何计算气候投资方面需要更加透明，并确保其项目融资符合《巴黎协定》。此外，环保和发展组织主张世界银行集团应整体增加气候融资，特别强调帮助那些在其他地方难以获得气候融资的最不发达国家。面对 21 世纪的发展挑战，多边开发银行正站在改革的关键时刻。无论是 G20、非政府组织、智库还是国际社会都对世界银行集团的改革方向和进程提出了诸多建议和批评。目前，气候变化作为全球关注的核心议题，更加凸显了多边开发银行的责任和角色。为了更好地应对全球挑战，世界银行集团及其他多边开发银行应认真考虑各方的意见，与时俱进地完善其策略和运作模式，更高效、透明和公正地为全球的可持续发展做出贡献。

---

① "The World Bank Group's Evolution Roadmap: More Work Needed," https://www.cgdev.org/blog/world-bank-groups-evolution-roadmap-more-work-needed.

五 挑战与展望

（一）多边开发机构面临的挑战

1.气候资金规模有限

尽管多边开发机构的气候资金规模正在稳步增长，但全球仍面临巨大的气候资金缺口，不足以避免日益严峻的气候危机和更加频繁的极端天气事件。在2010年哥本哈根COP15上，发达国家曾做出承诺，每年将提供1000亿美元资金以支持发展中国家应对气候变化。然而，发达国家长期未能履行这一气候承诺。在2025年这一气候承诺到期之前，多边开发机构有责任敦促发达国家履行承诺。

此外，多边开发机构在气候变化适应领域的资金投入仍与减缓领域的资金投入存在较大的差距。联合国环境规划署发布的《2023年适应差距报告》指出，目前气候变化适应资金的缺口是当前国际公共气候变化适应资金流的10~18倍，比先前的预估范围要高出至少50%。[①]

2.缺乏相应的气候融资工具

多边开发机构通常以金融机构的形式运作，在气候资金提供方面主要以贷款方式进行。然而，各国在地域特征、经济发展水平、基础设施及财政能力上的不同使其面对的气候变化挑战呈现差异性。在此背景下，传统的气候融资工具，包括但不限于捐赠、贷款、出口信贷以及私人融资，难以满足在气候融资方面的特定需求和条件。尤其是一些发展中国家往往由于缺少与气候变化相关的数据统计，风险管理能力较弱，并且缺乏执行气候相关项目的能力，难以满足多边开发机构的融资要求。更为严峻的是，许多发展中国家面临债务和气候危机。尽管多边开发机构提供的气候融资贷款能暂时缓解其

---

① "Adaptation Gap Report 2023: Underfinanced. Underprepared. Inadequate Investment and Planning on Climate Adaptation Leaves World Exposed," https://doi.org/10.59117/20.500.11822/43796.

财政压力并起到推动绿色低碳可持续发展的作用，但若不充分考虑这些国家日益加重的债务负担，以及采取相应的措施进行管理，可能会导致其债务问题进一步恶化。

3. 气候融资追踪方法不成熟

多边开发机构在进行气候融资追踪时面临众多挑战。首先，多边开发机构在定义和分类气候融资方面缺乏清晰的指导原则和标准。尽管存在经合组织共同报告准则和气候融资追踪共同原则等指导框架，但在标准的颗粒度以及量化方法上仍存在明显的不足。其次，协调各种分类标准和追踪方法并与政策进行关联也是一项艰巨的任务。此外，气候融资工具的多样性也使得追踪过程更加复杂，尤其是对于部分创新金融工具，多边开发机构尚未形成成熟的追踪方法。最后，机构内部的资源限制和缺乏协同进一步加剧了这些挑战。

4. 最不发达国家面临更为严峻的挑战

多边开发机构对发展中国家的气候投融资呈现逐年增长态势。然而，投资主要集中在中国和印度，流向最不发达国家的资金则相对十分有限。需关注的是，这些最不发达国家在历史上对温室气体排放的责任较小，但如今却深受气候变化影响。由于缺乏适应气候变化的基础设施，这些国家更易受到极端气候事件的冲击。同时，对于这些最不发达国家而言，如何平衡经济发展与绿色低碳发展成为一个关键问题。此外，这些国家缺乏完善的气候项目申请和评估机制，且在金融风险评级中处于不利地位，难以获得来自多边开发机构的气候资金支持。同时，气候基金和多边开发机构的运行机制限制了气候投融资活动在这些国家更广泛的部署。因此，这些机构往往更倾向于支持发展中国家规模较大的气候投资项目，而忽视最不发达国家规模较小的气候投资项目。①

---

① "Climate Change and Select Financial Instruments: An Overview of Opportunities and Challenges for Sub-Saharan Africa," https://www.imf.org/en/Publications/staff - climate - notes/Issues/2022/10/28/Climate - Change - and - Select - Financial - Instruments - An - Overview - of - Opportunities-and-Challenges-525195.

（二）多边开发机构气候融资展望

1. 增加气候融资承诺

多边开发机构正面临迫切的任务，即扩大气候融资规模并增加气候变化适应资金。为确保气候资金能精准地流向需求最为迫切的国家，多边开发机构应当进一步发展和完善气候投融资体系，拓展资金来源，开拓新型合作伙伴关系以扩大全球气候投融资规模，推动股东对多边开发机构进行充足的资本注入，加强机构间相互合作以及促进更多的私人资本流动。

具体而言，多边开发机构有必要重新设定更具雄心的气候融资目标，特别是气候变化适应领域的融资目标，并扩大绿色气候基金的规模。在 2022 年的 COP27 上，发展中国家已提议设立气候变化损失和损害基金，要求发达国家出资，以赔偿发展中国家因极端气候事件遭受的损失。这一基金的设立将为易受气候变化影响的发展中国家提供新的融资资金，丰富融资途径。目前，该基金初步计划在世界银行管辖下临时托管四年。各多边开发机构应敦促世界银行推动该基金的建设和运行，明确出资国及出资金额，迅速落实对发展中国家的气候资金支持。

2. 创新金融工具

考虑到气候变化对全球提出的巨大挑战，多边开发机构需尽快在各机构与地区之间推进气候融资工具的标准化进程，并提高其可复制性和落地性。为了解决发展中国家获取气候资金的困难和私人资本在气候投融资中的有限参与等问题，多边开发机构还应采取一系列措施，加强气候金融工具创新，并在各国进行推广和使用。例如，混合融资机制将商业投资和优惠资本结合，有助于降低投资风险、提高投资效益，并撬动更多社会资源；气候挂钩债券将债券发行与国家的气候绩效指标挂钩，达到预定目标时利率降低，反之则利率上升；气候保险产品提高各国适应气候变化的能力，并加强气候韧性建设，使易受极端天气影响的国家更迅速地从气候灾害中恢复。

3. 完善监测机制

随着全球气候变化的挑战日益严峻，精准、有效的气候融资追踪方法将变得越来越重要。在国际开发性金融俱乐部和多边开发银行等主要多边开发机构的持续努力下，绿色金融追踪方法正在不断改进和完善。为进一步应对气候挑战，多边开发机构应促进不同追踪方法之间的协同合作，以更准确地识别和分类气候融资。同时，多边开发机构需要提升数据的透明度和质量，确保信息的充分披露，并有效减少对化石燃料领域的投融资活动。在此基础上，多边开发机构更应重视评估气候投融资的效果。为此，必须完善气候投融资效果评价体系，并增强其与《巴黎协议》等政策的关联性。推动基于绩效目标的气候投融资工具发展，也可以提高投融资的针对性和实效性。此外，应明确信息披露要求、发展项目认证和第三方审计制度，以及建立约束机制，以更全面、精准地追踪气候投融资情况，从而助力全球实现低碳和可持续的发展目标。

4. 增强国际合作与能力建设培训

对于具有气候脆弱性的小岛屿发展中国家和最不发达国家，多边开发机构的支持尤为关键。多边开发银行承诺加强机构间的合作，探索提高贷款能力的途径，在未来十年可能增加 3000 亿~4000 亿美元的贷款。重点领域包括通过金融创新提高融资能力，根据《巴黎协定》促进气候变化方面的联合行动，加强国家层面的合作以产生系统性影响，加强多边开发银行之间的共同融资，以及营造私营部门参与资本动员和投资的有利环境。[1] 此外，多边开发机构还将注重提供能力建设支持，积极与当地的开发性银行等机构合作，通过技术援助、培训和知识分享等方式，提升这些机构在气候投融资领域的能力。这样的支持有助于当地机构更好地评估和规划气候投融资项目，提高项目的准备度和可行性，为吸引更多的气候资金创造条件。

---

[1] "Statement of the Heads of Multilateral Development Banks Group: Strengthening Our Collaboration for Greater Impact," https://www.worldbank.org/en/news/statement/2023/10/13/statement-of-the-heads-of-multilateral-development-banks-group-strengthening-our-collaboration-for-greater-impact.

B.5
气候与自然相关信息披露合作进展报告

赵 鑫 毛 倩*

摘 要: 环境信息披露是绿色金融发展的重要支柱之一,其发展形成以自然和气候为线索的两大方向,逐渐形成了"目标—建议—标准—监管"的发展路径,环境信息披露体系建设日益完善,披露要求也逐步强化。全球报告倡议组织和国际可持续标准理事会提供了企业披露标准。各国监管部门发布相关指南和条例推动了强制性的可持续信息披露,为各利益相关方提供公开信息。气候与自然相关信息披露合作日益成熟和体系化,但同时面临缺乏广泛普及的披露标准、企业可持续披露意识不足、专业化服务能力不足等挑战。未来需要推动资本市场接受企业可持续信息披露标准、健全激励和约束机制、开展能力建设和人才培养,以促进可持续信息披露合作。

关键词: 可持续信息披露 气候变化 生物多样性

一 从气候和自然目标到国际披露框架

以《巴黎协定》和《全球生物多样性框架》为代表的气候目标和自然目标设定了环境信息披露的发展方向和最终效果,推动了全球商业活动采纳

---

* 赵鑫,中央财经大学绿色金融国际研究院研究员,研究方向为可持续金融、转型金融;毛倩,中央财经大学绿色金融国际研究院国际合作部高级顾问,研究方向为可持续金融、生物多样性金融、性别金融。

环境信息披露建议并报告相应环境信息。相对应的以气候相关财务信息披露倡议和自然相关财务信息披露倡议为代表的国际披露框架建议,将气候和自然目标转化为企业信息披露的程序和内容,推动披露主体将气候和自然因素纳入商业运营活动,管理相关风险并把握发展机遇。气候和自然国际披露框架也为制定企业披露标准、监管机构要求奠定基础(见图1)。

(一)从《巴黎协定》到气候相关财务信息披露倡议

1.《巴黎协定》

《巴黎协定》(Paris Agreement)是一项具有法律约束力的气候变化国际条约,首次将所有国家聚集在一起应对气候变化并适应其影响。《巴黎协定》于2015年12月12日在法国巴黎举行的联合国气候变化大会(COP21)上获得196个缔约方的通过,于2016年11月4日正式生效。《巴黎协定》的总体目标是"将全球平均气温较工业化前水平上升幅度控制在远低于2℃的范围内",并努力"将气温上升幅度控制在工业化前水平以上1.5℃以内"。为了将全球变暖幅度限制在1.5℃以内,温室气体排放最晚必须在2025年之前达到峰值,并在2030年之前下降43%。[①]

《巴黎协定》以五年为一个周期评估各国的气候承诺,并于周期内更新国家气候行动计划,即国家自主贡献(Nationally Determined Contribution,NDC)。各国在国家自主贡献中阐释为实现《巴黎协定》目标所将采取的减少温室气体排放、增强气候变化抵御能力并适应气候变化影响的行动。为了更好地规划实现长期目标,《巴黎协定》邀请各国制定并提交具有自愿性质的长期温室气体低排放发展战略(Long-Term Low Emissions Development Strategies,LT-LEDS)。[②]

2023年,全球盘点(global stocktake)于第28届联合国气候变化大会(COP28)上公布《巴黎协定》目标的进展情况。全球盘点是为了了解当

---

① "The Paris Agreement," https://www.un.org/en/climatechange/paris-agreement.
② "The Paris Agreement," https://www.un.org/en/climatechange/paris-agreement.

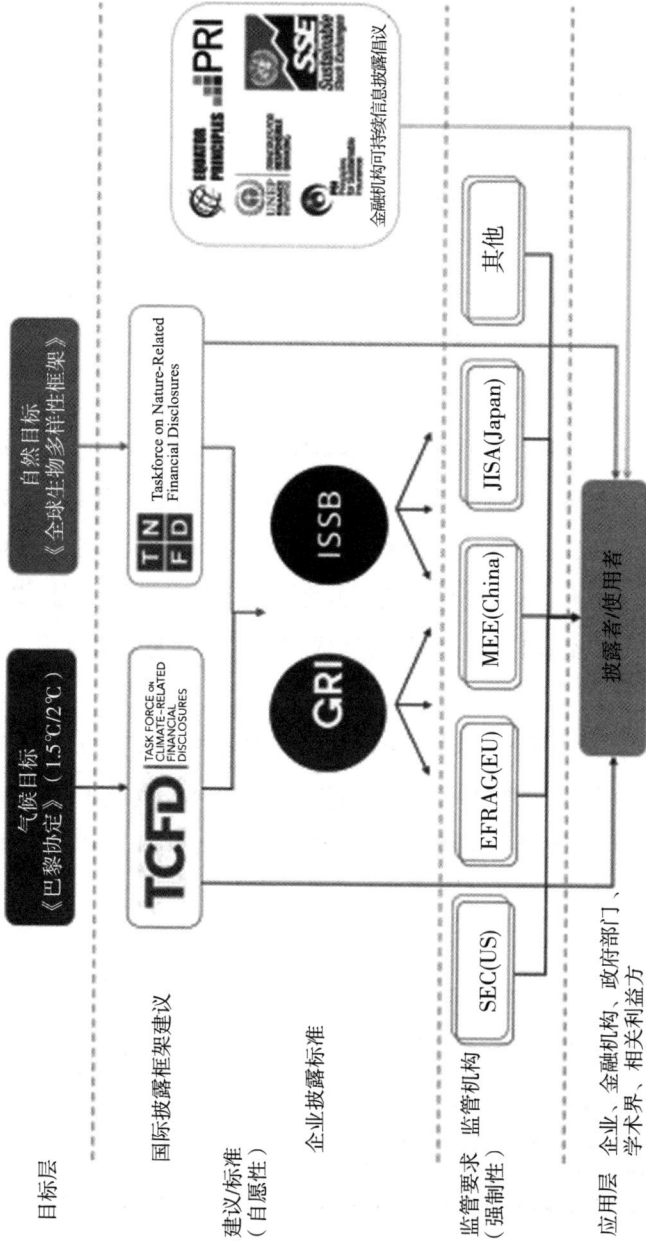

图 1 气候和自然国际披露框架

资料来源：笔者绘制。

151

前各国为实现《巴黎协定》目标所取得的集体进展，帮助各国找出为实现气候目标仍需做出的努力和前进方向。[1] 全球盘点评估了各国政府目前正在实施的政策和行动，预计本世纪末气温升高幅度限制在 2.7℃。

另据气候行动追踪组织（Climate Action Tracker）报告，2022 年全球气温较工业前水平已上升了 1.2℃（见图 2），当前各国制定的目标得到充分实施的话，温升幅度将在 2100 年达到 1.8℃。[2] 根据联合国政府间气候变化专门委员会第六次综合报告，人类活动产生的温室气体排放导致了全球变暖，2011~2020 年全球地表温度比 1850~1900 年升高了 1.1℃。如果不强化政策引导的话，预计到 2100 年全球变暖的中位数将达到 2.2~3.5℃。[3]

2. 气候相关财务信息披露倡议

2015 年，G20 财政和央行行长会议要求金融稳定委员会召集公私金融参与方审查金融部门如何考虑气候相关因素。同年金融稳定委员会成立了气候相关财务信息披露工作组（Task Force on Climate-Related Financial Disclosure，TCFD），制定一套自愿性质的气候相关财务信息披露准则。2017 年，气候相关财务信息披露工作组发布《气候相关财务信息披露工作组建议报告》，建议围绕治理、战略、风险管理、指标和目标四个支柱形成一套披露框架。[4] 根据《2022 年现状报告》，全球共有 3960 家机构和单位加入气候相关财务信息披露工作组（见图 3）。[5] 根据调查，超过 70%实施了 TCFD 的建议在 2021 财年的财务报告中披露了气候相关信息，相比 2017 年增长了 25%。[6]

---

[1] "Why the Global Stocktake is Important for Climate Action this Decade," https：//unfccc.int/topics/global-stocktake/about-the-global-stocktake/why-the-global-stocktake-is-a-critical-moment-for-climate-action#Why-is-this-so-urgent.

[2] Climate Action Tracker, "Warming Projections Global Update," 2022.

[3] IPCC, "AR6 Synthesis Report：Climate Change 2023," 2023.

[4] TCFD, "Final Report Recommendations of the Task Force on Climate-Related Financial Disclosures," 2017.

[5] TCFD, "2022 Status Report," 2022.

[6] TCFD, "2022 Status Report," 2022.

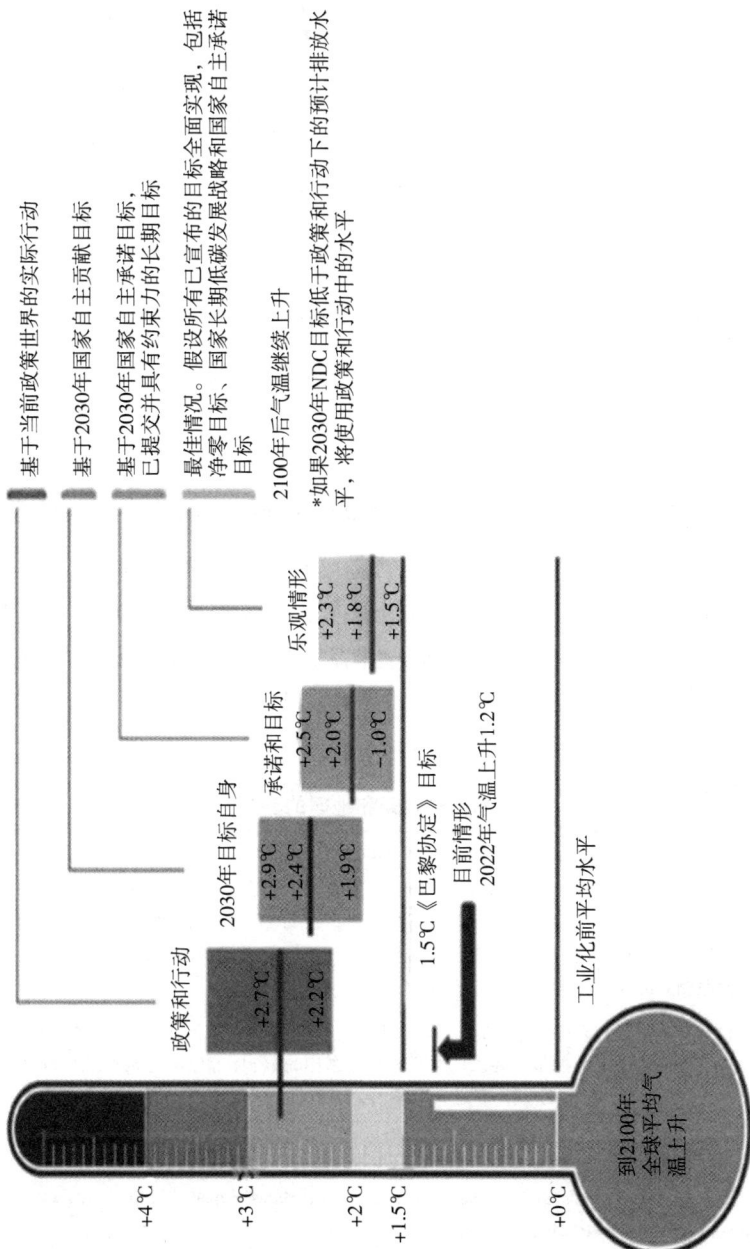

图 2　气候目标实现情况

资料来源：Climate Action Track。

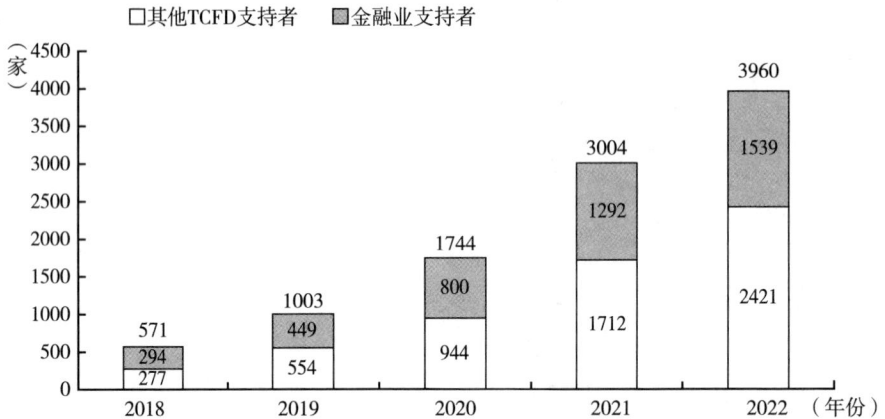

图3 2018~2022年签署TCFD的机构和单位

资料来源：TCFD，"2022 Status Report，"2022。

气候相关财务信息披露工作组的影响力也从企业拓展到监管机构和国际组织。巴西、欧盟、中国香港、日本、新加坡、瑞士和英国有关金融监管部门已经参照 TCFD 的建议拟定或形成了法律法规，要求当地企业披露气候相关财务信息（见表1）。[①] 除此之外，亚洲开发银行等多边开发机构已经宣称支持 TCFD 披露。[②]

表1 与 TCFD 相关的部分国家和地区的要求或指导

国家和地区	要求或指导
巴西	2021 年4 月,巴西中央银行(BCB)发起了一项关于国家金融系统(SFN)披露社会、环境和气候相关风险管理规则的公共咨询。2021 年9 月,巴西中央银行宣布了 TCFD 强制性披露要求,该要求首先将侧重于与受监管机构的治理、战略和气候风险管理相关的定性方面,其次将关注定量方面
欧盟	2021 年4 月,欧盟委员会发布了一项拟议的《企业可持续发展报告指令》(CSRD),该指令将修订现有的报告要求。欧盟委员会指出,报告标准应考虑现有的标准和框架,包括 TCFD 框架,欧盟将有近5 万家大公司的报告考虑 TCFD 建议

① "Task Force on Climate-Related Financial Disclosures 2021 Status Report," https：//www. fsb. org/wp-content/uploads/P141021-1. pdf.

② "ADB Announces Support for Task Force on Climate-Related Financial Disclosures," https：// www. adb. org/news/adb-announces-support-task-force-climate-related-financial-disclosures.

续表

国家和地区	要求或指导
中国香港	2020 年 12 月,香港绿色和可持续金融跨机构督导小组发布了一份新的战略计划,宣布到 2025 年,相关金融行业将强制披露 TCFD 信息。督导小组承诺"在切实可行的情况下尽快扩大强制性披露的覆盖范围"
日本	2021 年 6 月,东京证券交易所根据《日本管理权守则》和《日本公司治理守则》后续行动专家委员会的提议,发布了经修订的《公司治理守则》。该守则要求某些上市公司根据 TCFD 的建议,提高气候相关财务信息披露的质量和数量,自 2021 年 6 月 11 日起生效
新西兰	2020 年 9 月,新西兰宣布计划强制约 200 家机构(包括大多数持牌保险公司、上市发行人、大型注册银行和投资计划管理公司)按照 TCFD 的建议进行与气候相关的财务信息披露。2021 年 4 月,新西兰提出了《金融部门(气候相关信息披露和其他事项)修正案》
新加坡	2021 年 8 月,《新加坡交易所条例》提出了 TCFD 强制性披露路线图。从 2022 年开始,所有发行人都将被要求在"遵守或解释"的基础上,采用与 TCFD 一致的报告。2023 年,金融和运输等关键行业的公司将强制披露信息。2024 年,大多数行业的公司将强制披露信息。关于此路线图的公众咨询于 2021 年 9 月 27 日结束
瑞士	2020 年 12 月,瑞士联邦委员会表示,当局应准备对瑞士所有经济领域的公司实施有约束力的 TCFD 建议。2021 年 7 月,瑞士金融市场监管局(FINMA)根据 TCFD 的建议修订了其通告,纳入了气候相关金融风险的披露内容。2021 年 8 月,瑞士联邦委员会指示联邦财政部于 2022 年夏季前根据 TCFD 建议编制强制性气候报告的咨询草案
英国	2020 年 11 月,英国财政大臣宣布,英国打算在 2025 年前强制要求大公司和金融机构披露气候信息。2020 年 12 月,英国金融行为监管局(FCA)出台了新规则,要求在英国溢价上市的公司按照 TCFD 的建议,在"遵守或解释"的基础上披露与气候相关的风险和机遇。2021 年 6 月,FCA 发布了进一步的建议,将 TCFD 披露要求扩展至标准上市股票的发行人,并为资产管理公司、人寿保险公司和 FCA 监管的养老金提供商引入 TCFD 披露要求

资料来源:"Task Force on Climate-Related Financial Disclosures 2021 Status Report," https://www.fsb.org/wp-content/uploads/P141021-1.pdf。中央财经大学绿色金融国际研究院整理编制。

(二)从全球生物多样性框架到自然相关财务信息披露倡议

1. 全球生物多样性框架

1992 年,联合国环境与发展大会通过《生物多样性公约》(Convention

on Biological Diversity）并开放签署。《生物多样性公约》是一项具有法律约束力的国际条约，总体目标是鼓励建设可持续未来的行动。[①] 2010 年，日本召开的《生物多样性公约》缔约方大会第十次会议通过了《爱知生物多样性目标》，其成为第一个以十年为期的生物多样性保护目标。然而第五版《全球生物多样性展望》指出，在全球层面，20 个《爱知生物多样性目标》没有一个完全实现，6 个目标部分实现。[②]

2022 年 11 月，《生物多样性公约》缔约方大会第十五次会议通过了《昆明-蒙特利尔全球生物多样性框架》，包括了到 2030 年及以后要实现的保护和可持续利用生物多样性的全球目标（见表 2）。[③] 作为一份国际商定的文书，该框架并没有法律约束力，其落实与执行在于《生物多样性公约》188 个缔约方的自愿行动。[④]

表 2　《昆明-蒙特利尔全球生物多样性框架》2050 年全球总体目标

目标 A	到 2050 年，维持、增强或恢复所有生态系统的完整性、连通性和复原力，增加自然生态系统的面积； 制止已知受威胁物种的人为灭绝。到 2050 年，所有的物种灭绝率和灭绝风险减少 10 倍，本地野生物种的数量增加到健康和有复原力的水平； 保持野生和驯化物种种群内的遗传多样性，保护其适应潜力
目标 B	生物多样性得到可持续利用和管理。大自然对人类的贡献，包括生态系统功能和服务得到重视、维护和加强，目前正在衰退的生态系统功能和服务得到恢复，支持到 2050 年实现可持续发展，造福今世后代
目标 C	根据国际商定的获取和惠益分享文书，在遗传资源、遗传数字序列信息以及传统知识方面，公平公正地分享货币和非货币惠益，其中包括酌情与当地人民和地方社区分享，并在 2050 年之前大幅增加。同时确保与遗传资源相关的传统知识得到适当保护，从而促进生物多样性的保护和可持续利用

---

① 《生物多样性公约》，联合国网站，https://www.un.org/zh/observances/biological-diversity-day/convention。
② 生物多样性公约秘书处：《全球生物多样性展望》（第五版），2020。
③ "Kunming-Montreal Global Biodiversity Framework," https://www.unep.org/resources/kunming-montreal-global-biodiversity-framework? gclid = CjwKCAjwqZSlBhBwEiwAfoZUIJkWdZbW8pfI7X-OzTBiAyGVUcaVn3f3zm2-mjpAEZiyqbgCAgblcRoCp9AQAvD_ BwE.
④ 《专题报道：与自然缔结的和平协定——昆明-蒙特利尔全球生物多样性框架》，联合国网站，https://news.un.org/zh/story/2022/12/1113612。

目标 D	确保所有缔约方,特别是发展中国家,尤其是最不发达国家和小岛屿发展中国家,以及经济转型国家,都能公平地获得充足的实施手段,包括财政资源、能力建设、技术和科学合作,以及获取和转让技术,以全面实施《昆明-蒙特尔全球生物多样性框架》,逐步缩小每年 7000 亿美元的生物多样性资金缺口,并使资金流与《昆明-蒙特利尔全球生物多样性框架》和 2050 年生物多样性愿景保持一致

资料来源:"Kunming-Montreal Global Biodiversity Framework," https://www.unep.org/resources/kunming-montreal-global-biodiversity-framework? gclid = CjwKCAjwqZSlBhBwEiwAfoZUIJkWdZbW8pfI7X-OzTBiAyGVUcaVn3f3zm2-mjpAEZiyqbgCAgblcRoCp9AQAvD_BwE。中央财经大学绿色金融国际研究院整理编制。

2. 自然相关财务信息披露倡议

《昆明-蒙特尔全球生物多样性框架》为全球生物多样性发展指出了具体的方向和目标,期望各国政府将其纳入国家生物多样性战略和行动计划。从商业和金融角度看,《昆明-蒙特尔全球生物多样性框架》目标中的 8 个方面对金融机构和投资者影响较大(见表 3)。

表 3 《昆明-蒙特尔全球生物多样性框架》对金融机构和投资者的影响

主要目标主题	对金融机构和投资者的影响
1. 土地和水资源使用:到 2030 年,实现 30% 的土地和海洋得到保护,阻止土地退化并恢复 30% 的退化地区,增加城市地区绿色和蓝色空间的面积并提高其质量	大
2. 物种灭绝:到 2030 年,阻止物种灭绝(加上物种恢复)、可持续野生物种管理、可持续和合法野生物种贸易以及消除/最大限度地减少外来物种至少 50% 的影响	大
3. 污染物和营养物:将污染物产量、营养物和杀虫剂减少至少一半,致力于消除塑料污染	大(特定产业)
4. 气候变化的影响减弱:在生物多样性方面,通过使用基于自然的解决方案提高复原力	中等
5. 可持续耕作实践:在水产、农业、渔业和林业方面,到 2030 年每年至少减少 5000 亿美元的有害津贴	大(特定产业)

主要目标主题	对金融机构和投资者的影响
6. 自然纳入规划、政策和发展:确保生态系统服务为当地社区和当地人民带来益处[包括基因和数字测序信息(DSI)生物技术的使用]	中等
7. 透明度和监测披露:采取法律、行政和政策措施,鼓励并使金融机构和企业能够监测和披露生物多样性的风险、依赖性和影响,并向消费者提供所需信息,使人们能够做出更好的选择,旨在到2030年减少过度消费和粮食浪费	大
8. 调动资金和能力:每年总计2000亿美元,包括从发达国家流向发展中国家的资金(2025年250亿美元,2040年300多亿美元)。创新和能力、数据可用性——包括当地人民的权利、决策和机会中的性别平等。呼吁充分发挥气候行动与自然行动之间的协同作用	大

资料来源:自然相关财务信息披露工作组。

与气候相关财务信息披露工作组对应,2020年7月,自然相关财务信息披露工作组(Task Force on Nature-Related Financial Disclosure,TNFD)的使命是开发并提供风险管理和披露框架,供各组织报告并应对不断变化的自然相关风险,最终目的是支持全球资金流动从不利于自然的结果转向有利于自然的结果。自然相关财务信息披露工作组以市场为主导、受政府支持且以科学为基础,由来自金融部门、企业和市场服务商的40名成员组成。①

自然相关财务信息披露工作组同样以气候相关财务信息披露工作组的四大支柱(治理、战略、风险管理、指标和目标)为框架,但在评估与自然相关的依赖性、影响、风险和机遇时引入具体的自然和生物多样性考虑因素。其中最重要的考虑因素之一是企业的直接运营地点和供应商所在地,以及其对这些特定地点的生态系统和自然状况的依赖和影响。② TNFD框架包括与TCFD一致的建议,于2023年9月发布。

---

① "About Us," https：//tnfd. global/about/.
② "What the COP15 Biodiversity Framework Means for Investors," https：//tnfd. global/what-the-cop15-biodiversity-framework-means-for-investors/.

（三）TCFD 与 TNFD

1. TCFD

TCFD 所提出的气候相关财务信息披露建议是一套普遍的评价体系，适用于所有不同行业和地区，并且可与财务信息披露进行整合，体现具有财务影响和决策影响的前瞻性信息，聚焦低碳经济转型过程中的风险和机遇。[①] TCFD 气候相关财务信息披露建议识别气候相关风险和机遇，将其反映到企业的战略规划和风险管理中，最终体现在财务影响上。具体而言，TCFD 识别出的气候风险包括转型风险和物理风险，气候机遇包括资源效率、能源来源、产品/服务、市场和韧性。TCFD 鼓励披露主体和披露信息使用者了解这些气候相关机遇和风险如何影响企业组织的损益表、现金流量表和资产负债表，反映气候变化对其收入、支出、资产和资金状况的影响（见图4）。

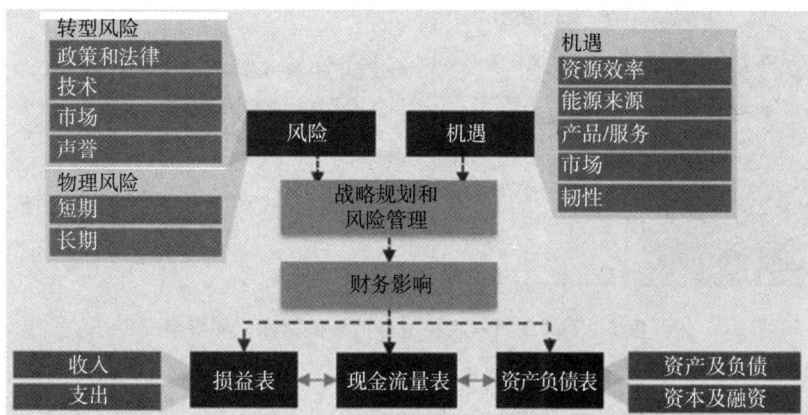

图 4　TCFD 气候相关财务信息披露建议

资料来源：《气候相关财务信息披露工作组建议》，https://assets.bbhub.io/company/sites/60/2021/11/TCFD-Recommendation-of-the-Task-Force-on-Climate-related-Financial-Disclosures-Simplified-Chinese-Translation.pdf。

[①] TCFD, "Final Report Recommendations of the Task Force on Climate-Related Financial Disclosures," 2017.

TCFD 的气候相关财务信息披露建议包含三个层次。一是包含治理、战略、风险管理、指标和目标的广泛建议。二是企业组织财务报告披露建议，帮助投资者和利益相关方理解披露主体怎么理解和评估气候相关风险和机遇。三是对于所有部门提供的通用指南和特定部门补充指南。前者通过提供实施建议的背景信息和建议支持所有组织进行气候相关财务信息披露。后者强调了某些行业需要考虑的重要因素，提供了更为全面的与气候相关的潜在财务影响，还为金融部门和非金融部门提供了补充指南（见图5）。

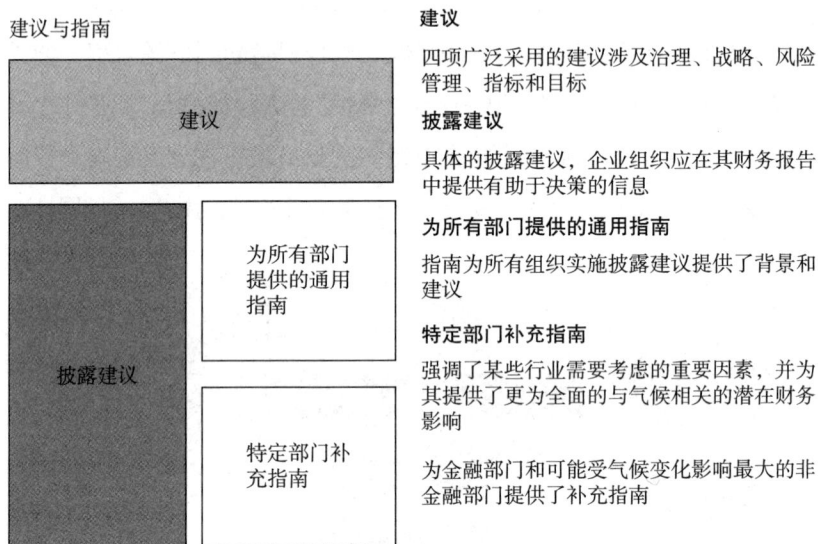

建议与指南

| 建议 |
| 为所有部门提供的通用指南 |
| 披露建议 |
| 特定部门补充指南 |

建议

四项广泛采用的建议涉及治理、战略、风险管理、指标和目标

披露建议

具体的披露建议，企业组织应在其财务报告中提供有助于决策的信息

为所有部门提供的通用指南

指南为所有组织实施披露建议提供了背景和建议

特定部门补充指南

强调了某些行业需要考虑的重要因素，并为其提供了更为全面的与气候相关的潜在财务影响

为金融部门和可能受气候变化影响最大的非金融部门提供了补充指南

图 5　TCFD 气候相关财务信息披露建议和指南

资料来源：《气候相关财务信息披露工作组建议》，https://assets.bbhub.io/company/ sites/60/2021/11/TCFD-Recommendation-of-the-Task-Force-on-Climate-related-Financial-Disclosures-Simplified-Chinese-Translation.pdf。

具体而言，治理方面，建议性披露里可以描述董事会对气候相关风险和机遇的监督情况、管理层的评估和管理职责。战略方面，建议描述气候对组织机构的业务、战略和财务规划的实际和潜在影响，建议性披露里描述组织机构识别的短期、中期和长期气候风险和机遇，以及其如何影响组织机构的业务、战略和财务，综合考虑不同气候情景下组织机构战略的适应能力。风险管理方面，建议描述组织机构如何识别、评估和管理气候相关风险，建议性披露里还需描述如何将其整合进组织机构的整体风险管理当中。指标和目标方面，建议性披露里包括组织机构根据其战略和风险管理流程中制定的指标，披露范围 1、范围 2 和范围 3（如适用）温室气体排放、相关风险等（见图 6）。

2. TNFD

TNFD 于 2023 年 3 月发布第四版《自然相关风险和机遇管理与披露框架》，并打算通过吸取多方意见和开展试点测试后于 2023 年 9 月发布最终版。TNFD 沿用了 TCFD 的披露方法和指南，意图逐步将气候和自然相关财务信息披露整合形成一套完整的可持续信息披露框架。

对于自然相关的风险和机遇而言，TNFD 框架的核心是认识到对自然的依赖和影响与所在的地理位置密切相关，并主张所有规模和类型的机构都需要识别和评估与自然相关的问题。TNFD 提出一套 LEAP（Locate，Evaluate，Assess，Prepare）方法，涵盖所有类型的组织自然相关信息披露，并分别提供建议性披露意见。对于所有类型的企业，如农业相关的经营组织，可以采用LEAP 方法评估面临的自然相关事项。对于被要求进行披露的企业，如跨境企业和上市公司等建议结合 LEAP 方法和 TNFD 披露建议开展信息披露。

在 LEAP 方法中，TNFD 根据企业和金融机构分类开展自然相关风险和机遇评估。步骤一"定位"建议组织确定其商业活动，判断其与生物群系和生态系统的联系，识别对生态具有显著影响的区域和相关部门。步骤二"评价"判断企业活动对生态优先区域的依赖和影响，开展相应的依赖性分析和影响分析。步骤三"评估"建议组织识别既有的措施、面临的风险和机遇、额外的风险管理需求，确定哪些信息需要进行披露。步骤四"准备"阶段，进行决策和资源分配、绩效检测、确定披露报告内容和形式（见图 7）。

在《自然相关风险和机遇管理与披露框架》中，TNFD 建议从治理、战略、风险和影响管理、指标和目标方面披露自然相关信息（见图 8）。治理方面，建议描述对自然相关依赖、影响、风险和机遇中董事会的监管和管理层的作用。战略方面，建议识别短期、中期和长期自然相关信息及其影响，描述与企业活动和战略的关系，披露与企业经营具有相关性的地

治理	战略	风险管理	指标和目标
披露组织机构与气候相关风险和机遇有关的治理情况	披露气候相关风险和机遇对组织机构的业务、战略和财务规划的实际和潜在影响	披露组织机构如何识别、评估和管理气候相关风险	披露评估和管理气候相关风险和机遇时使用的指标和目标
建议的信息披露	**建议的信息披露**	**建议的信息披露**	**建议的信息披露**
（a）描述董事会对气候相关风险和机遇的监督情况。	（a）描述组织机构识别的短期、中期和长期气候相关风险和机遇。	（a）描述组织机构识别和评估气候相关风险的流程。	（a）披露组织机构按照其战略和风险管理流程评估气候相关风险和机遇时使用的指标。
（b）描述管理层在评估和管理气候相关风险和机遇方面的职责。	（b）描述气候相关风险和机遇对组织机构业务、战略和财务规划的影响。	（b）描述组织机构管理气候相关风险的流程。	（b）披露范围1、范围2（如适用）和范围3（如适用）气体排放和相关风险。
	（c）描述组织机构的战略适应力，并考虑不同气候相关情景（包括2℃或更低温度的情景）。	（c）描述识别、评估和管理气候相关风险的流程如何与组织机构整体风险管理相融合。	（c）描述组织机构在管理气候相关风险和机遇时使用的目标以及目标实现情况。

图 6 TCFD 气候相关财务信息披露建议和建议性披露

资料来源：《气候相关财务信息披露工作组建议》，https://assets.bbhub.io/company/sites/60/2021/11/TCFD-Recommendation-of-the-Task-Force-on-Climate-related-Financial-Disclosures-Simplified-Chinese-Translation.pdf。

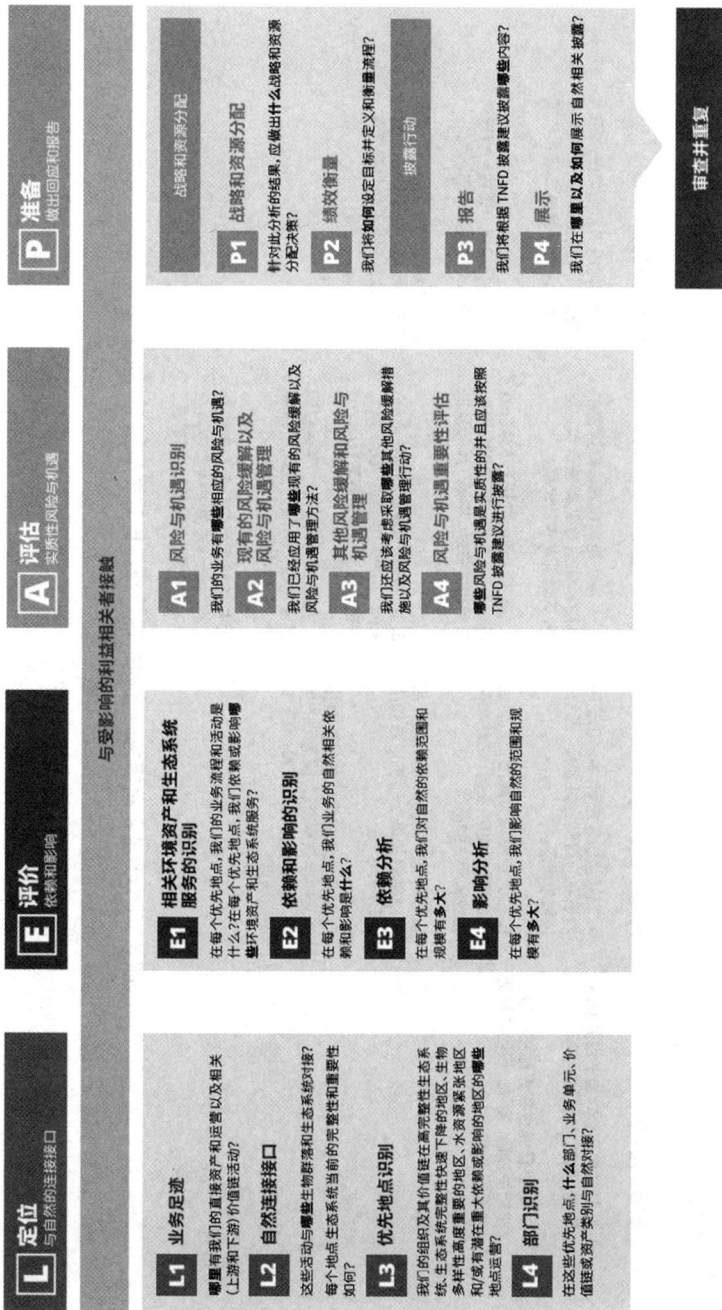

L 定位 与自然的连接接口

E 评价 依赖和影响

A 评估 实质性风险与机遇

P 准备 做出应对和报告

与受影响的利益相关者接触

L1 业务足迹
哪里有我们的直接资产和运营以及相关（上游和下游）价值链活动？

L2 自然连接接口
这些活动与哪些生态系统和生态系统类型接口？每个地点生态系统当前的完整性和重要性如何？

L3 优先地点识别
我们的组织及其价值链在完整的生态系统、生态系统完整性快速下降的地区、生物多样性高度重要的地区、水资源紧张地区或受到高度重视的依赖或影响的地区的哪些地点运营？

L4 部门识别
在这些优先地点，什么部门、业务单元、价值链或资产类别与自然与接口？

E1 相关环境资产和生态系统服务的识别
在每个优先地点，我们的业务流程和活动依赖什么？在这些优先地点，我们依赖或影响哪些环境资产和生态系统服务？

E2 依赖和影响的识别
在每个优先地点，我们业务的自然相关依赖和影响是什么？

E3 依赖分析
在每个优先地点，我们对自然的依赖范围和规模有多大？

E4 影响分析
在每个优先地点，我们的影响的范围和规模有多大？

A1 风险与机遇识别
我们的业务有哪些与相应的风险与机遇？

A2 现有风险缓解和风险与机遇管理
我们已经应用了哪些现有的风险缓解以及风险与机遇管理方法？

A3 其他风险缓解和风险与机遇管理
我们还应该考虑采取哪些其他风险缓解和缓解措施以及风险与机遇管理行动？

A4 风险与机遇重要性评估
哪些风险与机遇是实质性的并且应该按照 TNFD 披露建议进行披露？

战略和资源分配

P1 战略和资源分配
针对此分析的结果，应做出什么战略和资源分配决策？

P2 绩效衡量
我们将如何设定目标并衡量进度？

披露行动

P3 报告
我们将根据 TNFD 披露建议披露哪些内容？

P4 展示
我们将在哪里以及如何展示自然相关披露？

审查并重复

图 7 **TNFD LEAP 方法**

资料来源：Recommendations of the Task Force on Nature-Related Financial Disclosures。

163

治理	战略	风险和影响管理	指标和目标
披露组织围绕自然相关依赖、影响、风险与机遇的治理。	披露自然相关依赖、影响、风险和机遇对组织业务、战略和财务规划的实际和潜在影响(如果此类信息很重要)。	披露组织如何识别、评估和管理自然相关依赖、影响、风险和机遇。	披露用于评估和管理自然相关依赖、影响、风险和机遇的指标和目标(在此类信息很重要的情况下)。

建议的披露

治理

A. 描述董事会对自然相关依赖、影响、风险与机遇的监管。

B. 描述管理层在评估和管理自然相关依赖、影响、风险和机遇方面的作用。

战略

A. 描述组织在短期、中期和长期内识别的自然相关依赖、影响、风险与机遇。

B. 描述自然相关风险和机遇已经或可能对组织业务、战略和财务规划产生的影响。

C. 考虑到不同的情况，描述在应对自然相关风险和机遇方面组织战略的弹性。

D. 披露在优先领域的组织直接运营中存在资产和/或活动的地点，以及相关的上游和/或下游融资地点。

风险和影响管理

A. (i) 描述组织在其直接运营中识别和评估自然相关依赖、影响、风险和机遇的流程。

A. (ii) 描述组织在其上下游价值链以及融资活动和资产中识别自然相关依赖、影响、风险及机遇的方法。

B. 描述组织管理自然相关依赖、影响、风险和机遇的流程，以及根据这些流程所采取的行动。

C. 描述如何将识别、评估和管理自然相关风险的流程整合到组织的整体风险管理中。

D. 描述组织如何让受影响的利益相关者参与其评估和应对自然相关依赖、影响、风险和机遇。

指标和目标

A. 描述组织以符合其战略和风险管理流程的方式，用于评估和管理重大自然相关风险和机遇的指标。

B. 描述组织用于评估和管理与自然相关影响的指标。

C. 描述组织用于管理自然相关依赖、影响、风险和机遇的目标，以及针对这些目标的绩效。

图 8 TNFD《自然相关风险和机遇管理与披露框架》(第四版)

资料来源:Recommendations of the Task Force on Nature-Related Financial Disclosures。

164

理位置信息。风险和影响管理方面建议描述企业识别和评估出的经营活动对自然的影响,包括上下游企业财务活动和资产信息,以及企业处理自然相关事项的管理程序、全面风险管理和利益相关方参与。指标和目标方面建议描述组织在战略和风险管理程序中用于评估和管理自然相关事项的指标和绩效。

TNFD 的另一个重点是明确了自然相关信息披露中涉及生物群系的核心概念和定义,促进凝聚共识并建立自然信息披露基础。此外,TNFD 还对目标设定、指标选取、情景分析提供指南,就金融机构和特定行业和生物群系提供补充性指南(见图 9)。

3. TCFD 与 TNFD 对比

TCFD 与 TNFD 披露的方法、结构和语言保持了一致,但两套披露框架分别考虑的是气候和自然所属的不同信息,因此在部分结构和内容方面具有不同(见图 10)。与 TCFD 相较而言,TNFD 新引入了一般要求内容(General Requirements Component),保证报告方和使用方对 TNFD 框架的理解和采用保持一致,具体包括实质性方法、披露范围、自然相关事项的考虑、地理位置、整合其他可持续事项、相关方参与。TNFD 提出 14 项建议对应 11 项 TCFD 建议,将披露建议里的第三项"风险管理"调整为"风险和影响管理",并调整了补充性指南。除此之外,不同于 TCFD 主要考虑范围 1 和范围 2 的排放,TNFD 框架考虑的是全价值链的影响。

进一步对比,TCFD 框架主要在于披露与气候相关的风险和机遇,TNFD 框架鼓励采取综合气候和自然相关风险管理和披露,而不是开发专门的自然风险管理和披露。TNFD 的安排意在将生物多样性和自然损失数据补充进既有的气候披露中以避免重复建议。[①] TNFD 提出的框架建议针对特定自然议题,如海洋食物链中的塑料问题、土地利用导致土壤肥力下降问题。

TNFD 明确表示,未来将致力于确保其与气候两个框架的全面性和兼容性,实现气候与自然相关披露的同步发展。

---

① "FAQs," https://tnfd.global/faq/#TNFD-and-TCFD.

数据、指标和目标
· 关于设定目标的指南
· 用于以下方面的指标披露草案
 · 风险和机遇
 · 依赖和影响
 · 响应
· 金融机构、农业和森林生物群落
 以及热带森林的新评估指南
· 关于响应指标的新评估指南

其他指南
· 用于金融机构的更新披露指南
· 用于4个部门和14个生物群落的其他指南

情景指南
· 情景指南草案和工具包
· 来自企业试点测试的见解

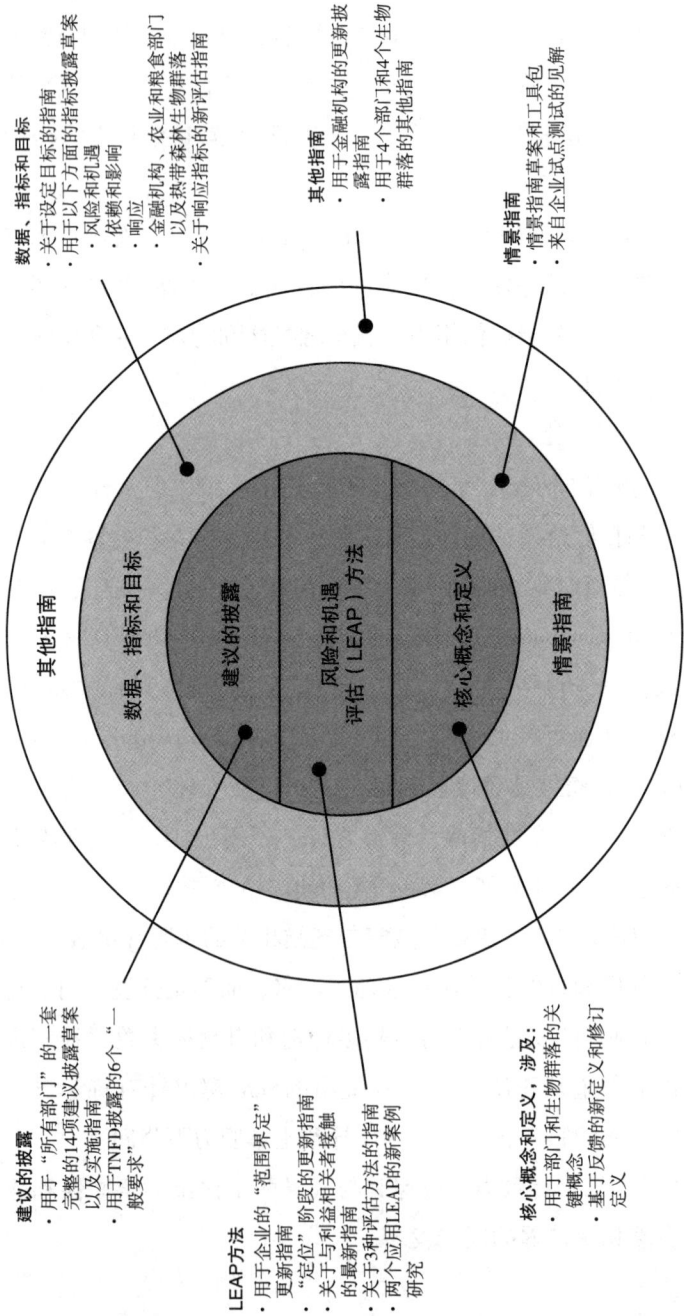

图 9 TNFD 框架

建议的披露
· 用于"所有部门"的一套完整的14项建议披露草案以及实施指南
· 用于TNFD披露的6个"一般要求"

LEAP方法
· 用于企业的"范围界定""定位"阶段的更新指南
· 关于与利益相关者接触的最新指南
· 关于3种评估方法的指南
· 两个应用LEAP的新案例研究

核心概念和定义，涉及：
· 用于部门和生物群落的关键概念
· 基于反馈的新定义和修订定义

资料来源：Recommendations of the Task Force on Nature-Related Financial Disclosures。

TNFD	TCFD
一般要求 贯穿建议之四大支柱的六个一般要求	
建议 四个被广泛采用的建议与TCFD的四大支柱相关联	**建议** 四个被广泛采用的建议涉及：治理、战略、风险管理、指标和目标
针对所有部门的指南 为所有组织实施建议披露提供背景和建议的指南	**针对所有部门的指南** 为所有组织实施建议披露提供背景和建议的指南
建议的披露 组织应在其财务文件中包括14项具体的建议披露，以便为决策提供有用的信息——与TCFD的11项建议一致，并增加了另外3项关于自然的建议	**建议的披露** 组织应包括在其财务文件中的特定建议披露，以便为决策提供有用的信息
针对某些部门和生物群落的补充指南 指南强调了某些部门和生物群落的重要注意事项，并更全面地介绍了这些部门中潜在的自然相关依赖、影响、风险与机遇；补充指南是向金融部门和非金融部门以及对自然的依赖和影响最大的生物群落提供的	**针对某些部门的补充指南** 指南强调了对某些部门的重要考虑，并更全面地介绍了这些部门与气候相关的潜在财务影响；补充指南是向金融部门和可能受气候变化影响最大的金融部门提供的

图10 TNFD与TCFD对比

资料来源：Recommendations of the Task Force on Nature-Related Financial Disclosures。

从整体来看，以 TCFD 和 TNFD 为代表的气候与自然相关披露框架雏形已基本形成，已经有部分国家金融监管机构直接采纳 TCFD 框架，开展气候相关风险披露。例如，英国于 2021 年基于 TCFD 框架颁布气候相关风险披露规定。① 美国证券交易委员会（SEC）发布的气候风险披露规则提案明确引用了 TCFD。② 加拿大金融机构监管办公室提出了要求联邦监管的银行和保险公司披露 TCFD 相关信息的指导方针。③

而气候与自然相关信息披露正逐步从"自愿性标准"过渡到具有一定权威性的国际组织（金融稳定委员会、国际会计准则协会、国际标准化组织）背书的"企业披露标准"，以期影响各国监管部门开展相关活动。TCFD 的相关披露工作为国际可持续发展标准委员会（ISSB）制定披露标准奠定基础，意图建立一套可持续发展和气候相关财务信息披露的全球基准。2022 年 12 月，ISSB 宣布将在其自身工作中考虑 TNFD 关于综合气候和生物多样性披露的建议，扩大信息披露范围。④

二 企业可持续信息披露标准

（一）国际报告倡议组织

国际报告倡议组织（Global Reporting Initiative，GRI）成立于 1997 年的美国波士顿（见图 11），是一个独立的国际组织，通过为企业和其他组织提供全球通用语言，帮助企业和其他组织对其影响承担责任。GRI 的使命是建立起第一个问责机制，以确保公司遵守负责任的环境行为原则，然后将其范

① "The Companies（Strategic Report）（Climate-Related Financial Disclosure）Regulations 2021," https：//www. legislation. gov. uk/ukdsi/2021/9780348228519/contents.

② "White Paper：Why the SEC Proposed Climate Disclosure Rule is a Game Changer," https：//www. manifestclimate. com/blog/sec-proposal-white-paper/.

③ "OSFI Canada's New Climate Disclosure Rule," https：//www. manifestclimate. com/blog/osfi-climate/.

④ "ISSB Describes the Concept of Sustainability and Its Articulation with Financial Value Creation, and Announces Plans to Advance Work on Natural Ecosystems and Just Transition," https：//www. ifrs. org/news-and-events/news/2022/12/issb-describes-the-concept-of-sustainability/.

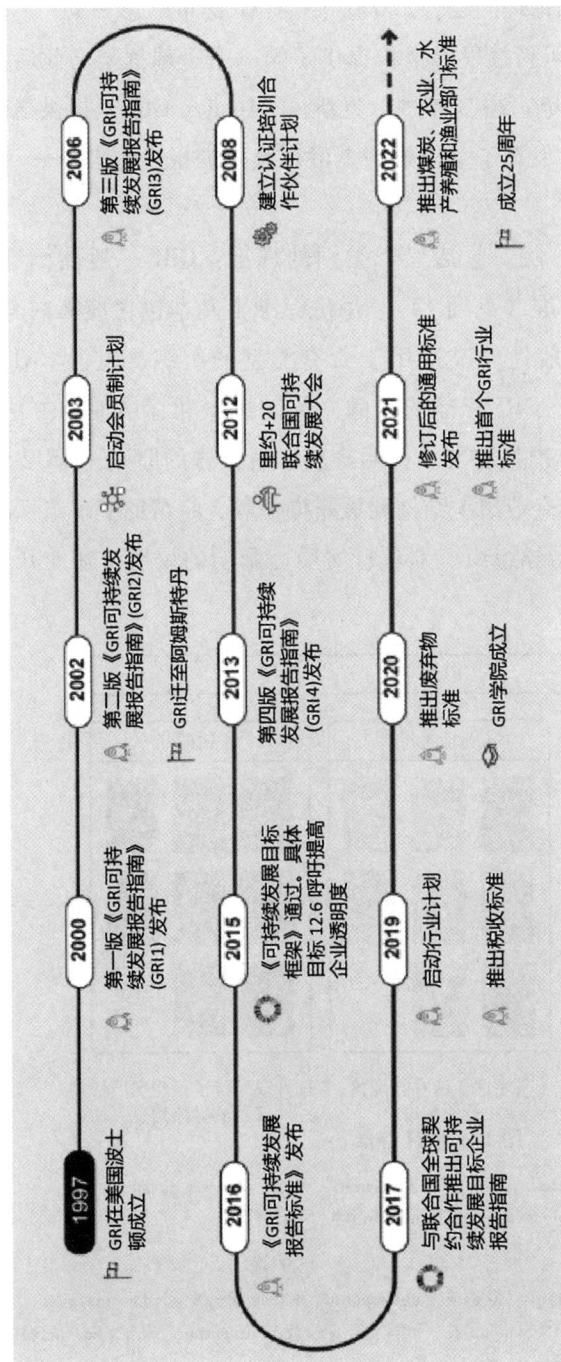

图 11 GRI 发展历史

资料来源: "Our Mission and History," https://www.globalreporting.org/about-gri/mission-history/。

围扩大到包括社会、经济和治理问题。[①] 2000 年，GRI 发布的第一版《GRI 可持续发展报告指南》，为可持续发展报告提供了第一个全球框架。此后该指南分别于 2002 年、2006 年、2013 年进行更新。2016 年，GRI 从提供指南转变为制定全球披露标准，发布了全球第一个可持续发展报告标准——GRI 标准（GRI Standards）。

GRI 标准采用模块化方法，包括三个类别的标准：GRI 一般性标准、GRI 行业标准、GRI 议题标准（见图 12）。每份标准里基本包含披露内容、要求/建议和指南。GRI 一般性标准适用于所有类型的组织，包含 GRI1、GRI2 和 GRI3。GRI1 阐释了 GRI 标准的目的、关键概念和标准使用方法，列示了组织需遵守的 GRI 标准报告要求，明确高质量报告的原则。GRI2 包含与披露相关的细节，包括企业组织结构和披露操作等，将帮助了解组织的概况、规模和影响。GRI3 指导组织识别具有实质性影响的议题，辅助开展进一步细化的行业标准披露。[②]

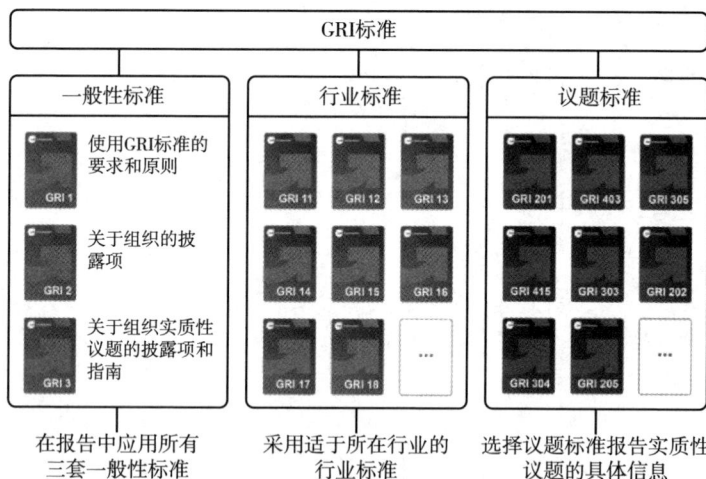

图 12　GRI 标准

资料来源："A Short Introduction to the GRI Standards," https://www.globalreporting.org/media/wtaf14tw/a-short-introduction-to-the-gri-standards.pdf。

---

① "Our Mission and History," https://www.globalreporting.org/about-gri/mission-history/.

② "A Short Introduction to the GRI Standards," https://www.globalreporting.org/media/wtaf14tw/a-short-introduction-to-the-gri-standards.pdf.

GRI 行业标准列出了对特定行业中的大多数组织可能具有实质性影响的主题，明确了这些主题的相关内容。如果组织符合相对应的行业标准，那么组织有义务按照 GRI 行业标准进行披露。GRI 行业标准的内容包含行业特征描述、实质性议题、议题标准披露和补充性披露。

GRI 议题标准包含需要披露的相关主题信息。每项议题标准包括主题概览、议题披露细节以及组织管理其影响的方式。

GRI 报告程序主要包括识别和评估影响、决定实质性议题、报告披露、报告与 GRI 标准的一致性和报告导航。在识别和评估影响上，通过 GRI 一般性标准来理解组织的背景，详细规定组织活动的披露细节，逐步解释了如何识别和评估影响及其重要性。在决定实质性议题阶段，需要组织决定报告哪些内容，并通过检验确保不遗漏重要议题。报告披露环节根据相应的 GRI 议题标准披露相关数据和信息。在报告与 GRI 标准的一致性阶段，披露组织报告其所有实质性议题及其相关影响和管理手段。报告导航环节需要公开展示其报告，并使用 GRI 内容指标（GRI Content Index）来回溯报告信息，提升报告的可信度和透明性。

从影响力来看，GRI 在部分新兴市场集中的地区中得到普遍应用。根据 GRI 2022 年报告，89% 的印度大型企业开展了可持续信息披露，GRI 是其使用最为广泛的标准。70% 的东盟上市企业披露了气候相关信息，其中 85% 的企业使用的是 GRI 标准。拉丁美洲 97% 的上市企业使用了 GRI 标准。[①] 总结来说，GRI 通过制定其自主的披露标准和报告管理，形成了一套全面的可持续报告程序，推动财务信息和可持续信息披露同步进行。

（二）ISSB

ISSB 隶属于国际财务报告准则基金会（International Financial Report Standards Foundation，IFRS 基金会）。IFRS 基金会作为非营利组织，通过制定高质量的全球标准来实现信息对经济和投资决策更好的支撑，反映企业信

---

① GRI, "GRI Annual Sustainability Report 2022: Towards a Global Comprehensive Reporting System," 2022.

息并助力于建立高效且有抗风险能力的资本市场。①

IFRS 基金会下属的国际会计准则理事会（International Accounting Standards Board，IASB）制定了国际财务报告准则（International Accounting Standards），该准则成为财务报表的全球通用准则，为 140 多个司法管辖区所使用。IFRS 基金会为反映可持续信息对经济和投资决策的影响，于 2021 年创立 ISSB，将形成一套可持续信息披露的全球基线标准。

在可持续方面，IFRS 基金会整合了一系列既往的可持续信息披露组织和成果，包括气候披露标准委员会（Climate Disclosure Standards Board，CDSB）和价值报告基金会（Value Reporting Foundation，VRF），由此形成了 ISSB（见图 13）。

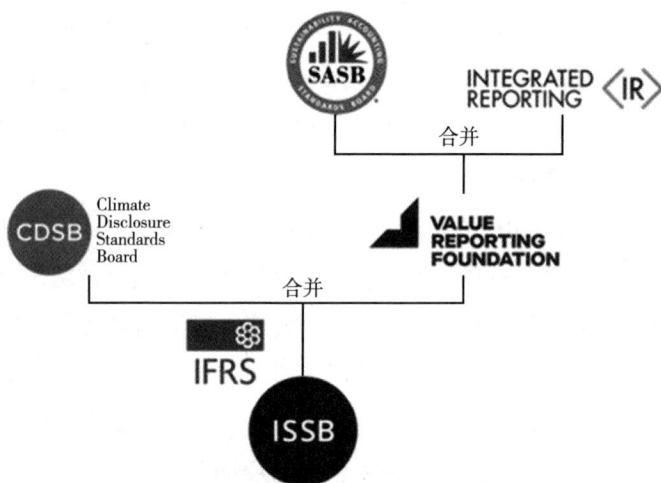

图 13 ISSB 整合沿革

资料来源：中央财经大学绿色金融国际研究院根据公开资料整理绘制。

CDSB 提出的 CDSB 框架构成了 TCFD 建议，规定了在年度报告和综合报告等财务报告中应披露的气候变化和社会议题方面的环境信息。VRF 是由可持续发展会计标准委员会（Sustainability Accounting Standards Board，SASB）

① "Who We Are," https：//www.ifrs.org/about-us/who-we-are/.

和国际综合报告理事会（International Integrated Reporting Council，IIRC）合并而成的全球非营利组织，提供了综合思维原则、综合报告框架和 SASB 标准。①

ISSB 延续了 CDSB 关于气候、水和生物多样性披露的框架和技术指南及 SASB 的行业标准。IFRS 基金会吸纳综合报告理念，协同 IASB 和 ISSB 构建起综合报告框架，帮助企业汇集有关组织战略、治理、绩效和前景的实质性信息，反映运营的商业、社会和环境背景。

2023 年 2 月，ISSB 发布的可持续披露标准主要由两部分组成——IFRS S1 可持续相关财务信息披露的一般性要求和 IFRS S2 气候相关披露。IFRS S1 要求实体披露具有实质性的与可持续相关的风险和机遇信息，规定了一般性报告要求，强调财务报表和可持续披露之间需要保持一致性和连续性，要求财务报表和可持续披露同时发布。② IFRS S2 规定具有实质性的气候相关风险和机遇的信息披露，纳入了 TCFD 建议及 SASB 标准的行业特定主题和指标作为说明性指导，要求披露实体面临的气候相关物理风险和转型风险，以及实体可把握的气候相关机遇，规定了转型计划、气候适应以及范围 1、范围 2 和范围 3 排放的披露。③ IFRS 基金会整合其国际报告财务报表和可持续相关财务信息披露，形成一套完整的企业披露信息，帮助投资者进行决策（见图 14）。

ISSB 的成果得到了七国集团、二十国集团、国际证监会组织（International Organization of Securities Commissions Organization，IOSCO）、金融稳定委员会、非洲国家财政部长以及来自 40 多个司法管辖区的财政部长和中央银行行长的支持。2023 年 7 月 25 日，国际证监会组织决定认可 ISSB 发布的可持续相关财务信息披露标准，呼吁其 130 个成员司法管辖区（代

---

① "Consolidated Organisations（CDSB & VRF），" https：//www.ifrs.org/about - us/consolidated - organisations/.

② "IFRS S1 General Requirements for Disclosure of Sustainability-Related Financial Information，" https：//www.ifrs.org/issued-standards/ifrs-sustainability-standards-navigator/ifrs-s1-general- requirements/.

③ IFRS，"IFRS S2 Climate-Related Disclosures，" 2022.

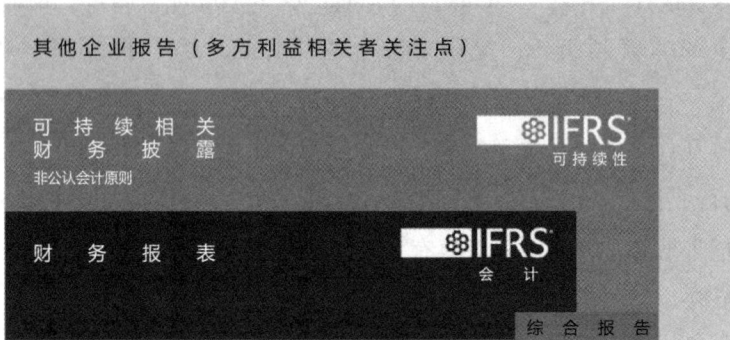

图 14　IFRS 企业披露信息

资料来源：IFRS Foundation。

表超过全球 95% 以上的金融市场）考虑采用、应用或以其他方式了解 ISSB 标准，促进为投资者提供一致且可比的气候相关和其他可持续相关信息的披露。

（三）GRI 和 ISSB

GRI 标准和 ISSB 的可持续信息披露（IFRS S1 和 IFRS S2）为当下最为主流的可持续信息披露标准。具体在标准设置方面，GRI 和 ISSB 都识别到不同产业差异化的披露需求，制定针对行业的披露标准。GRI 发布了 40 个行业的披露准则，ISSB 标准覆盖 11 个行业和 77 个细分行业公司。

对比其发展历史，GRI 成立更早，而 ISSB 整合了多家已经具有影响力的可持续披露组织，在近两年的时间里发展迅速（见图 15）。对比来看，这两个组织的一大区别在于目标对象和定位。GRI 标准强调为利益相关方提供环境、经济和社会等可持续议题的信息，发展成为全球通用的可持续披露标准。ISSB 则专注于为投资者提供企业可持续信息以支持决策，实现为全球资本市场提供可比且一致的可持续信息披露标准。

目前，GRI 和 ISSB 已经开展合作，通过相互协调双方既有的成果形成全球统一的可持续信息披露标准。2022 年 3 月 24 日，GRI 和 IFRS 基金会签

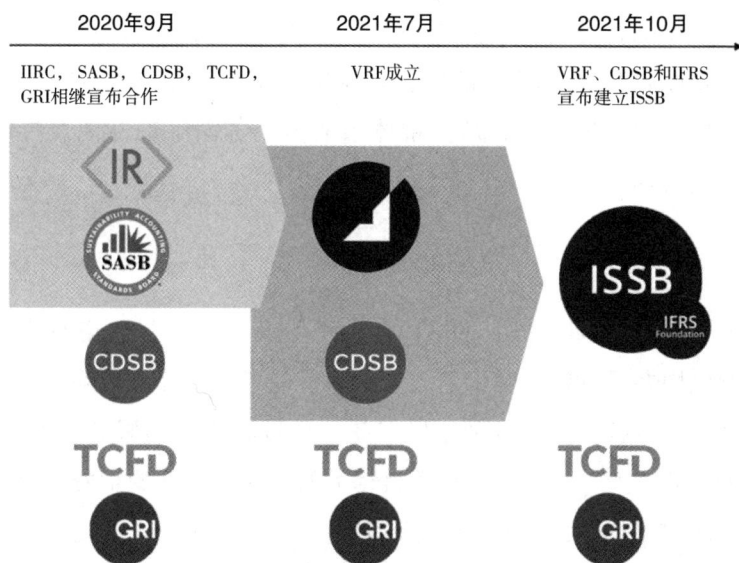

图 15　GRI 和 ISSB 发展历程对比

资料来源：IFRS Foundation。

订合作备忘录，共同努力实现标准之间的互补性和相互操作性。在合作中，双方将提供国际可持续发展报告的两大支柱：一是 ISSB 制定的以投资者为中心的 IFRS 可持续发展披露标准；二是 GRI 制定的满足多利益相关方需求的可持续报告要求。[①]

三　金融机构可持续信息披露倡议

独立于非金融类型的企业组织，金融机构首先认识到环境和气候相关风险对金融系统稳定性和组织风险管理的挑战，由此产生的一系列金融机构关于环境和社会风险的披露倡议鼓励金融机构开展环境风险管理。从早期的赤道原则再到负责任投资原则，以及针对不同类型金融机构的

[①] "IFRS Foundation and GRI to Align Capital Market and Multi-Stakeholder Standards to Create an Interconnected Approach for Sustainability Disclosures," https://www.ifrs.org/news-and-events/news/2022/03/ifrs-foundation-signs-agreement-with-gri/.

负责任银行原则、可持续保险原则和可持续证券交易所倡议，这些自愿性质的披露原则和倡议凝聚起金融机构开展环境信息披露的意识，形成自主的环境风险管理过程，从金融体系的多个方面推动开展可持续信息披露与风险管理。

（一）赤道原则

赤道原则（Equator Principles）提出了一套基准和风险管理框架，以便于金融机构在项目融资时识别、评估和管理环境及社会风险。赤道原则可以应用于全球各行业和五种金融产品：项目融资咨询服务、项目融资、项目相关企业贷款、过桥贷款和项目相关的再融资及并购融资。经过 4 次更新，2020 年发布的第四版赤道原则提出 10 项原则（见图 16）。截至 2023 年 7 月，来自 39 个国家的 139 个金融机构成为赤道原则成员单位。[1]需要指出的是，近年来支持赤道原则的机构增长缓慢，近 5 年来每年新增10 家左右。

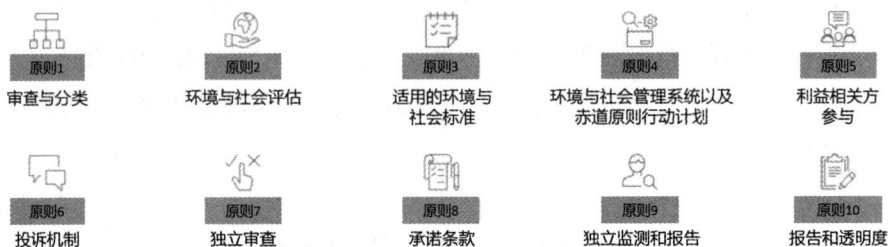

原则1	原则2	原则3	原则4	原则5
审查与分类	环境与社会评估	适用的环境与社会标准	环境与社会管理系统以及赤道原则行动计划	利益相关方参与
原则6	原则7	原则8	原则9	原则10
投诉机制	独立审查	承诺条款	独立监测和报告	报告和透明度

图 16　赤道原则

资料来源：Equator Principles，https：//equator-principles. com/about-the-equator-principles/。

（二）负责任投资原则

负责任投资原则（Principles for Responsible Investment，PRI）是由联合国环境规划署金融倡议（United Nations Environment Programme Finance

---

[1]　"EPFIs & Reporting,"　https：//equator-principles. com/members-reporting/.

Initiative，UNEP FI）和联合国全球契约组织共同合作的一项投资者倡议。PRI 推动开展负责任投资，鼓励签署方认识 ESG 问题对投资的影响，并将 ESG 因素纳入投资决策。PRI 提出具有自愿性和期许性的六项原则，提供了一系列可采取的行动（见图 17）。截至 2022 年 3 月，PRI 签署方达 4902 个，管理资产总额约为 121.3 万亿元。[①]

（三）负责任银行原则和可持续保险原则

联合国环境规划署金融倡议针对银行业和保险业分别提出负责任银行原则（Principles for Responsible Banking）和可持续保险原则（Principle for Sustainable Insurance）。负责任银行原则所提出的六项原则要求签署银行的战略和实践符合联合国可持续发展目标和《巴黎协定》愿景，通过影响分析、目标设定和报告环节披露原则的实践情况。截至 2023 年 7 月，共有 324 家银行签署了负责任银行原则，签署银行的总资产达 89.4 万亿美元，约占全球银行资产的50%。[②]

可持续保险原则为保险行业管理环境、社会和治理风险及机遇提供一套全球框架。可持续保险原则从决策制定、客户和企业经营伙伴、政府监管和其他利益相关方、问责性和透明度的角度提出四项原则。截至 2023 年 7 月，共有 151 家保险机构采用了可持续保险原则，签署机构保费占全球保费总额的 33%，管理的资产达 15 万亿美元。[③]

（四）可持续证券交易所倡议

可持续证券交易所倡议（Sustainable Stock Exchange Initiative）旨在探索交易所如何与投资者、监管公司和上市企业合作，提高企业 ESG 的透明度和绩效表现，鼓励可持续投资。可持续证券交易所拟与所有资本市场的利益相关方开展合作，通过研究、建立共识、技术援助来创造新的机会和加深对

---

① PRI，"2021-2022 Annual Report，" 2022.

② "Signatories，" https：//www.unepfi.org/banking/prbsignatories/.

③ "Signatories Companies，" https：//www.unepfi.org/insurance/insurance/signatory-companies/.

1 将ESG问题纳入投资分析和决策过程。

可采取的行动：

■ 在投资政策声明中阐明ESG问题
■ 支持开发ESG相关工具、指标、开展ESG相关分析
■ 评估内部投资管理人纳入ESG问题的能力
■ 评估外部投资管理人纳入ESG问题的能力
■ 要求投资服务提供商（如顾问、顾问、经纪商、研究公司和评级公司）将ESG因素纳入持续研究和分析
■ 鼓励开展有关该主题的学术研究和其他研究
■ 主张投资专业人士开展ESG培训

2 成为积极的所有者，将ESG问题纳入所有权政策和实践。

可采取的行动：

■ 制定并披露符合负责任投资原则的积极所有权政策
■ 行使投票权；若投票权"外包"，则监督对投票权政策的遵守情况
■ 培养内部直接参与（engagement）或"参与"的能力
■ 参与制定相关政策、规则和标准，比如促进、保护股东权利
■ 提交符合长期ESG考量的股东决议
■ 与公司交流（engage）ESG问题
■ 参加合作参与（collaborative engagement）倡议
■ 要求投资管理人开展并报告ESG相关参与活动

3 寻求被投资实体对ESG相关问题的合理披露。

可采取的行动：

■ 要求使用全球报告倡议工具等对ESG问题进行标准化报告
■ 要求将ESG问题融入年度财务报告
■ 要求公司提供有关采纳相关规范、标准、行为准则或国际倡议（如联合国全球契约）的信息
■ 支持促进ESG披露的股东决议

4 推动投资业广泛采纳并贯彻落实负责任投资原则。

可采取的行动：

■ 将负责任投资原则相关要求纳入征求建议书（RFP）
■ 相应调整投资委托授权、监督流程、绩效指标和激励结构（例如，在适当的情况下，确保投资管理流程着眼长期）
■ 向投资服务提供商传达对ESG要求的服务
■ 对于未达到ESG要求的服务提供商，重新考虑合作关系
■ 支持开发ESG整合基准衡量工具
■ 支持制定促进执行负责任投资原则的监管政策

5 齐心协力提高负责任投资原则的实施效果。

可采取的行动：

■ 支持参加网络和信息平台，共享工具，集中资源并将积极所有者报告用作学习材料
■ 共同应对新问题
■ 发起或支持适当的合作倡议

6 报告负责任投资原则的实施情况和进展。

可采取的行动：

■ 披露将ESG问题融入投资实践的方法
■ 披露积极所有权活动（表决、参与和投资政策对话）
■ 披露服务提供商要就负责任投资原则采取哪些行动
■ 与受益人就ESG问题和负责任投资原则进行沟通
■ 采用"遵守或解释"的方法报告负责任投资原则相关进展和成就
■ 尝试确定负责任投资原则的影响
■ 利用相关报告增强广大利益相关者群体的负责任投资意识

图 17　PRI 原则

资料来源：PRI。

市场信号的理解，支持联合国可持续发展目标。截至 2023 年 7 月，共有 133 家证券交易所参与可持续证券交易所倡议。①

四　各国市场监管

在环境或可持续信息披露这一概念提出之前，已有企业通过社会责任报告展示企业在社会价值方面的贡献。除此之外，ESG 投资的理念逐渐深入，相关的金融产品和实践催生出 ESG 信息披露的诉求，多个国家的金融监管部门或证券交易所通过颁布指引的形式鼓励企业开展自愿性质的环境或可持续信息披露（如 ESG 报告）。随着绿色金融的深入发展，可持续信息披露的要求也在不断提高，部分地区的金融监管机构已结合 TCFD、TNFD、ISSB 等提出的有关建议，以行政命令或法律规范的形式要求相应企业开展强制性的环境信息披露。

（一）欧盟

欧盟具备较为完善的可持续信息披露体系，由《企业可持续发展报告指令》、《可持续金融信息披露条例》（Sustainable Finance Disclosure Regulation，SFDR）和欧盟基准标签与基准 ESG 披露三大基石组成。

企业可持续发展报告作为《欧洲绿色新政》的一部分，经历了由《非财务报告指令》（Non-Financial Reporting Directive，NFRD）到更为详尽的《企业可持续发展报告指令》的演进。该指令针对大公司和上市公司做出了必须定期发布报告的规定，要求其说明面临的社会和环境风险，以及其活动对人类和环境的影响，帮助投资者、民间社会组织、消费者及其他利益相关者评估公司的可持续发展表现。②《非财务报告指令》在《企业可持续发展报告指令》应用之前仍保持有效，规定员工人数超过 500 人的大公司需要针对

---

① "SSE Partner Exchanges," https：//sseinitiative. org/members/.

② "Corporate Sustainability Reporting," https：//finance. ec. europa. eu/capital－markets－union－and－financial－markets/company－reporting－and－auditing/company－reporting/corporate－sustainability-reporting_ en.

环境问题、社会议题和员工待遇、尊重人权、反腐败和反贿赂以及公司董事会的多样性公开进行信息披露。① 2022 年 6 月 22 日，欧洲议会及欧洲理事会就《企业可持续发展报告指令》达成政治协议。在具体披露内容上，2022年 11 月 23 日，作为技术顾问的欧洲财务报告咨询组（European Financial Reporting Advisory Group，EFRAG）发布了第一套《欧洲可持续发展报告标准》（European Sustainability Reporting Standards，ESRS），该标准由横向准则（Cross-Cutting Standards）和包含环境、社会、治理的专题准则（Topical Standards）组成。② 2022 年 12 月 14 日，《企业可持续发展报告指令》在官方公报上发布，这项新规定于 2023 年 1 月 5 日正式生效，该指令更新并加强了企业必须报告社会和环境信息的相关规定，要求更多大型公司和中小型上市公司必须报告可持续发展情况。此外，新规定将确保投资者和其他利益相关者能够获得所需的信息，以评估公司对人类和环境的影响，并使投资者能够评估气候变化和其他可持续发展问题带来的金融风险和机遇。受到《企业可持续发展报告指令》约束的公司必须根据《欧洲可持续发展报告标准》进行报告。③

《可持续金融信息披露条例》就金融市场参与者和金融咨询公司如何向投资者传达可持续发展相关信息做出规定。欧盟委员会制定的《可持续金融信息披露条例》规定金融市场参与者必须披露可持续发展信息，帮助那些有意向投资可持续发展目标的公司和项目的投资者做出决策，帮助投资者正确评估将可持续发展风险纳入投资决策过程。通过这种方式，该条例还将助力欧盟实现"吸引私人资金，帮助欧洲实现向净零经济转变"的目标。

---

① "Corporate Sustainability Reporting," https：//finance. ec. europa. eu/capital－markets－union－and－financial－markets/company－reporting－and－auditing/company－reporting/corporate－sustainability－reporting_ en.

② "EFRAG Delivers the First Set of Draft ESRS to the European Commission," https：//www. efrag. org/Assets/Download？ assetUrl =/sites/webpublishing/SiteAssets/EFRAG＋Press＋release＋First＋Set＋of＋draft＋ESRS. pdf&AspxAutoDetectCookieSupport = 1.

③ "Corporate Sustainability Reporting," https：//finance. ec. europa. eu/capital－markets－union－and－financial－markets/company－reporting－and－auditing/company－reporting/corporate－sustainability－reporting_ en.

欧盟委员会目前正在对该框架进行全面评估，进一步评估法律确定性、可用性以及该条例如何在解决"洗绿"问题中发挥作用等。2022 年 4 月，欧盟委员会发布了授权条例，其中包含金融市场参与者在根据《可持续金融信息披露条例》披露可持续发展相关信息时应使用的技术标准，相关要求于 2023 年 1 月 1 日开始生效。该条例通过规定所披露信息的确切内容、方法和表述方式来提高披露信息的质量和可比性。①

欧盟基准标签与基准 ESG 披露的相关规定提供了涉及 ESG 领域的更为透明的基准方法，并进一步提出欧盟低碳和 ESG 基准方法标准。欧盟委员会最早在 2018 年发布的《可持续发展融资行动计划》中宣布采取措施提高基准方法的 ESG 透明度，倡议建设欧盟低碳基准方法，并成立可持续金融技术专家组协助委员会实施行动计划和拟定气候监管标准。同年 5 月，欧盟委员会提出了一项监管提案，拟设置两种低碳基准并提出相应的 ESG 信息披露要求。此外，为研究欧盟 ESG 基准标签的可行性、最低标准和透明度要求，欧盟委员会计划引进一个新的涵盖 ESG 信息的标签，以期提高市场透明度，满足资管公司与投资者需求，引导资本流向可持续投资。②

欧盟不仅在内部通过三大基石规范可持续信息披露标准，同时积极寻求外部合作，扩大《欧洲可持续发展报告标准》的适用范围，推广欧盟可持续信息披露标准建设的成功经验。

欧盟委员会、EFRAG 和 ISSB 通过开展深化合作，就气候信息披露达成高度一致，为配合《欧洲可持续发展报告标准》的发布，三方开展了关于 ESRS 与 ISSB 标准一致性和可交互操作性的讨论，共同制定了可交互操作的指导材料，致力于减少实体企业同时应用 ISSB 标准和 ESRS 的复杂

---

① "Sustainability-Related Disclosure in the Financial Services Sector," https：//finance. ec. europa. eu/sustainable-finance/disclosures/sustainability-related-disclosure-financial-services-sector_ en.

② "EU Labels for Benchmarks（Climate, ESG）and Benchmarks' ESG Disclosure," https：// finance. ec. europa. eu/sustainable-finance/disclosures/eu-labels-benchmarks-climate-esg-and-benchmarks-esg-disclosures_ en.

性和重复性。① 在积极合作之外，欧盟委员会、EFRAG 和 ISSB 也将继续优化各自标准，进一步开展数字标记披露（digital tagging of disclosures），以期进一步提升交互操作的便利程度。②

此外，GRI 在肯定欧盟可持续发展信息披露方面取得的进展的基础上，提出与欧盟进行更深度的协调合作，希望将新的 ESRS 与 GRI 标准结合。根据企业透明度联盟的研究，54%的欧盟公司采用 GRI 标准进行其非财务信息的披露，因此达成 ESRS 与 GRI 标准更深层次的一致性，将为大部分的欧盟公司提供便利，也将对全球可持续发展报告达成一致起到推动作用。GRI 曾参与 ESRS 的开发过程，向 EFRAG 提供反馈和建议。GRI 表示 ESRS 草案中的许多披露标准与 GRI 标准联系紧密、高度一致，并强烈建议采纳双重实质性原则，针对 ESRS 提出建议，加深与已有报告内容的结合，提高新规的质量和可行性，减轻拟定新规的负担。③

（二）美国

早在 1934 年，美国便在《证券法》中规定上市公司应披露环境负债、遵循环境和其他法规产生的成本等环境信息。此后，美国环境信息披露政策不断完善。2017 年和 2019 年，美国纳斯达克交易所相继发布了《ESG 报告指南 1.0》和《ESG 报告指南 2.0》，为上市公司 ESG 信息披露提供指引。④ 2022 年 3 月，美国证券交易委员会提出修改信息披露准则，要求注册人在注册声明和定期报告中披露有可能对其业务、经营业绩或财务状况产生重大

---

① "European Commission, EFRAG and ISSB Confirm High Degree of Climate-Disclosure Alignment," https：//www. ifrs. org/news－and－events/news/2023/07/european－comission－efrag－issb－confirm-high-degree-of-climate-disclosure-alignment/.

② "European Commission, EFRAG and ISSB Confirm High Degree of Climate-Disclosure Alignment," https：//www. ifrs. org/news－and－events/news/2023/07/european－comission－efrag－issb－confirm-high-degree-of-climate-disclosure-alignment/.

③ "Encouraging Progress on EU Standards—With Deeper Alignment the Next Step," https：//www. globalreporting. org/news/news－center/encouraging－progress－on－eu－standards－with－deeper-alignment-the-next-step/.

④ "ESG Reporting Guide," https：//www. nasdaq. com/ESG-Guide.

影响的气候相关风险信息及应对措施。与此同时，发行人需要在其已审计财务报表附注中纳入某些与气候相关的财务报表指标。这一提案有助于为投资者提供一致、可比的信息，帮助他们做出投资决策，并且为发行人非财务信息披露提供了更加统一且明确的规范。①

在草案中，SEC 指出披露要求与 ISSB 及 GRI 的披露要求较为一致，即要求按照《温室气体核算体系》（GHG Protocol）计量的直接温室气体（GHG）排放（范围1）、外购电力或其他形式能源的间接排放（范围2）以及其价值链上游和下游活动（范围3）的温室气体排放开展信息披露。② 设定了包含范围3的温室气体排放目标的上市公司，或公司的范围3温室气体排放具有重大性（如在企业整体温室气体排放中占较大比例）的情况下，则需要披露范围3温室气体排放在不考虑碳抵消的情况下的总量及其相对强度。③

（三）日本

日本政府尚未强制要求环境信息披露，但环境信息披露政策正在持续强化与完善。2001 年以来，日本环境省出台了《环境报告指南》《环境会计指南》《商业机构环境绩效》等多项环境披露相关指南。2018 年日本环境省修订《环境报告指南》，旨在引导企业在短期、中期、长期环境议题上采取行动和进行披露。《环境报告指南》从要求实体报告其业绩数据转移到要求它们确定业务和价值链中的重大问题，并解释自身的可持续性。

2020 年 12 月，日本金融监管局（FSA）成立了可持续金融专家小组，

---

① "SEC Proposes Rules to Enhance and Standardize Climate-Related Disclosures for Investors," https://www.sec.gov/news/press-release/2022-46.

② 碳排放范围可以被分为范围1、范围2、范围3。其中，范围1即直接排放，包括公司所有的车辆以及燃料燃烧的温室气体排放；范围2即间接排放，包括自用的采购电力产生的温室气体排放；范围3即其他间接排放，包括生产采购的原料、产品使用、外包的活动、承包商的所有车辆，废物处置以及雇员公务旅行产生的温室气体排放。

③ 《ISSB 发布首批国际可持续披露准则，可持续信息披露迈入新纪元》，德勤网站，2023 年 6 月 27 日，https://www2.deloitte.com/cn/zh/pages/audit/articles/first-international-sustainability-standards.html。

并讨论了促进可持续金融发展的各种措施。日本金融厅在制定促进可持续金融发展的措施中考虑到加强企业信息披露、资本市场功能和金融机构的作用。① 同年，日本交易所集团发布了《ESG 信息披露实用手册》，旨在传播环境、社会和公司治理信息披露的重要理念并帮助公司以适合自身的方式推进其环境、社会和公司治理活动。该手册汇集了上市公司在开展 ESG 活动和披露信息时所面临的问题，并将这些问题分为 ESG 议题与 ESG 投资、ESG 议题与公司战略、监督和实施、信息披露与参与四个步骤。该手册旨在支持上市公司自愿披露环境、社会和公司治理信息，从而促进上市公司与投资者之间的对话。②

日本环境信息披露政策参考了多项国际公认的可持续信息披露政策标准。例如，日本交易所集团发布的《ESG 信息披露实用手册》参照了气候相关财务信息披露工作组建议、GRI 标准、综合报告框架、SASB 标准等国际标准，填补了日本上市公司在 ESG 披露指引文件上的空白。③

（四）中国

中国气候与环境信息披露的相关政策围绕生态文明建设、"双碳"目标等顶层战略。在监管部门和交易所的双向推动下，中国环境信息披露体系建设逐步完善。

政策监管层面，2003 年 9 月，国家环境保护总局发布了《关于企业环境信息公开的公告》，是首个企业环境信息公开披露的公告文件，为后续信息披露工作的推进奠定了基础。2007 年 4 月，我国首部《环境信息公开办法（试行）》出台，强制环保部门和污染企业向全社会公开重要环境信息。2010 年，环境保护部印发《上市公司环境信息披露指南》，敦促上市公司积极履行保护环境的社会责任。2014 年 4 月，《中华人民共和国环境保护法》

---

① "Sustainable Finance," https：//www.fsa.go.jp/en/policy/sustainable - finance/sustainable - finance.html.
② Japan Exchange Group, "Practical Handbook for ESG Disclosure," 2020.
③ 社会价值投资联盟：《全球 ESG 政策法规研究——日本篇》，2020。

以法律的形式明确要求重点排污单位如实向社会公开相关环境表现。2016年，七部委联合印发《关于构建绿色金融体系的指导意见》，中国有关环境信息披露的要求与指引进一步规范化。2018年，中国证监会修订《上市公司治理准则》，规定上市公司应当披露环境信息等社会责任相关情况。2021年5月，生态环境部发布《环境信息依法披露制度改革方案》，明确到2025年基本形成环境信息强制性披露制度，系统谋划了中国未来5年企业环境信息依法披露制度建设的路线图；同年12月，生态环境部制定出台《企业环境信息依法披露管理办法》《企业环境信息依法披露格式准则》两份配套文件，进一步规范了披露主体、内容和程序，统一了披露平台，明晰了监管责任。

中国证监会于2021年6月更新了上市公司年报半年报版式的修订要求，较以往新增了独立章节"环境和社会责任"，专门对重点排污单位环境信息披露内容做出规定，鼓励披露有利于保护生态、防治污染和履行环境责任等的信息，以及为减少碳排放所采取的措施及效果。2021年7月，中国人民银行发布行业标准《金融机构环境信息披露指南》，纳入了气候变化因素。

中国沪深交易所引导和鼓励上市企业开展环境信息披露。2006年和2008年深交所和上交所分别发布了《深圳证券交易所上市公司社会责任指引》和《上海证券交易所上市公司环境信息披露指引》，对上市公司环境管理方面的实践及披露情况做出一定要求。2020年9月，深交所发布《深圳证券交易所上市公司信息披露工作考核办法》，对上市公司信息披露工作情况进行考核，重点关注上市公司是否主动披露环境相关信息。2022年，上交所发布《上海证券交易所科创板上市公司自律监管规则适用指引第2号——自愿信息披露》，鼓励科创板上市公司披露包括气候与环境信息在内的ESG方面的内容。

中国香港地区通过引入国际披露标准开展环境信息披露体系建设。2012年8月，香港联交所首次发布《环境、社会及管治报告（ESG）指引》，要求发行人每年发布ESG报告。之后多次修订并逐步强化环境目标等关键绩效指标的披露要求，对发行人具有影响的重大气候相关事宜披露责任从

"建议披露"提升至"不遵守就解释"。2021年11月,香港联交所发布《气候信息披露指引》,协助发行人根据TCFD的建议进行气候与环境信息披露,强化气候变化风险应对能力。2022年8月,香港证监会发布《绿色和可持续金融议程》,进一步提出考虑采纳ISSB的气候准则作为企业披露报告框架的一部分。

五 环境信息披露挑战与展望

(一)环境信息披露挑战

1. 缺乏广泛普及的披露标准

当前不同国家和地区对于可持续信息披露的具体报告内容和程序并未达成共识,不同颗粒度的披露标准使环境信息披露缺乏可比性。由不同国家当局或组织提出的披露标准和政策在一定程度上推动了所在国家和地区环境信息披露的实践,但也为披露信息的可比性带来一定挑战。如前所述,全球可持续信息披露的发展逐渐完善,即以TCFD和TNFD为代表的可持续信息披露建议逐渐融入各个国家和地区市场监管的政策。不同国家和地区在可持续信息披露标准上的政策强度和披露要求不同,而接受一套既有的初具雏形的国际可持续披露标准尚需要开展广泛的比较和落地工作。尤其是大部分发展中国家尚缺乏环境信息披露标准,国际可持续信息披露标准的适应性和可接受度仍值得考验。

2. 企业可持续信息披露意识不足

可持续信息披露逐渐从自愿性到强制性发展,越来越多的国家和地区提出对可持续信息披露的要求。需要指出的是,大部分披露活动面临来自监管政策的压力,更多地被视为一项推动企业在经营活动中考虑气候变化、环境影响、社会议题等因素的必要事项。TCFD建议对企业自身应对可持续发展问题而言既是挑战也是机遇。换句话说,企业的可持续信息披露除了满足监管条例外,还可以用来彰显和验证企业在可持续方面的行动,也将推动企业应对气候变化和生物多样性损失带来的挑战。企业往往看到其受约束的部分，但并未看到开展可持续信息披露带来的运营的适应性激励。

3. 专业化服务能力不足

可持续信息披露需要对环境、社会和公司治理等多个领域的数据进行收集、分析和解释，以便向监管部门、市场机构和社会公众等利益相关者提供准确和全面的信息。然而许多企业缺乏对可持续信息披露的深入了解和专业知识，信息披露的质量和准确性不高。相关的法规和标准存在多样性和变化性，增加了企业适应法规和标准的困难。此外，许多企业在将可持续信息披露与战略管理相结合方面缺乏经验和专业指导，无法准确识别和评估与可持续发展相关的关键问题，并将其转化为有意义的信息披露。可持续信息披露相关人才队伍建设也是一大挑战，相关的教育和专业培养不足，难以满足该领域对专业化人才的需求。

（二）环境信息披露展望

1. 推动资本市场接受企业可持续信息披露标准

多个国际组织整合了环境信息披露的相关成果并形成建议，全球可持续信息披露标准开始趋向融合。以 ISSB 为代表提出的可持续信息披露标准正逐渐成为该领域的风向标，意在推动资本市场接受并使用可持续信息。资本市场是经济发展的晴雨表，其上市企业的活动将产生广泛影响，而来自市场的情绪也将影响上市企业的经营行为。推动上市企业开展可持续信息披露，接受具有全球可比性的可持续信息披露标准，将引导更广范围内的企业开展相关实践。

2. 健全激励和约束机制

企业开展可持续信息披露一方面是因为监管部门的规范要求，另一方面企业需要认识到开展可持续信息披露所带来的经营管理优势，主动开展披露行为。具体而言，可持续信息披露的激励措施包括提供方法指引、数据库和免费披露服务、减少企业的可持续披露成本。可持续信息披露既需要监管的约束，也需要接受来自第三方鉴证机构的独立评价，以确保信息披露质量。

3. 能力建设和人才培养

专业化服务能力来自披露方法应用和专业人才储备。开展相应的能力建设将促进对披露标准的认识、应用和推广，深化可持续信息披露标准的使用，促进相关方法学的普及，提高企业对法规和标准的适应能力。应鼓励相关高校和科研院所开展可持续信息披露的教育培训，推动实现相关资格认证，为可持续信息披露领域的人才队伍建设积蓄力量。

专 题 篇
Topical Report

B.6
转型金融报告

赵 鑫　张孝义　詹梓旸*

摘　要：　随着绿色与可持续金融发展的不断深入，金融资源的支持范围扩展到整个可持续发展领域，而不仅局限于绿色产业。在实现净零转型的过程中，转型金融由此逐渐延伸为支持碳密集型行业实现低碳转型的金融服务。部门或行业层面上的转型金融主要由国家政府部门或监管部门提出转型分类法（或框架）来界定转型活动。转型主体层面上，企业主体根据转型路径制订转型计划，实施相应的转型措施并开展转型披露和评估。金融机构在其中通过调整投资组合实现净零转型。以转型债券和可持续发展挂钩债券为代表的转型金融工具快速发展，这些金融工具不仅提供融资，还有助于企业主体应对转型风险，提升其在低碳经济变革中的竞争力。然而，目前转型金融在净零转型认识、转型标准、市场规

---

* 赵鑫，中央财经大学绿色金融国际研究院研究员，研究方向为可持续金融、转型金融；张孝义，中央财经大学绿色金融国际研究院科研助理；詹梓旸，中央财经大学绿色金融国际研究院科研助理。

模和信息披露方面面临挑战，未来还需提高主体对转型目标的认识、协调转型分类法、培育转型金融市场环境、在可持续信息披露尚处于发展时纳入转型因素以应对转型金融发展挑战。

关键词： 转型金融　净零转型　转型标准　转型工具和风险

一　净零转型和转型金融

为实现《巴黎协定》目标，各缔约方纷纷提出净零承诺和国家自主贡献。然而气候情景分析显示，当前全球转型的速度和程度都有待提升，规模有待扩大。不同国家的社会经济环境、资源禀赋、优先事项和社会公正等因素都将影响它们实现净零转型的程度。国际社会对于气候目标的广泛共识推动了可持续金融的发展，逐渐将关注重点从低排放的行业扩展到具有低碳发展潜力的行业，认识到碳排放密集型活动对未来净零转型的实现具有关键作用。在此发展趋势下，转型金融（Transition Finance）日益引起关注并得到快速发展，相关国际标准、政策文件和市场实践也得到快速应用，逐渐成为可持续金融的重要组成部分。

（一）净零承诺

净零（Net Zero）意味着将温室气体的排放量减少到尽可能接近于零，剩余的排放量能被自然界的大气循环系统（如海洋和森林）重新吸收。相关研究显示，为了避免气候变化带来的负面影响，需要将全球气温上升幅度限制在比工业化水平前高 1.5℃ 的范围内，这也是《巴黎协定》的主要目标，即将全球温升控制在 1.5℃ 之内，排放量需要到 2030 年减少 45%，到 2050 年达到净零排放。[①]

---

① "For a Livable Climate: Net Zero Commitments Must Be Backed by Credible Action," https://www.un.org/en/climatechange/net-zero-coalition.

根据《巴黎协定》，缔约方需要向《联合国气候变化框架公约》提交国家自主贡献（NDC），按照其既定目标实施相关政策。这一过程要求缔约方每五年更新一次国家自主贡献，报告其执行战略和取得的成果。越来越多的缔约方承诺将实现温室气体排放减少到净零的目标（见图1），其执行力度从政策到立法不断加大。根据 2022 年《NDC 综合报告》，截至 2022 年 9 月，169 个缔约方发布或更新了国家自主贡献，涵盖了 94.9% 的全球总排放（2019 年水平）。[①] 此外，越来越多的国家通过立法的形式强化国家自主贡献的实现。

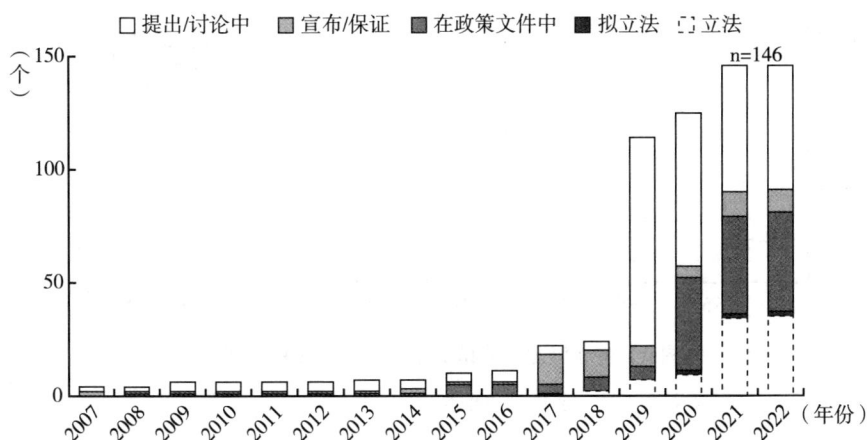

图 1　2007~2022 年有碳中和/净零排放目标阶段的国家数量

资料来源：H. Van Coppenolle , M. Blondeel , T. Van De Graaf , "Reframing the Climate Debate: The Origins and Diffusion of Net Zero Pledges," *Global Policy* 1 (2023): 48-60.

然而不断增加的缔约方政府承诺并未能达到实现净零排放目标的要求。2021 年《NDC 综合报告》指出，按照当时 193 个缔约方的国家自主贡献，预计到 2030 年，全球温室气体排放量较 2010 年水平将增加近 13.7%。[②]

---

① "Nationally Determined Contributions under the Paris Agreement. Synthesis Report by the Secretariat," https://unfccc.int/documents/619180.

② United Nations Climate Change Secretariat, "Message to Parties and Observers, Nationally Determined Contribution Synthesis Report," 2021.

2022年《NDC综合报告》指出，考虑到最新国家自主贡献的实施情况，预计到 2025 年和 2030 年，全球温室气体排放量（不包括土地利用、土地利用变化和林业）分别约为 53.4（51.8~55.0）Gt 二氧化碳当量和 52.4（49.1~55.7）Gt 二氧化碳当量（见图 2）。[①] 净零排放目标的实现需要各国加强国家自主贡献并采取强有力且及时的行动措施。

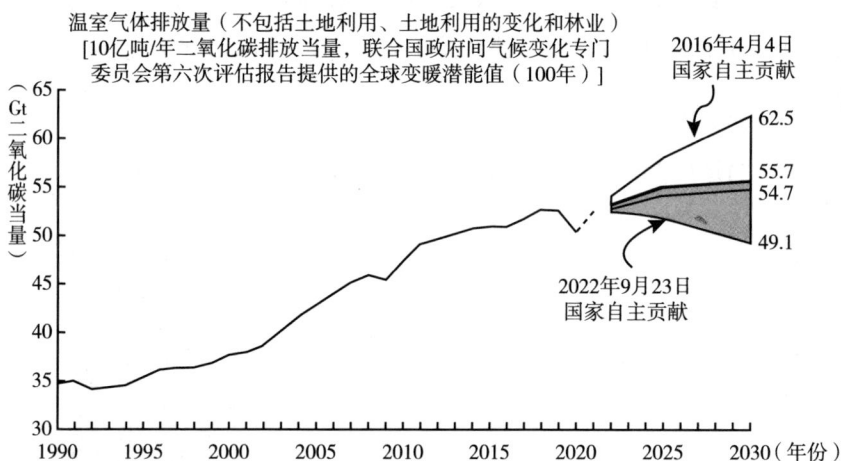

图 2　全球温室气体排放水平的预计范围和进展

资料来源：2022 Net Zero Synthesis Report。

（二）气候情景

净零承诺的背后是一场深刻的净零转型（Net Zero Transition），这需要对人类社会经济生产方式和消费模式进行低碳变革。各经济部门将以不同的速度发展，在政府管理、企业运营、居民消费等因素的推动下进行资源的重新配置，最终起到重塑经济的作用。净零转型是一项全球性目标，但各经济体具有不同的资源禀赋和产业结构，实现转型的路径和性质会因国家的社会经济环境、优先事项和动员能力而千差万别。未来转型路径充满

---

① United Nations Climate Change Secretariat，"2022 NDC Synthesis Report，" 2022.

不确定性，而通过对气候情景的分析可以一窥气候变化对环境、经济和社会的影响。相关的主要机构包括联合国政府间气候变化专门委员会（Intergovernmental Panel on Climate Change，IPCC）、国际能源署（International Energy Agency，IEA）以及央行和监管机构绿色金融网络（Network for Greening the Financial System，NGFS），其分别从不同方面开展全球气候情景模拟。

IPCC 采用复杂的气候系统模型和集成评估模型来模拟气候情景，综合考虑大气、海洋、陆地等多个要素，并考虑人类活动对气候变化的影响，预测未来气候变化的可能性。IEA 的气候情景模拟范围涵盖全球并特别关注能源相关领域，主要是进行能源系统转型、温室气体排放、可再生能源发展、能源效率等方面的预测。NGFS 的气候情景特别关注金融和经济系统的可持续性，通过考虑气候风险、碳排放、能源使用、资产贬值等因素模拟不同的气候政策、市场因素、投资组合选择等情景，预测全球未来经济和金融的发展趋势（见表1）。

表1 气候情景概览

	IPCC RCP * 情景	IPCC SSP * 情景	IEA 情景	NGFS 情景
特征	专注于实体风险的影响； 按温室气体不同浓度水平模拟未来情景	专注于社会经济发展的影响； 就适应及减缓措施引致的不同社会经济挑战，提供替代未来的叙述性描述	专注于描述气候政策和措施对未来能源系统演进的影响	同时考虑物理和转型风险情景
路径	高排放路径：RCP8.5； 中间路径：RCP4.5、RCP6.0； 低排放路径：RCP1.9、RCP2.6	高排放路径：SSP5-8.5、SSP5-3.4-OS； 中间排放路径：SSP4-6.0、SSP4-3.4、SSP3-7.0、SSP2-4.5； 低排放路径：SSP1-1.9、SSP1-2.6	高排放路径：STEPS； 中间路径：APS； 低排放路径：SDS、NZE2050	高排放路径：当下政策、NDCs； 中间路径：延迟转型、升温在2℃以下； 低排放路径：不统一的净零、2050年净零

续表

	IPCC RCP * 情景	IPCC SSP * 情景	IEA 情景	NGFS 情景
升温目标覆盖	1.5℃、2℃		1.5℃、2℃、3℃	1.5℃、<2℃、2℃、3℃
行业覆盖	工业、建筑、运输、能源、农林业		工业、建筑、运输、能源	工业、建筑、运输、能源、农林业
地理区域覆盖	全球		全球	11 个地区(32 个国家)
时间范围	2100 年(10 年间距)		2050 年(WEO)或 2070 年(ETP), 5/10 年间距	2020~2050 年(5 年间距)、2050~2100 年(10 年间距)

注：RCP，代表性浓度路径（Representative Concentration Pathways）；SSP，共享社会经济路径（Shared Socioeconomic Pathways）。

资料来源：中央财经大学绿色金融国际研究院根据公开资料整理。

1. IPCC 气候情景

IPCC 专注于探究气候变化对地球物理系统的影响模式，并阐明可能产生的升温范围。2013 年，IPCC 提出代表性浓度路径的概念，描述了温室气体、气溶胶以及辐射强迫（Radiative Forcing）水平在未来可能发生的变化情况，根据采取的措施和温升范围模拟了 RCP2.6、RCP4.5、RCP6.0 和 RCP8.5 四种情景（见表 2）。

表 2 IPCC RCP 情景下的全球平均地表温度上升幅度变化

单位：℃

情景	2046~2065 年		2081~2100 年	
	平均值	可能的区间	平均值	可能的区间
RCP2.6	1.0	0.4~1.6	1.0	0.3~1.7
RCP4.5	1.4	0.9~2.0	1.8	1.1~2.6
RCP6.0	1.3	0.8~1.8	2.2	1.4~3.1
RCP8.5	2.0	1.4~2.6	3.7	2.6~4.8

注：由于数据的局限性，时间出现断层。

资料来源：IPCC，"Fifth Assessment Report，" 2014。

根据气候情景模拟（见图 3），在不采取强化减排政策的 RCP8.5 情景下，预计 21 世纪末才会达到温室气体排放峰值；在中等排放情景下，到 2080 年前，

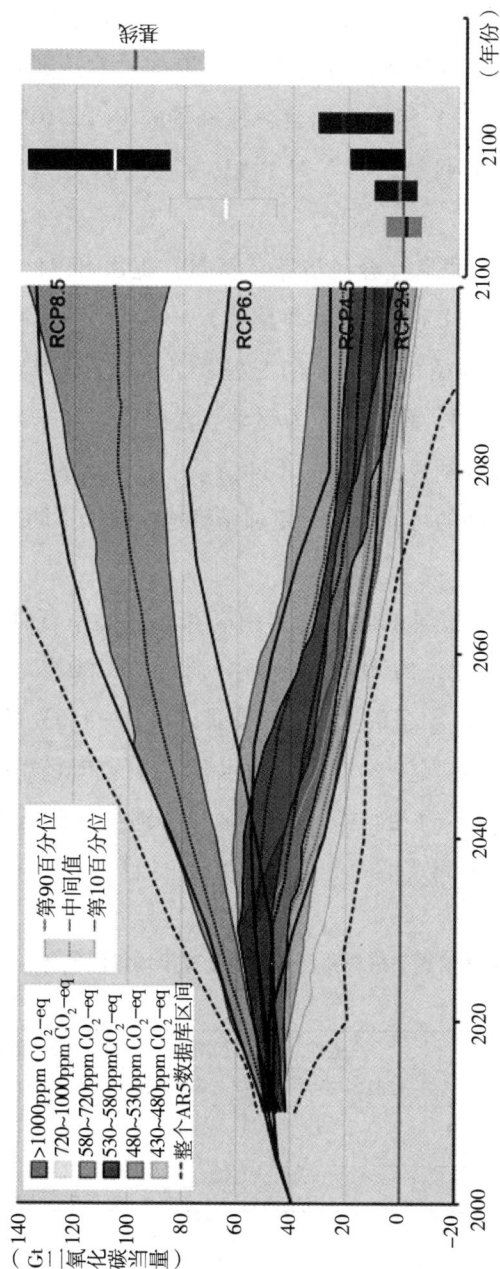

图 3　IPCC RCP 情景下 2000~2100 年温室气体排放路径

资料来源：IPCC，"Fifth Assessment Report，"2014。

全球温室气体排放呈现持续上升趋势，预计在 2080 年左右温室气体排放达到峰值，在一系列减排措施的作用下，温室气体排放呈现急剧下降的趋势。在弱减排情景下，全球温室气体排放预计将在 2050 年左右达到峰值，但到 21 世纪末未能实现净零排放。相比较而言，强减排的 RCP2.6 情景有望在 21 世纪末实现温室气体净零排放，但与 21 世纪中期实现净零排放的目标还有较大差距。

2021 年，IPCC 开发了共享社会经济路径情景，提出 SSP1（可持续路径）、SSP2（中间路径）、SSP3（区域竞争路径）、SSP4（不均衡路径）和 SSP5（化石燃料为主发展路径）五种情景。这些气候情景在 2023 年第六次 IPCC 评估报告中得到了采用，涵盖了人为驱动气候变化因素未来可能的发展范围，并预估了从低排放到很高排放的不同情景下，全球平均温升程度及其范围在近期、中期、远期的可能情况，更加精确地模拟了不同减缓力度下的增温趋势。

IPCC 评估了五种气候情景的响应，其中高和很高温室气体排放情景（SSP3-7.0 和 SSP5-8.5）的二氧化碳排放量分别约在 2100 年、2050 年增至 2015 年排放水平的两倍。中温室气体排放情景（SPP2-4.6）的二氧化碳排放量在 21 世纪中叶之前将保持 2015 年排放水平。很低和低温室气体排放场景（SSP1-1.9 和 SSP1-2.6）的二氧化碳排放量分别在 2050 年和 2070 年左右降至净零，接着产生不同水平的负排放（见表 3）。[①]

表 3　IPCC SSP 情景下排放路径预估的全球平均增温趋势

单位：℃

情景	排放路径	近期、中期和远期预估全球温升及可能范围		
		2021~2040 年	2041~2060 年	2080~2100 年
SSP1-1.9	很低，21 世纪中期降为 0，以后负排放	1.5(1.2~1.7)	1.6(1.2~2.0)	1.4(1.0~1.8)

---

① IPCC, "Climate Change 2023 Synthesis Report. Contribution of Working Groups I, II and III to the Sixth Assessment Report of the Intergovernmental Panel on Climate Change," 2023.

情景	排放路径	近期、中期和远期预估全球温升及可能范围		
		2021~2040 年	2041~2060 年	2080~2100 年
SSP1-2.6	低,21 世纪中后期降为 0,以后负排放	1.5(1.2~1.8)	1.7(1.3~2.2)	1.8(1.3~2.4)
SSP2-4.6	中,2050 年保持当前排放水平	1.5(1.2~1.8)	2.0(1.7~2.5)	2.7(2.1~3.5)
SSP3-7.0	高,2015~2050 年排放翻番	1.5(1.2~1.8)	2.1(1.7~2.6)	3.6(2.8~4.6)
SSP5-8.5	很高,2015~2050 年排放翻番	1.5(1.3~1.9)	2.4(1.9~3.0)	4.4(3.3~5.7)

资料来源:《IPCC AR6 报告解读:未来的全球气候——基于情景的预估和近期信息》,气候变化研究进展网站,http://www.climatechange.cn/article/2021/1673-1719/1673-1719-17-6-652.shtml。

2. IEA 气候情景

国际能源署(IEA)气候情景偏向探究气候变化引起的地球物理系统影响模式并阐明可能产生的升温范围,综合考虑能源供需、经济增长、技术创新等因素,评估能源和气候政策发展(如降低可再生能源成本、全球对石油依赖的变化)对未来能源需求、价格以及排放的影响。IEA 净零排放的四个主要情景包括既定政策情景(STEPS)、承诺目标情景(APS)、可持续发展情景(SDS)和 2050 年净零排放情景(NZE2050)。

只考虑政府已出台或已宣布的既定政策情景,能源相关和工业过程的二氧化碳年排放量将从 2020 年的 34Gt 二氧化碳当量上升到 2030 年的 36Gt 二氧化碳当量,并在 2050 年前保持在一定范围内,2100 年温度将上升约 2.7℃。按照已宣布的国家承诺目标情景,模拟出 2100 年温度将上升约 2.1℃。可持续发展情景的目标是全球于 2070 年实现净零排放。而在 2050 年净零排放情景中,全球能源相关和工业过程产生的二氧化碳排放量在 2020~2030 年下降近 40%,并在 2050 年实现净零排放目标。[1]

---

① IEA, "Net Zero by 2050," 2021.

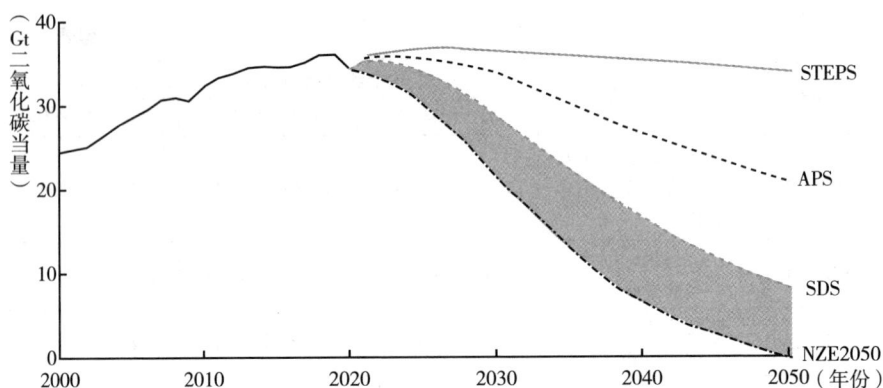

图4 2000~2050年IEA气候情景下的二氧化碳排放量

资料来源：IEA，"World Energy Outlook 2021，" 2021。

3. NGFS气候情景

NGFS采用复杂宏观经济模型、气候模型和能源模型来模拟气候情景，综合考虑了气候变化、经济发展、金融风险等多方面的因素，评估不同政策和发展路径对经济和金融系统的影响。NGFS设置的情景包括：有序情景，包括1.5℃温升情景（2050年净零情景）和2℃以下温升情景两种；无序情景，即到2100年，全球温升虽控制在1.5~2℃，但转型过程是无序的，并且再细分为非协调的净零情景及政策和技术迟缓的延迟转型情景；温室世界情景，包括温升2.6℃的国家自主贡献情景和温升3.0℃或以上的没有采取任何政策行动的当前政策情景（见表4）。除此之外还按不同气候情景设定了物理风险和转型风险。[①]

表4 NGFS三大气候情景

情景		物理风险	转型风险			
		政策目标	应对政策	技术变革	CO$_2$移除	区域政策差异
有序	2050年净零情景	1.4℃	立即、顺利	快速变革	中高度利用	中度差异
	2℃以下温升	1.6℃	立即、顺利	适度变革	中高度利用	差异较小

---

① NGFS，"NGFS Climate Scenarios for Central Banks and Supervisors，" 2022。

情景		物理风险	转型风险			
		政策目标	应对政策	技术变革	CO$_2$移除	区域政策差异
无序	非协调的净零情景	1.4℃	立竿见影,但各部门之间存在差异	快速变革	低中度利用	中度差异
	延迟转型	1.6℃	延误	缓慢/快速变革	低中度利用	差异大
温室世界	国家自主贡献	2.6℃	国家自主贡献	缓慢变革	低中度利用	中度差异
	当前政策	3℃+	非现行政策	缓慢变革	较低利用	差异较小

资料来源: NGFS, "NGFS Climate Scenarios for Central Banks and Supervisors," 2022。

有序情景中的 2050 年净零情景是通过严格的气候政策和创新将全球温升限制在 1.5℃ 以下,在 2050 年左右实现全球二氧化碳净零排放。2℃以下温升情景则是逐渐增加气候政策的严格性,有 67% 的机会将全球温升限制在 2℃ 以下。有序情景中,碳排放价格预计到 2100 年将达到 400 美元/吨二氧化碳以上。无序情景中的非协调的净零情景需要快速变革,虽然能实现 2050 年净零排放目标但会加剧区域不平衡。延迟转型情景假设年排放到 2030 年才会降低,之后需要更强有力的政策才能将温升限制在 2℃ 以下。温室世界情景中的国家自主贡献模拟结果预测出到 2050 年可将全球温升限制在 2.6℃ 左右。当前政策情景显示,全球温升将在 3℃ 以上(见图 5)。

IPCC、IEA 和 NGFS 利用不同的气候情景模拟揭示了全球面临的气候挑战以及实现净零排放所需的转型路径。三者都描述了全球温室气体排放和温度上升的变化趋势,以及不同情景下气候政策和经济发展的机会,探讨了可再生能源、能源效率改进、技术创新等领域的发展。IPCC 主要关注气候变化的科学维度,使用气候模型和系统评估模型来预测温度升幅、海平面上升等影响。IEA 则侧重于能源领域,分析能源供求、价格变动和政策影响对温室气体排放和能源转型的影响。NGFS 是将气候和金融系统紧密结合,关注金融风险、资产贬值等与气候变化相关的问题，利用经济模型模拟不同气候政策和市场情景对金融系统的影响。

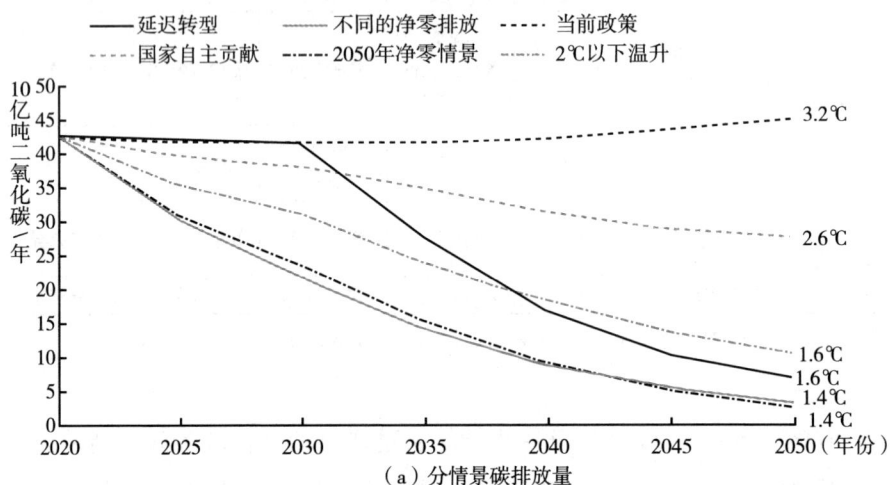

（a）分情景碳排放量

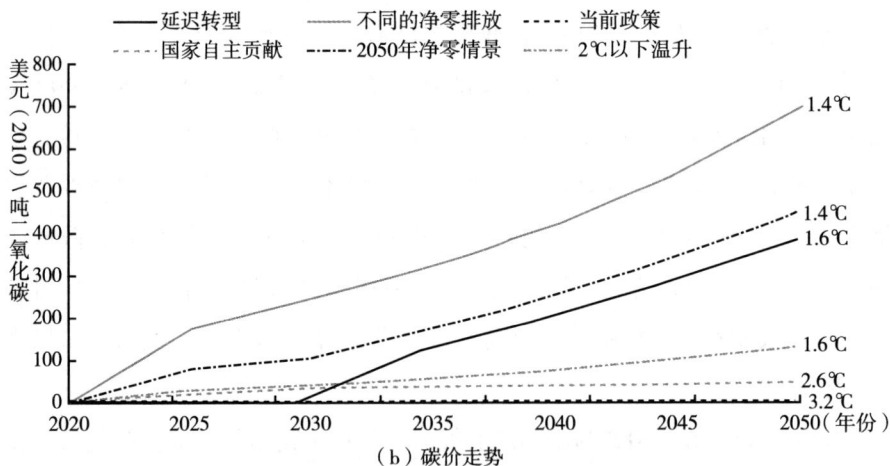

（b）碳价走势

图5　2020~2050年NGFS不同情景下的碳排放及碳价走势

说明：温度为2100年的气温升幅。

资料来源：NGFS，"NGFS Climate Scenarios for Central Banks and Supervisors，"2022。

净零转型是全球发展的共同目标，但由于不同国家和地区的资源禀赋、产业结构和发展优先事项不尽相同，实现净零排放的具体路径和性质会有所差异。不同的温控情景以及减排策略的选择会对气候、能源需求和经济产生不同程度的影响，为各国制定适当的政策和措施提供了科学依据。同时，它们也强调了实现净零排放所需的政策和行动的紧迫性，以及国际合作在推动全球减排和适应气候变化方面的重要作用。

（三）部门路径

不同部门实现净零排放的时间和路径存在差异。IPCC 模拟的 1.5℃温升情景下，土地利用变化和能源供应部门通常更早达到净零排放。交通运输、工业和建筑部门将在 2040 年实现净零减排量的一半，但到 2050 年无法实现净零排放的目标（见图 6）。

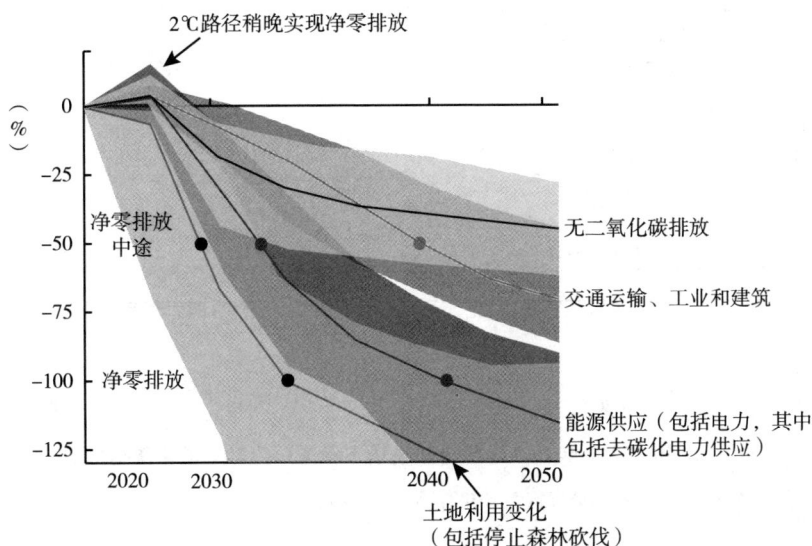

图 6　温升 1.5℃情景中的部门排放量与 2015 年相比减少的比例

资料来源：IPCC，"Climate Change 2023 Synthesis Report，" 2023。

能源部门温室气体排放约占当前的 3/4，推动能源部门实现净零排放是应对气候变化的关键抓手。当前，排放重点部门主要包括电力、交通运输、工业和建筑。在 IEA 净零排放情景下，全球范围内电力行业将于

2040 年实现净零排放。建筑部门的排放预计将在 2030 年将减少 40%，并到 2050 年实现 95% 以上的降幅。交通运输行业的排放到 2030 年将下降 20%，到 2050 年将下降 90%。工业行业的排放到 2030 年将下降 20%，到 2050 年将实现 90% 的减排。其他行业将到 2035 年左右实现净零排放，甚至在 2035 年之后实现负排放，为其他未能实现净零排放目标的行业减轻减排压力。

分阶段来看，在 2030 年前，主要的减排贡献来源于电力行业，该阶段其他三个行业减排贡献量不大；到 2040 年，电力行业率先实现零排放，工业和交通运输部门减排速度加快；到 2050 年，电力行业实现一定的负排放，而工业和交通运输部门则实现近零排放（见图 7）。

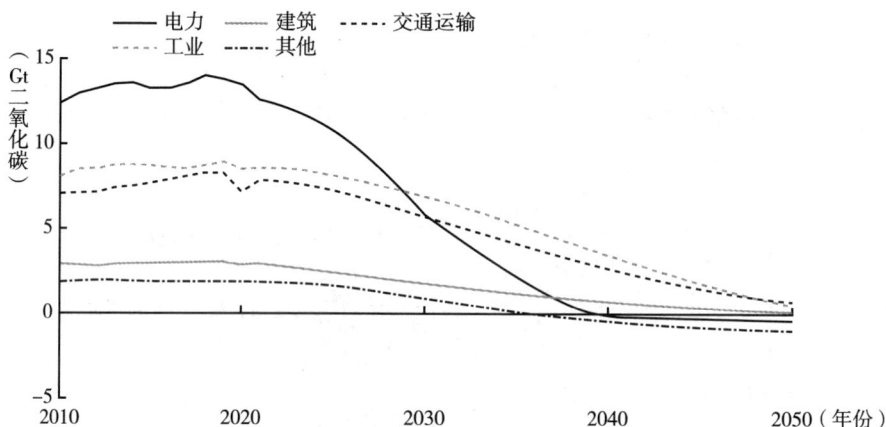

图 7 2010~2050 年 IEA 净零排放情景下不同部门的二氧化碳排放量

资料来源：IEA，《全球能源行业 2050 年净零排放路线图》。

无论是 IPCC 还是 IEA 的净零排放情景，不同行业在实现净零排放转型过程中的路径和时间均存在差异。从全球角度看，能源部门被认为是实现净零排放的关键。电力、工业、交通运输和建筑等是重点排放行业。

对于金融系统而言，NGFS 的气候情景呈现差异化的物理风险和转型风险。从物理风险角度分析，不同温升情景路径对资产和生产力造成的负面影响略小，其损失在 2040 年前基本呈现线性增长关系；然而保持当前政策措施和国家自主贡献路径将对资产和生产力造成较大损失，其损失占 GDP 的比重均将在 2050 年分别达到 6.4% 和 5.8%，2100 年甚至将分别突破 17.3% 和 13%（见图 8）。有序情景和无序情景下的温控路径对资产和生产力造成的损失到 21 世纪末期将保持不变。转型风险对 2050 年净零排放情景下的世界经济产生了部分负面影响，各种碳排放政策措施对碳排放的限制，将导致碳价和能源成本不同程度地上涨，从而引发相关行业盈利下降、投资减少和生产成本上升等一系列负面影响。在无序情景中，转型风险对 GDP 的影响将更加显著，因为转型程度的不确定性将影响消费和投资，进而对经济产生更为显著的负面影响。

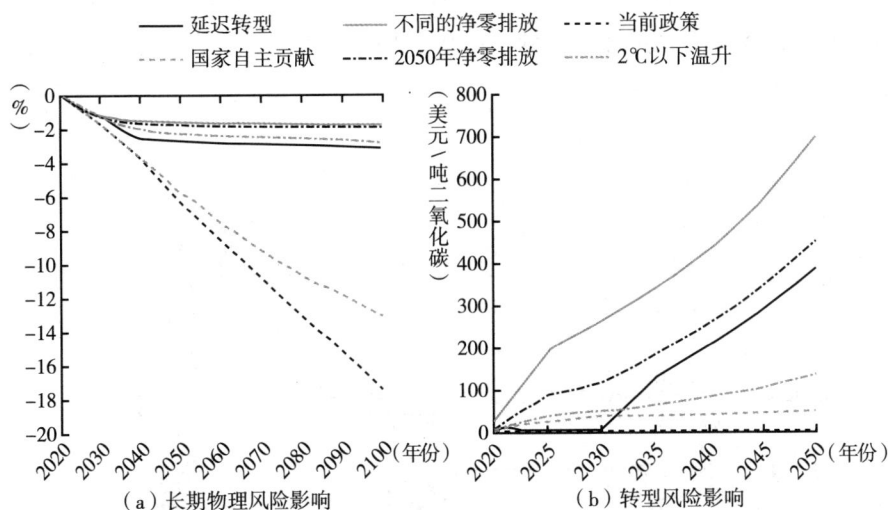

图 8 2020～2100 年不同温升情景造成的资产和生产力损失占 GDP 的比重及碳价

资料来源：NGFS，"NGFS Scenarios for Central Banks and Supervisors，" 2022。

（四）金融部门

金融部门在推动净零转型中发挥促进作用。通过在时间和空间维度安排恰当的融资规模和期限，金融部门可以推动产业创新以支持规模扩张，优化激励模式，支持相关产业有序退出，避免出现无序的绿色经济转型。

在 IEA 净零排放情景下，全球的能源投资将从 2016~2020 年的年均 2 万亿美元增加到 2030 年之前的年均 5 万亿美元，在 2050 年之前仍需维持在年均 4.5 万亿美元的投资水平。其能源领域的年度资本投资总额将从近年来占全球 GDP 的 2.5%左右上升到 2030 年的 4.5%左右，然后 2050 年回落到 2.5%。从科技领域来看，电气化是净零排放情景的主要关注点。除了增加对发电领域的投资外，对电网扩展和现代化方面的投资也将显著增长，年度投资额将从近年来的年均 2600 亿美元上升到 2030 年的约 8000 亿美元，并在 2050 年前保持这一水平。

而根据麦肯锡净零转型报告，2021~2050 年用于能源和土地利用系统的实物资产资本支出将达到约 275 万亿美元，到 2050 年的资金投入需要从目前的年均约 5.7 万亿美元增加到年均 9.2 万亿美元，资金缺口达 3.5 万亿美元（见图 9）。[①]

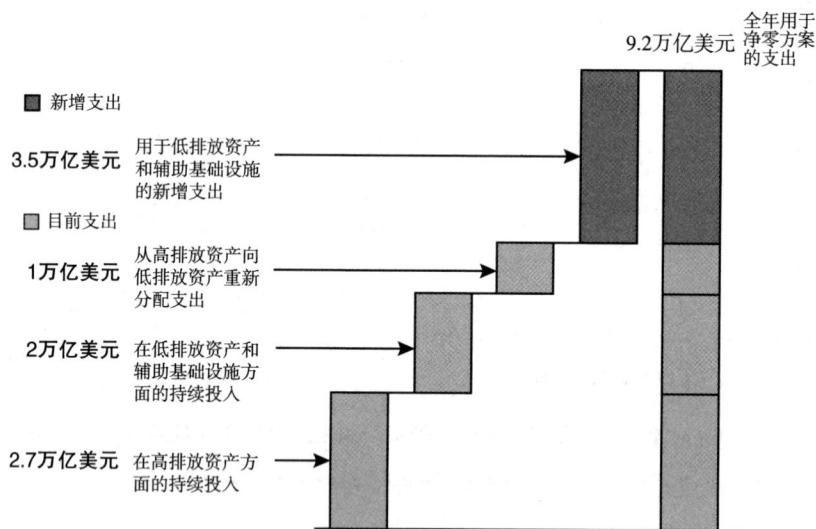

图 9　2021~2050 年净零转型的年均支出

资料来源：Mckinsay&Company，"The Net Zero Transition，" 2022。

---

① Mckinsay&Company，"The Net Zero Transition，" 2022.

从当前来看，净零转型不仅需要对净零排放技术进行推广和部署，推动清洁行业转型，还需要对高排放和难以减排的行业提供支持。联合国报告指出，能源部门是当今约 3/4 温室气体排放的来源，推动能源部门实现净零排放是避免气候变化的关键。部分国家和地区的经济生产仍然以碳密集型行业（也称"高碳行业""棕色行业"）为主，碳密集型行业在未来经济发展中扮演着重要角色。例如，化学品、水泥和钢铁制造等活动将继续成为经济的重要组成部分，而开发其低碳替代品的相关技术尚不适合大规模部署。[①]

尽管人们已经意识到并重视将更多资本引入低碳经济活动，但大部分的排放仍来自高碳行业。推动高排放活动逐步转向或过渡到低排放，对于各国成功脱碳并履行《巴黎协定》而言至关重要。可持续金融概念不断拓展延伸，转型金融便是在此背景下提出的，旨在提供促进高排放行业企业逐步减排所需的资金，使其更好地与气候目标保持一致。

（五）转型金融

2019 年 3 月，经济合作与发展组织提出转型金融的概念，希望通过转型金融在多个层面上为脱碳提供资金，从而支持联合国可持续发展目标。由此，金融资源的支持范围扩展到整个可持续发展领域，而不仅局限于绿色产业。同年 6 月，法国安盛集团宣布将推出其第一个转型金融工具，以支持碳密集型产业绿色转型。转型金融由此逐渐延伸为支持碳密集型行业低碳转型的金融服务。

转型金融产品不断涌现，比如转型债券、转型贷款、可持续发展挂钩债券（Sustainability-Linked Bond，SLB）、可持续发展挂钩贷款等。2019 年 9 月，意大利国家电力子公司 Enel Finance International N. V. 发行了全球第一笔可持续发展挂钩债券。经过近几年的快速发展，截至 2022 年 11 月，全球可持续发展挂钩债券和转型债券市场规模达 2017 亿美元。

---

① " 'Green Steel': The Race to Clean up One of the World's Dirtiest Industries," https://www.ft.com/content/46d4727c-761d-43ee-8084-ee46edba491a.

从整体来看，转型金融适用于当前尚无可行的绿色替代方案但对社会经济发展具有重要作用的排放密集型产业。转型金融的焦点在于减少碳排放以实现净零排放目标，最终实现将温升控制在 1.5℃ 之内的气候目标，公正转型等因素也包含在转型金融的发展之中。

通过对当前转型金融政策和市场的梳理研究，本报告提出如下转型金融体系框架。转型金融实践的开展主要在部门或行业、企业主体和金融机构三者之间。在经济活动层面上，部门或行业主要由国家政府部门或监管部门提出分类法（或框架）来界定转型活动。在转型主体层面上，企业主体根据转型路径制订转型计划，实施相应的转型措施并开展转型披露和评估。其中转型计划和转型披露同样适用于金融机构，而净零投资组合指标可以促进金融机构在资产组合层面实现净零排放。在企业主体和金融机构参与的转型金融市场中，一系列主要由固定收益工具组成的转型金融工具得到快速发展。转型金融工具的应用不仅为转型主体提供融资，还助力于减少企业主体转型风险，提高其在低碳经济变革中的竞争力。转型金融体系框架的完善还离不开金融市场中的投资者对企业转型的关注和支持，推动从资源配置、风险管理和资产定价角度有效发挥转型金融的价值（见图10）。

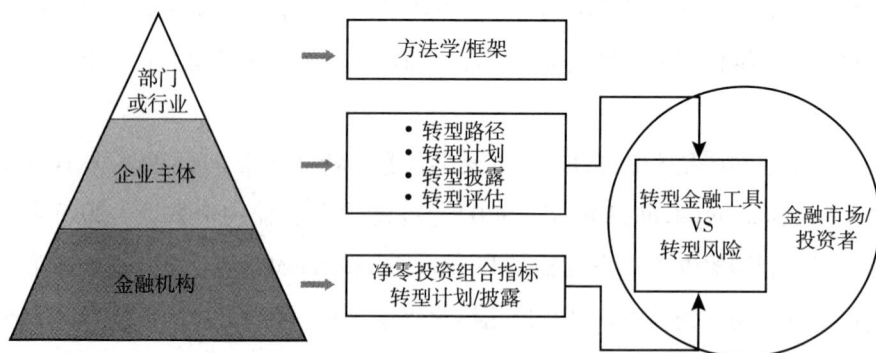

图10 转型金融体系框架

资料来源：笔者绘制。

二 转型分类法和转型活动

在绿色金融领域，绿色或可持续分类法定义了符合绿色或可持续标准的经济活动。各国纷纷将制定分类法作为发展可持续金融的重要政策工具。绿色或可持续分类法提供了参考范本，规定了哪些活动可以视为绿色或可持续活动，作为金融机构的识别和判断依据，支持开发相应的绿色金融产品。除此以外，更为细致的绿色或可持续分类法提供了相应的指标，辅助衡量绿色经济活动的表现。

与之类似，转型分类法（Transition Taxonomy）一般指的是指导经济活动或部门与《巴黎协定》保持一致的分类法。相较而言，转型分类法的范围更为广泛，是定义转型活动（Transition Activity）的重要依据。当前部分可持续分类法已经包括了转型活动。例如，《可持续金融分类法案》中囊括了当前并未接近零排放但碳排放逐渐下降的转型活动，如水泥或钢铁部门的转型活动。

从主体类型来看，转型分类法由区域和国家政府部门、金融协会和机构发布。欧盟《可持续金融分类法案》提出："只要高碳产业符合技术筛选标准，即'可为减缓气候变化目标做出重大贡献'，便可获得金融支持，其前提条件是'其产业在技术与经济可行性方面无低碳替代方案'。"欧盟《可持续金融分类法案》针对碳密集型企业转型设立了后续考核机制，在技术周期、减排目标等方面提出了严格要求，且每三年进行一次修订。同时，若高碳产业未能升级以符合更新的技术标准，将被剔除出转型产业支持清单。此外，该分类方案要求将碳密集转型投资纳入投资者信息披露条目，并提供高碳产业转型投资比例等详细信息。

由东盟国家提出的《可持续分类标准》根据经济活动对气候变化的影响程度，将各产业经济活动细分为绿色活动、褐色活动和红色活动。其中褐色活动是指当前虽不是零排放或接近零排放，但能为减少温室气体排放提供支持和做出实质性贡献的经济活动（见表5）。

表5 截至2022年底转型分类法/框架

发布时间	文件名称	发布主体
2019年6月发布;2020年3月提交最终报告及政策建议	《可持续金融分类法案》	欧盟
2021年12月	《欧盟可持续金融分类气候授权法案》	
2022年2月	《补充气候授权法案》	
2020年6月	《可持续发展挂钩债券原则》	国际资本市场协会（ICMA）
2020年12月	《气候转型融资手册》	
2020年6月	《可持续发展和转型融资框架与分类法》	新加坡星展银行（DBS）（首家提供转型融资的新加坡银行）
2020年9月	《转型金融白皮书》（《为可信的绿色转型融资》白皮书）	气候债券倡议组织（CBI）与瑞士信贷集团（Credit Suisse）联合发布
2021年1月	《中国银行转型债券管理声明》	中国银行
2021年4月	《气候变化和基于原则的分类法》（Climate Change and Principle-Based Taxonomy）	马来西亚央行
2021年4月	《中国建设银行转型债券框架》	中国建设银行
2021年5月	《气候转型融资基本指南》	日本环境金融研究院
2021年5月	《渣打银行转型金融框架》	英国渣打银行
2021年6月	《转型债券指引》	法国安盛资产管理公司
2021年11月	《可持续分类标准》	东南亚国家联盟（ASEAN）央行联盟
2022年1月	《湖州转型金融支持活动目录》	浙江省湖州市政府
2022年4月	《绿色金融分类目录》（Green Finance Taxonomy）	南非财政部
2022年6月	《关于开展转型债券相关创新试点的通知》	中国银行间市场交易商协会
2022年11月	《G20转型金融框架》	G20可持续金融工作组

资料来源：根据公开资料整理。

日本环境金融研究院提出的《气候转型融资基本指南》将转型金融分为A类型（针对项目或资产）和C类型（针对企业），对两种类型分别进行了行业细分，并针对各行业的转型路径提出了总体建议。其中A类型的项目或资产包括燃煤电厂、天然气发电厂、汽车、航空、建筑物、金属和玻璃等 17 类。C 类型的企业划分为发电企业、化石能源开发商、钢铁制造企业、水泥企业、造纸企业等 9 类。

就转型活动而言，气候债券倡议组织发布的《为可信的绿色转型融资》提供了转型活动分类框架，根据行业活动现状和净零排放目标将转型活动划分为净零排放类、零碳转型类、不可转型类、暂时过渡类和搁浅类（见图 11）。

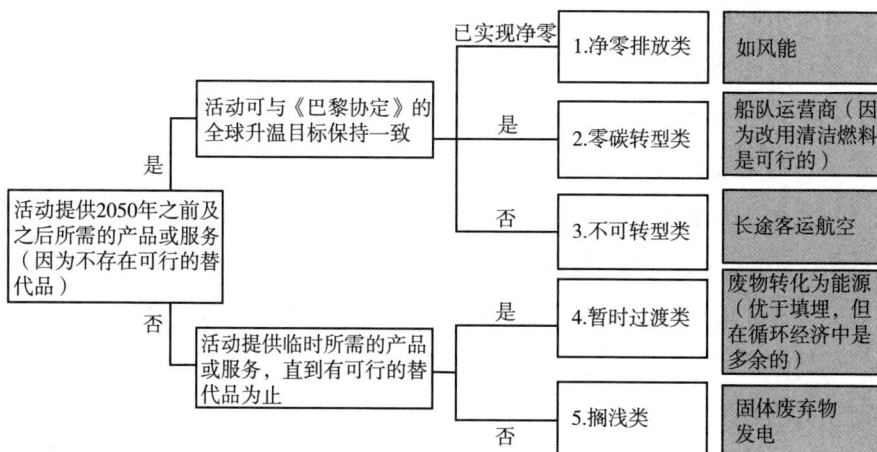

图 11 气候债券倡议组织转型活动分类

资料来源：CBI，"Financing Credible Transitions，" 2020。

净零排放类是指已经达到或接近零排放的活动，需要进一步脱碳但不需要重大转变。零碳转型类指的是 2050 年后仍需进行的经济活动，并有明确到 2050 年实现 1.5℃温升目标的脱碳路径。不可转型类是指 2050 年以后仍需进行的经济活动，但现阶段尚无到 2050 年实现 1.5℃温升目标的明确脱碳路径。暂时过渡类是指目前需要但应在 2050 年之前逐步取消的活动。搁浅类是指无法符合全球气候温升目标，但有低排放的经济活动替代方案的活动。[①]

从现有的转型分类法中可以看出，多个国家和地区已经将转型因素

① CBI，"Financing Credible Transitions，" 2020.

整合进了可持续金融分类法，并提供了可信的转型路径或指标，从经济活动层面帮助转型主体和金融机构形成转型共识。转型分类法的一个潜在作用是辅助信息披露，帮助转型主体和金融机构评估转型活动的效果，提供良好的转型示范案例。除此之外，转型分类法还将有效避免"洗绿"问题。

需要指出的是，各个国家和地区的转型分类法在内容和颗粒度上存在差异。各个国家和地区对具体转型活动和行业的界定并未形成相对一致的共识，从目前的政策上来看，其界定与所属国家或地区的经济状况相关。此外，部分转型分类法还囊括了转型活动的路径、指标、披露和监测等内容，提供了一套完整的执行机制。

从执行层面来看，转型活动与转型企业的发展战略密切相关，各企业面临的情况不一，难以规划出适合全部转型主体的方案。并且转型活动的有效实施需要充足的信息反馈和评估，并随着技术发展和社会变化相应地做出调整。而转型活动的界定将帮助金融机构识别出受认可的转型活动，推动转型金融工具的落地和开展相关服务。

总结来看，转型分类法一般由国家层面界定转型活动，不同颗粒度的转型分类法将指导转型主体和金融机构开展转型金融实践，而转型金融的完善运行离不开企业主体层面的转型措施，包括转型路径、计划、评估和披露。

三 转型路径、计划、评估和披露

企业端实现净零转型是一个动态过程，需要根据转型活动成效和相应目标的匹配性来判断其转型过程，并随着转型计划的实施开展内外部沟通，进行必要的调整。主体层面，需要企业根据自身所处的行业和发展现状，根据转型路径制订可信的转型计划，并接受来自外部机构的审查。企业根据其转型计划寻找或发行转型金融工具（债券或贷款），金融机构评估其转型融资与转型活动的匹配性，并在金融工具使用的存续期内进行信息披露，持续接受来自金融机构或投资者的评估（见图12）。

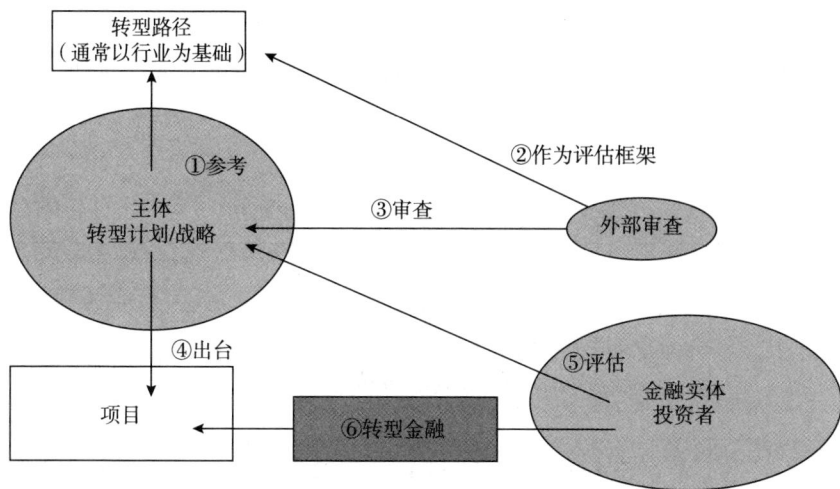

图 12   主体层面转型金融流程

资料来源：可持续金融国际平台（IPSF）。

（一）转型路径

转型路径是指地区、行业或经济体从当前状态到实现转型目标的过程，包括时间、范围和规模要素。其中对于金融机构转型目标设定而言，净零银行业联盟（Net Zero Banking Alliance）和净零资产所有者联盟（Net Zero Asset Owner Alliance）发布了目标设定指导和协议，分别要求联盟成员为2025 年和 2030 年设定第一个中期目标。[①]

目前，公共和私人部门组织制定了发展转型路径的相关倡议，通过提出经济部门或产业的净零转型轨迹（Sectoral Trajectory），为企业制定转型战略提供参考。政府间气候变化专门委员会和国际能源署等国际组织制定的气候情景便提供了相应转型路径的内容。科学碳目标倡议组织（Science Based Targets initiative，SBTi）和转型路径倡议组织（Transition Pathway Initiative）

---

① UN Environment Programme, "Guidelines for Climate Target Setting for Banks," 2021; " 'Green Steel': The Race to Clean up One of the World's Dirtiest Industries," https://www.ft.com/content/46d4727c-761d-43ee-8084-ee46edba491a.

等私人部门提供了相应转型路径参考。格拉斯哥净零金融联盟（GFANZ）指出当前有"自上而下"（top-down）和"自下而上"（bottom-up）两种转型路径制定方法（见表6）。

表6 转型路径制定方法及其代表组织

方法	理念	代表组织
自上而下	从全球净零排放目标向下细分，主要由集成模型创建跨部门和地区分配排放量，考虑部门之间的相互联系和结构转变，代表实现净零转型的雄心	IPCC、NGFS、IEA
自下而上	从行业现状出发，专注于商业上可行且可扩展的行动，识别技术和政策变化，代表实现净零转型的最可行步骤	世界可持续发展公商理事会（WBCSD）、Climate Champions、可行使命运伙伴关系（MPP）

资料来源：GFANZ。

除了以上转型路径相关组织提供的建议外，英国和日本等国家已经采取部门转型路径或部门政策来实现气候目标。

2021年10月，英国政府发布的《净零战略：更绿色的重建》（Net Zero Strategy：Build Back Greener）制定了包括电力、燃料供应和氢气、工业、热力和建筑、运输、自然资源、废物和含氟气体、温室气体清除部门的政策和建议，持续追踪碳预算和国家自主贡献，提出2050年实现脱碳经济的愿景。①

2021年5月，日本经济产业省、环境省、金融服务局联合发布《气候转型金融基本指导》（Basic Guidelines on Climate Transition Finance），为市场参与者开展转型金融实践提供参考。根据该指导，发行人和筹款人必须阐明转型路径并制定符合《巴黎协定》的目标。除此之外，日本经济产业省和其他相关机构为钢铁、化工、电力、天然气、石油、纸浆和造纸、水泥和汽车八

① "Fact Sheet：Net Zero-Aligned Financial Centre，" https：//www.gov.uk/government/publications/ fact-sheet-net-zero-aligned-financial-centre/fact-sheet-net-zero-aligned-financial-centre.

个碳排放密集型行业制定了实现 2050 年碳中和的转型路线图。①

不同的国际倡议组织提供了制定转型路径的做法和建议，各国政府根据其气候战略制定相应的部门转型路径参考。其中最为关键的是确保转型路径及其转型目标的制定具备一定的科学依据，并能根据不同部门低碳转型的难易程度有效地服务企业制订转型计划。

（二）转型计划

转型计划或称转型战略描述了转型主体在规定时间范围内如何使其现有的生产运营、业务模式和资产管理等与气候目标保持一致的做法。转型路径和转型计划的区别在于转型路径提供了行业范围内可采用的转型方式和需要考虑的因素，而转型计划则是对主体而言更细致的目标和措施。目前不同的国际机构或倡议组织提供了转型计划制订的有关建议和良好做法（见表7）。

表 7 转型计划建议

国际机构或倡议组织	文件	转型计划建议
ICMA	《气候转型金融手册》	发行人的气候转型战略和公司治理；在商业模式中考虑环境因素的重要性；气候转型战略应以科学的目标和路径为基础；相关信息的透明度
CBI	《对于变革企业的转型金融》（Transition Finance for Transforming Companies）	与《巴黎协定》一致的目标；稳健的转型计划；实施行动；内部监测；外部报告
全球环境信息研究中心（CDP）	讨论文章［Discussion Paper（2021）］	问责制；内部连贯；前瞻性；有时间限制和定量；灵活且快速响应；完整
ACT	框架文件［Framework Document（2019）］	衡量；透明的报告；公共承诺，包括设定科学的目标，采取实现这些目标的适当手段，为有意义的气候行动奠定了基础；问责制

资料来源：中央财经大学绿色金融国际研究院收集整理。

---

① "Transition Finance," https：//www. meti. go. jp/english/policy/energy_ environment/transition_ finance/index. html.

从当前各国际机构或倡议组织对于转型计划的建议来看，清晰的目标、可量化的措施手段以及信息披露是转型计划中的重要环节。对于金融机构而言，2022年，格拉斯哥净零金融联盟提出适合金融机构的净零转型计划框架，包括基础、实施战略、参与战略、指标和目标、治理方面的建议。

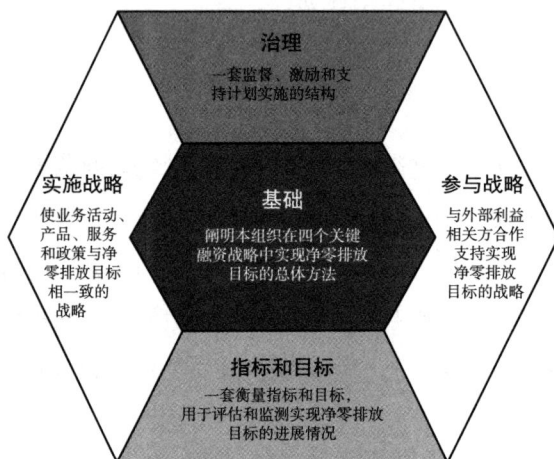

图13 GFANZ 金融机构净零转型计划框架

资料来源：GFANZ。

转型计划是展示落实主体转型承诺和体现可信度的重要基础，将净零承诺转化为减少温室气体排放的具体目标和行动。转型计划应阐明转型目标如何实现，如何衡量和管理转型过程，并考虑接受来自利益相关方的意见和审阅。

（三）转型评估

一系列的认证和评价流程构成了转型评估，从第三方的角度评估转型金融整体方案的可信性并支持转型金融产品的发行，主要包括转型标签（Transition Label）、外部认证计划和脱碳轨迹方法学工具。

从转型金融工具的发行中可以看到，转型标签被广泛应用于帮助投资者识别相关转型金融产品。2020年9月，CBI发布的《为可信的转型提供融资：如何确保转型标签产生影响》提供了初始框架和原则以识别可信的转型标签。[①]

外部认证计划提供了企业碳排放的评估和转型表现的评价。其中 TPI 从管理质量和碳排放表现方面评估企业如何实现低碳转型，其采用的方法为基于部门的脱碳方法。ACT 将公司的绩效与基准进行比较，衡量温室气体排放的范围和行动差距，将公司路径结果与基准进行比较，对公司进行评级。CA100+根据该倡议的三个高级目标（减排、治理和信息披露）评估重点公司的绩效（见表8）。

表 8 外部认证计划

外部认证组织或倡议	行业	认证内容
TPI	能源(电力、石油和天然气)、运输(汽车、航空、航运)、工业和材料(水泥、多元化采矿、钢铁、铝、纸浆和造纸)	从管理质量和碳排放表现方面评估企业如何实现低碳转型,其采用的方法为基于部门的脱碳方法
ACT	铝、农业、食品、汽车、建筑、水泥、化学品、电力、玻璃、钢铁、石油和天然气、零售、房地产、运输、纸浆和造纸、房地产开发商、适应方法、通用	ACT 框架由一个评估框架和一个指标框架组成,评估框架概述了一致的路径和一套用于制定方法的通用规则,指标框架为确定与商业环境影响最相关的指标奠定了基础
CA100+		根据该倡议的三个高级目标(减排、治理和信息披露)评估重点公司的绩效

注："通用"包括：（1）采掘活动；（2）工业；（3）污染和水资源管理；（4）具有高温室气体影响的服务；（5）具有低温室气体影响的服务。

资料来源：中央财经大学绿色金融国际研究院收集整理。

（四）转型信息披露

主体层面转型操作中涉及的转型目标、计划、执行情况、参考依据等内容，需要通过信息披露接受来自市场等方面的评价和检验。现有的金融市场

[①] CBI, "Financing Credible Transitions—A framework for Identifying Credible Transitions," 2020.

或交易所就转型金融产品信息提出披露要求，并且根据气候相关财务信息披露工作组（TCFD）和国际可持续准则委员会（ISSB）所提出的气候相关披露被各国普遍接受并采用，转型信息披露也在其中发挥一定的作用。

ISSB 基于 TCFD 提出"指标和目标"作为企业实体气候信息披露的重要支柱之一，管理和检测企业实体气候相关风险和机遇的表现。ISSB 建议企业实体披露跨行业指标（如范围 1、范围 2、范围 3 的温室气体排放量）、基于行业的衡量标准、董事会或管理层用于衡量目标进展情况的指标、为减轻或适应气候相关风险或最大限度地利用气候相关机会而设定的目标。

此外，TCFD 建议组织如果识别出重大转型风险的话则应披露转型计划。ISSB 在披露转型计划方面提出需要披露实现气候相关目标的手段、反映转型计划进展的定量和定性信息。除此之外，ISSB 还规定了有关这些转型的气候相关目标信息，如审查目标的流程、通过企业价值链实现的目标排放量、碳抵消在实现排放目标中的预期用途。

除此以外，瑞士、英国和欧盟开始做出明确转型计划披露的尝试。瑞士计划根据 TCFD 建议颁布气候相关披露法令，强制要求大公司披露转型计划，并将于 2024 年生效后的三年内开展审查。英国根据 Responsibility to Lead the Way 提案，对英国金融机构、资产管理公司、受监管的资产所有者（包括养老金计划）和上市公司提出发布净零转型计划的要求，详细说明在英国实现 2050 年净零经济的背景下如何适应和减碳。欧盟企业可持续信息披露法令（CSRD）要求企业披露转型计划，确保商业模式和战略与可持续经济转型和气候目标兼容。

针对企业实体层面的转型路径、转型计划、转型评估和转型信息披露构成的转型金融操作流程，使企业能够将转型理念贯彻到企业的发展过程中，并且科学、可信、可问责的转型金融操作流程为金融市场传递信号，帮助金融机构和投资者寻找恰当的转型投资机会，使企业转型诉求与转型资金供应相匹配。金融机构除了在操作层面为转型企业提供融资以外，在资产组合层面的管理也将规范转型资金用途，引导企业开展转型金融实践。

四　净零投资组合指标

金融机构的净零转型同样面临挑战。金融机构虽不直接参与实际的经济活动，但其授信过程、资金分配和风险管理等活动影响实体经济的发展。金融机构在应对气候变化和净零转型时，一方面提供转型资金和相关服务，配合企业实体开展转型；另一方面纳入转型因素的投融资活动也将对未开展转型的企业施加压力。格拉斯哥净零金融联盟在金融机构净零转型计划、为新兴市场和发展中经济体动员资金、净零公共政策等方面提供建议，为金融机构的转型计划、运营管理和信息披露等方面提供了借鉴。并且有别于实体层面的转型活动，金融机构还将通过其投资策略或资产组合以及管理转型风险影响转型活动。

诚然，金融机构可以通过对碳密集型行业进行撤资来实现净零资产组合。但该项激进的投资策略并不能支持各行业的平稳过渡，也不能完全规避减排压力，并且会加剧碳密集型行业资产搁置的问题，错失绿色转型所带来的成长潜力。更为妥帖的措施是与致力于减少碳排放的企业进行合作，利用金融产品设计和创新策略来激励企业减少排放。

气候变化本身也为金融机构带来一定的风险。金融机构开展转型金融实践本身也是为了应对转型风险，对排放更少、更可持续的经济活动和公司转型进行投资可以降低转型风险，增强金融部门的抗风险能力。金融机构通过开展转型金融实践能够评估转型企业和投资组合在实现净零排放路径中的位置，开展同行比较和进展追踪，辅助转型企业在获得转型融资的同时获取相关信息，评估转型风险和机遇。金融机构对转型金融方面的资产组合管理具体体现在净零投资组合指标上。

净零投资组合指标是指金融机构可以用来评估其脱碳投资进展的一套衡量指标。适宜的净零投资组合指标可以促进行业实现有序转型，降低企业被大规模撤资的风险，从而激励整个经济体转型。需要指出的是，净零投资组合指标仍然是一个相对较新的工具方法，金融系统并未就衡量投资组合的脱碳进程方法达成一致共识，但金融机构已经就净零投资组合指标开展相应的实践。

格拉斯哥净零金融联盟的报告识别出四项净零投资组合目标，分别为二元指标（Binary Metrics）、成熟度对齐指标（Maturity Scale Alignment Metrics）、基准差异指标（Benchmark Divergency Metrics）和隐含温升指标（Implied Temperature Rise Metrics）。

二元指标侧重于衡量企业资产组合中实现净零排放目标的百分比。对比来看，成熟度对齐指标则将企业资产投资组合划分为"已对齐""对齐中""承诺对齐""未对齐"四类。基准差异指标根据温升1.5℃情景路径构建企业排放基础，然后将投资企业的实际累计碳排放进行比较，评估投资企业资产组合超过或不足额度。隐含温升指标则将超出或不足额度转化为全球温升的结果。

其中二元指标操作简便且直观，但该指标透露的信息比较有限。成熟度对齐指标可以提供更为细致的内容，将投资组合细化为不同的类别，可以识别出转型相关信息，判断投资组合净零转型的贡献。但该指标所规范的分类方法缺乏标准。基准差异指标适合不同的行业部门，适应各自行业的转型路径，但构建相应转型路径的指标存在一定挑战。隐含温升指标直观易懂，便于沟通。该方法使用的前提是跨部门的转型路径情景和全面的范围1、范围2、范围3的排放披露，而目前仍缺乏相关信息（见表9）。

表9 净零投资组合指标方法评价

评价方法	简便性	透明度	科学性	可聚合	激励最优
二元指标	易于使用	仅已知基于目标的一致/未一致公司的百分比，投资组合级别一致的程度未知	科学的可靠性依赖包括符合1.5℃温升目标并经第三方验证的目标	限制于聚合已验证的符合1.5℃温升目标的投资组合公司	目前，这种方法不考虑目标的可信度

续表

评价方法	简便性	透明度	科学性	可聚合	激励最优
成熟度对齐指标	相对简单易用。使用专有数据和方法将资产分成不同的成熟度类别	将投资组合公司分类为符合、正在符合和不符合公司，会掩盖投资组合层面的符合程度	这取决于所选的用于将公司分为不同类别的底层数据源的科学可靠性	限制在投资组合分类中	取决于所选择的底层数据的适用性，可能会达到激励最优
基准差异指标	使用和解释起来较为复杂。可以执行特定行业的热点分析	输出结果难以解释，取决于所选择的情景和基准构建方法，并且可能会出现不一致的结果	该模型在科学上的可靠性取决于模型设计的选择	在投资组合层面聚合没有意义	决策效用高度依赖按行业和地理位置确定的适当情景的细化水平
隐含温升指标	复杂性水平最高，将基准差异方法与来自物理气候科学的输入相结合	结果容易沟通并促进将资金重新分配到净零排放中。但底层度量标准具有一定的假设性和复杂性	该模型在科学上的可靠性取决于模型设计的选择	结果可以轻松地在投资组合层面进行聚合	可能在适当的设计选择下实现激励最优

资料来源：中央财经大学绿色金融国际研究院收集整理。

净零投资组合指标的使用将发挥决策支持和信息沟通的作用。净零投资组合指标一方面将发挥支持开展投资研究、构建资产组合、开展投后管理的作用；另一方面将展现金融机构净零转型进程，集合利益相关方，理解投资活动影响，甚至帮助中央银行或政府部门开展金融监管活动。例如，瑞士财政部国际金融国务秘书处负责执行瑞士联邦委员会的金融市场政策，其提出的气候评价方法（Climate Score Approach）将提高投资评价方法的可比性，并形成统一的方法实践，为瑞士金融产品提供与《巴黎协定》保持一致的透明性方法。

衡量投资组合与气候目标的一致性将推动金融机构开展可持续投资实践，提高金融机构参与可持续投资的可信性，并对企业实体施加转型压力，从而切实推动转型金融的有效开展。当前出现的转型金融工具已经为相关企业提供融资、管理气候风险并为未来变革做准备。

五 转型金融工具

理论上，能帮助转型实体减少碳排放以实现净零转型的金融工具都可称为转型金融工具。其中具有明显转型标签和提供转型融资的金融工具主要为固定收益类工具，如转型贷款、转型债券、可持续发展挂钩贷款和可持续发展挂钩债券。

从类型上来看，转型金融工具主要有贷款和债券两种债务类金融工具。从形式上来看，根据国际资本市场协会的定义，转型金融工具可以分为"规定用途"类（Use of Proceeds）和"一般可持续发展相关"类（General Purpose Sustainability-Linked）金融工具。"规定用途"类（也称为"基于行动的"）工具是指将募集得到的资金用于转型活动的金融工具。"一般可持续发展相关"类（也称为"基于结果的"）工具是指不规定募集资金用途，而根据融资主体规定的目标实现情况而调整金融产品结构特征的金融工具。

目前，转型贷款和可持续发展挂钩贷款已有相应的实际运用，如中国建设银行湖州分行开展的转型金融贷款业务。但贷款类数据缺乏统一的统计标准并缺乏相关可比数据，而债券类工具信息披露更为充分，本报告以转型债券和可持续发展挂钩债券为对象说明转型金融工具的设计原理和实际应用。

从规模上来看，转型债券和可持续发展挂钩债券发展迅速，但相比于发展更为成熟的绿色债券而言规模有限。根据气候债券倡议组织的统计数据，2022年转型债券发行规模达35亿美元，可持续发展挂钩债券发行规模达764亿美元，分别占2022年可持续债券市场的0.41%和8.90%（见图14）。①

---

① CBI，"Sustainable Debt Global State of the Market 2022," 2023.

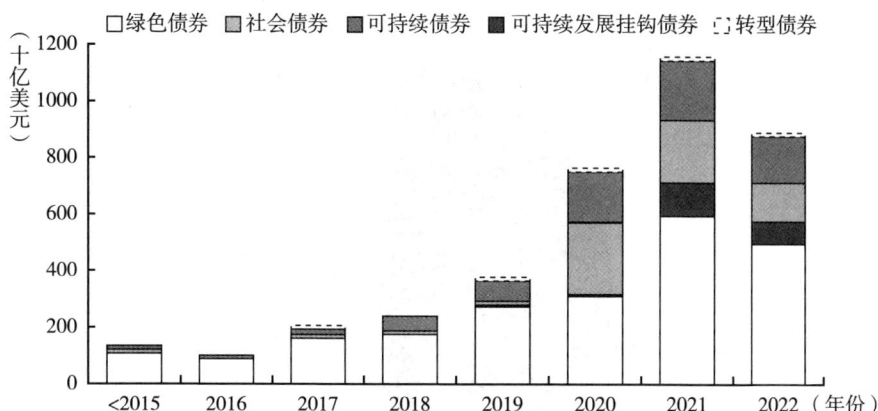

图 14 截至 2022 年可持续债券市场

资料来源：CBI，"Sustainable Debt Global State of the Market 2022，" 2023。

（一）转型债券

转型债券在票面要素上与普通债券一致，包括面值、发行年限、利率、日期等信息。在债券市场上使用转型标签是为了体现其募集资金将用于实现减排或相关目标，类似的标签还包括"绿色转型""可持续转型"等。中国转型债券市场包含"低碳转型""转型"。

通过收集整理来自 Bloomberg 数据库和 Wind 数据库的转型债券数据，截至 2022 年底，全球转型债券所支持的行业主要为工业、天然气公用事业和电力公用事业，其中工业占比达 41%。中国转型债券所支持的行业则主要为电力、热力生产和供应业，房地产和土木工程建筑业，煤炭开采和洗选业，黑色金属冶炼和压延加工业，其中前两个行业占比分别为 28% 和 24%（见图 15）。从转型债券发行目的来看，全球转型债券主要用于再融资和项目融资，中国转型债券主要用于偿还债务和升级改造，其占比分别为 58% 和 23%（见图 16）。

（二）可持续发展挂钩债券

可持续发展挂钩债券是一种固定收益类工具，主要特点在于其财务结构

（a）全球转型债券支持行业

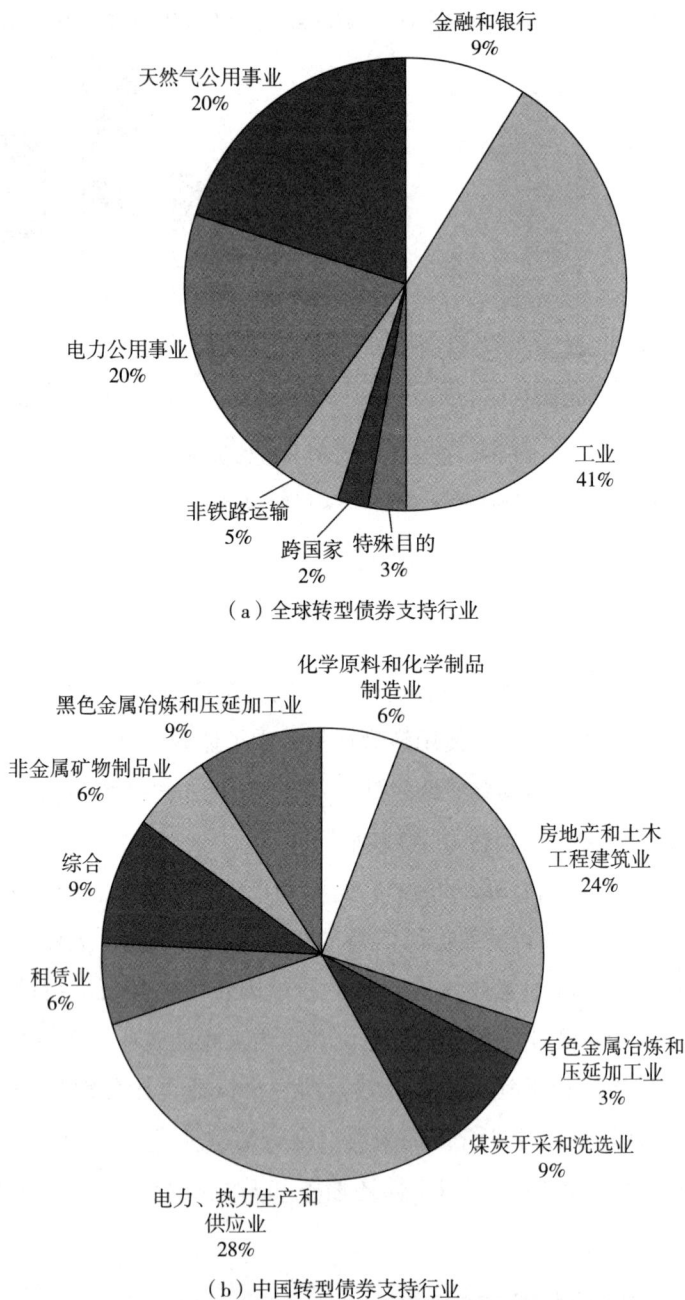

（b）中国转型债券支持行业

图 15　截至 2022 年底全球和中国转型债券支持行业

资料来源：Bloomberg 数据库、Wind 数据库，中央财经大学绿色金融国际研究院整理绘制。

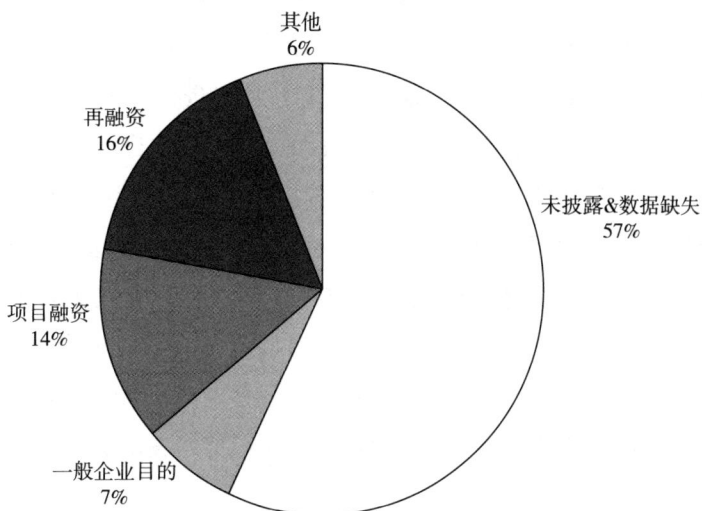

（a）全球转型债券发行目的

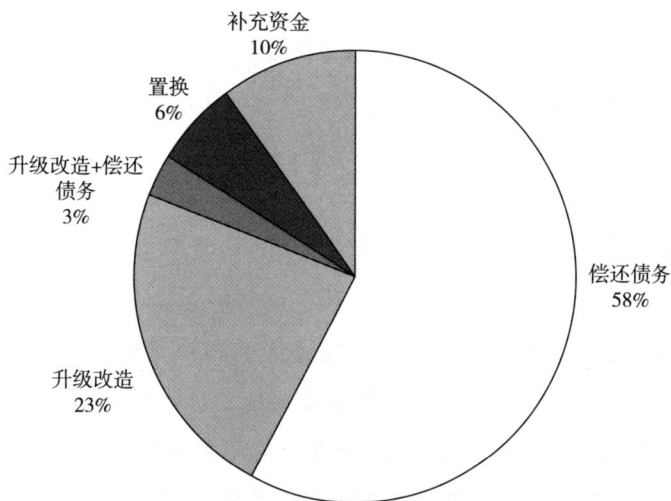

（b）中国转型债券发行目的

图 16　截至 2022 年底全球和中国转型债券发行目的

资料来源：Bloomberg 数据库、Wind 数据库，中央财经大学绿色金融国际研究院整理绘制。

与可持续发展目标相联系。其中，可持续发展目标通过关键绩效指标（Key Performance Indicators，KPIs）进行衡量，并根据实现约定的可持续绩效目标（Sustainability Performance Targets，SPTs）情况进行评估。可持续发展挂钩债券发行主要用于一般企业目的，并不规定其资金用途。

2020年，国际资本市场协会发布《可持续发展挂钩债券原则》，主要包含关键绩效指标的选择、可持续绩效目标的校验、债券特征（挂钩规定）、报告和核查。其中，关键绩效指标需要与发行人的经营业务相关并具有一定的实质性，具备可量化和可验证的特征。可持续绩效目标与关键绩效指标相对应，代表了事先约定的改进承诺。债券特征是指债券的财务结构安排与可持续绩效目标的实现相联系，最常见的设置是可持续表现不达标的话将会增加融资成本。

同样通过对Bloomberg数据库和Wind数据库的数据整理和分析发现，截至2022年底，全球可持续发展挂钩债券的发行人主要来源于工业，其占比达62%，其次为占比达15%的金融和银行业及占比达12%的电力公用事业。中国排前三名的可持续发展挂钩债券发行人行业为电力、热力生产和供应业，房地产和土木建筑业，煤炭和有色金属行业，其占比分别为31%、20%和16%（见图17）。

从募集资金用途来看，全球可持续发展挂钩债券的募集资金主要用于一般企业目的和可持续发展相关目标，其占比分别为43%和32%。中国可持续发展挂钩债券的募集资金主要用于偿还债务和补充资金，其占比分别达60%和10%，另有14%的募集资金两者兼而有之（见图18）。

以可持续发展挂钩债券为代表的转型金融工具包含的挂钩条款可以看作一种惩罚机制，即如果不实现预先规定的可持续绩效目标会触发相应的财务上的惩罚，以提高融资成本。目前主要有三种挂钩条款：息票利率增加、提前赎回、其他条件。

就中国可持续发展挂钩债券发行的挂钩条款来看，大部分的可持续发展挂钩债券采用的是规定期限内提高发行利率的做法，较少部分采用付息日赎回全部债券的做法。提高发行利率的挂钩条款多数采用一阶段的方式

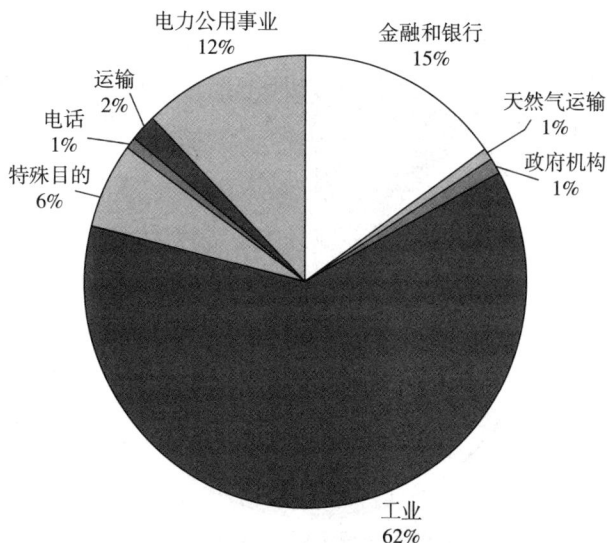

（a）全球可持续发展挂钩债券发行人行业

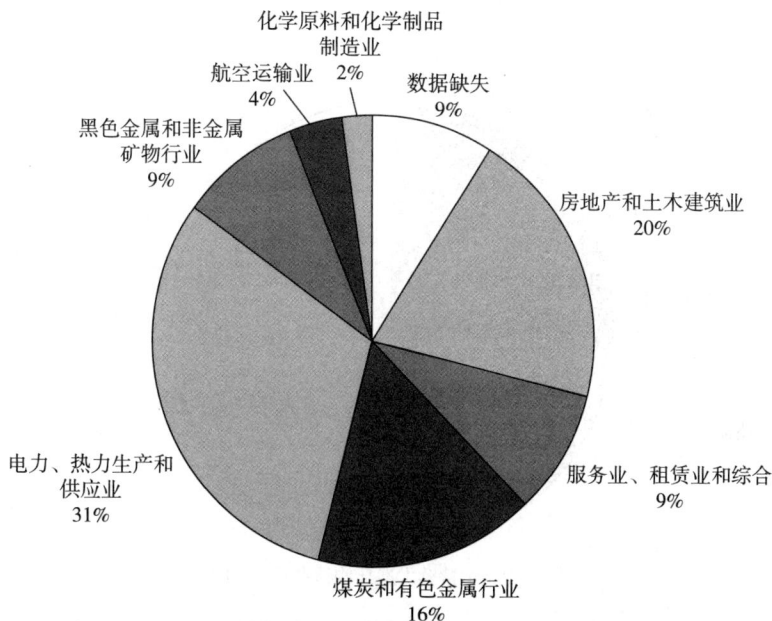

（b）中国可持续发展挂钩债券发行人行业

图 17　截至 2022 年底全球和中国可持续发展挂钩债券发行人行业

资料来源：Bloomberg 数据库、Wind 数据库，中央财经大学绿色金融国际研究院整理绘制。

收购融资+其他目的
3%

其他目的
3%

资本支出+其他目的
3%

营运资金+其他目的
3%

一般企业目的+再融资
21%

可持续发展
相关目标
32%

一般企业目的+其他
22%

再融资+可持续发展相关目标
13%

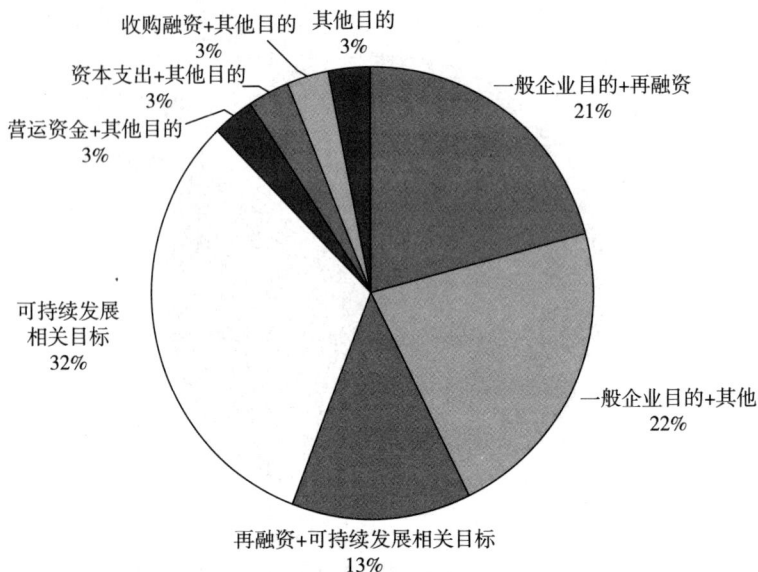

（a）全球可持续发展挂钩债券发行目的

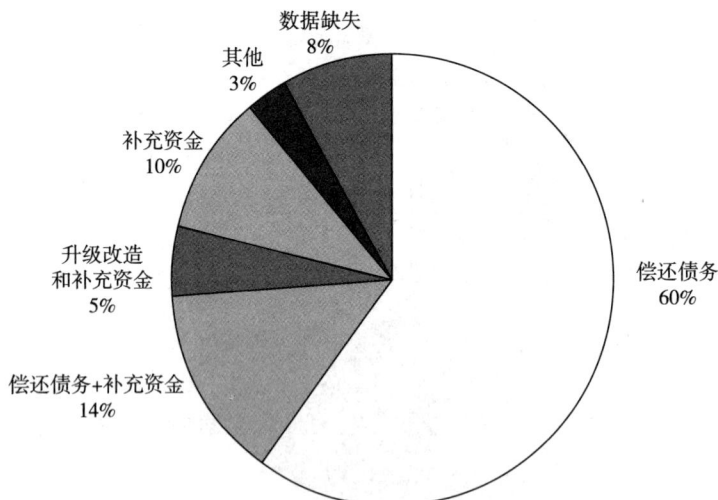

数据缺失
8%

其他
3%

补充资金
10%

升级改造
和补充资金
5%

偿还债务
60%

偿还债务+补充资金
14%

（b）中国可持续发展挂钩债券发行目的

图18　截至 2022 年底全球和中国可持续发展挂钩债券发行目的

资料来源：Bloomberg 数据库、Wind 数据库，中央财经大学绿色金融国际研究院整理绘制。

（单次调整发行利率），较少采用两阶段或混合的模式。其中多数挂钩条款设计于发行期的第三年和最后一年，其在样本范围内的占比分别达 47.74% 和 36.36%。从挂钩条款的利率来看，调整利率范围在 5~50BP，其中大部分可持续发展挂钩债券的调整利率为 10BP（见图 19），其占比达 52.83%。

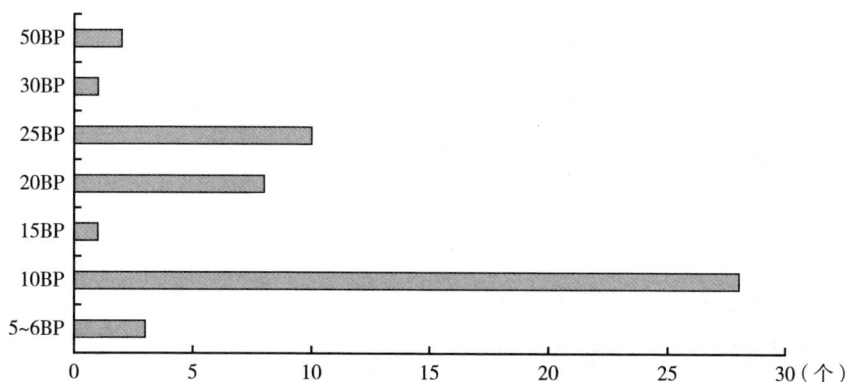

图19　中国可持续发展挂钩债券调整利率

资料来源：Bloomberg 数据库、Wind 数据库，中央财经大学绿色金融国际研究院整理绘制。

六　转型风险

气候相关财务信息披露工作组将气候风险划分为物理风险和转型风险。物理风险是指气候变化造成的物理影响，如短期突发事件或气候模式的长期变化所引起的财务影响。转型风险是指与低碳经济转型相关的风险，包括政策法规、技术、市场和声誉变化影响企业运营和资产价值的风险。转型风险可划分为政策和法律风险、技术风险、市场风险和声誉风险。

政策和法律风险来源于气候变化引起的相关政策的调整以及相关法律纠纷，如气候相关诉讼案例的增加。技术风险来源于支持向低碳经济转型的技术升级或创新，如以可再生能源产品和服务替代碳密集型产品和服务。市场风险源自气候变化引起的产业链供需和产品价格的变化。声誉风险来自消费者、投资者、职工等利益相关方对企业看法的改变。

在实现净零转型的过程中，所有产业都面临转型风险，而相对来说碳密集型产业更易受到转型风险的影响，如交通领域中电动汽车的增长对内燃机车辆的使用造成冲击。另一类能源密集型行业因为现阶段缺乏经济可行的低碳替代品难以实现碳减排而面临转型风险，包括石化、铝、钢铁、水泥和化肥等行业。

转型金融和转型风险两者之间有紧密联系。对于金融行业而言，其本身运营的碳排放相对较低，其转型风险取决于接受其金融产品和服务的企业表现。对开展可持续转型的企业进行投资可以降低转型风险，增强金融部门的抗风险能力。

从金融工具设计的维度来看，理论上，如果转型风险能够准确地反映在市场中，那么碳排放量较高的企业的融资成本将会系统性地升高，会迫使企业开展减排活动甚至实现自身的低碳转型。同理，如果转型风险真实地反映在资产价格中，在其他因素不变的情况下，积极减少排放的企业将较少地面临由未来气候政策收紧而引发的转型风险。

像可持续发展挂钩债券这样与一定可持续发展表现相挂钩的转型工具可以推动企业开展风险管理和企业减排。与可持续发展表现相挂钩的惩罚机制会鞭策企业实施变革，使债权人在发行人未能实现预期减排量时获得更高的风险溢价。此外，企业的转型表现也被纳入市场考量，有助于推动实际变革。换句话说，转型金融工具可以理解为管理和降低转型风险以及增强或维持发行人在未来低碳经济中的竞争力的工具。

七　发展转型金融的挑战

（一）差异化的净零转型

净零转型的实现将受国家和地区社会经济环境、地理位置和优先事项等因素的影响而产生一定程度的差异，使国家自主贡献与实现《巴黎协定》的目标路径存在分歧。在全球金融市场以及跨国公司运营的背景下，国家和地区做法的巨大差异可能会对投资和金融流动形成障碍，影响跨境转型资金的流动。并且，这样的分歧还可能导致不同司法管辖区的企业和投资实践不同，进一步加剧对"洗绿"行为的担忧。

（二）转型活动标准缺乏共识

当前转型活动的标准或框架主要由国家监管部门制定并颁布，并且仅有部分国家对具体的转型活动进行了界定。虽然部分国家已采取行动开展转型分类目录的建设，但并未产生规模化的转型活动共识。缺乏具有可比性的转型标准和框架将导致在转型过程中出现分歧，也将导致转型过程中各方操作方式不同，难以保证最终效果。

（三）转型金融市场规模化不足

如前所述，转型债券和可持续债券市场在全球绿色、可持续和社会债券市场中的占比不足 10%，转型金融市场仍具有巨大的发展空间。转型金融市场是支持经济转型和可持续发展的重要组成，但其有限的规模难以满足实体经济低碳转型的需要。究其原因，一方面是官方对转型金融市场的支持和引导不够，市场发展缓慢；另一方面是金融机构参与度不高，缺乏多样化的金融产品和服务来满足转型需求。

（四）缺乏转型信息披露

企业转型计划和实施后的转型信息披露制度不健全，企业往往缺乏就转型活动开展的信息披露，导致利益相关方无法全面了解转型进展和影响，进而产生"洗绿"或假转型风险。转型信息披露是提供转型计划、执行情况、风险因素等重要信息的过程，是帮助判断企业是否实现净零承诺并评估企业未来发展状况的重要依据。经合组织对转型金融行业的调查表明，企业缺乏有关转型计划的详细信息是阻碍他们确定可以根据净零排放目标融资的公司的主要障碍。[1]

---

[1] OECD, "OECD Guidance on Transition Finance: Ensuring Credibility of Corporate Climate Transition Plans," 2022.

八　转型金融发展展望

（一）提高主体对净零转型目标的认识

为了促进全球转型资金在规模上和速度上能实现《巴黎协定》目标，可以优先加深企业等主体对转型风险的认识，进而提高对转型目标的认同，推动转型主体带头开展转型活动和转型金融实践，形成示范效应以弥补净零转型路径差距。企业做出的净零承诺和自愿性质的转型活动能形成良好的社会氛围，并能引导供应链上下游以及同行业企业开展相关转型活动。

（二）协调转型分类法

协调转型分类法可以就转型目标达成共识，在共同的净零转型目标下提供相对一致的转型活动方向。具体而言，可以借鉴中欧《可持续金融共同分类目录》的经验，就不同国家之间的转型活动提供可相互比较的依据，形成不同国家认可的转型分类法，加深各国对转型活动的认识和理解，由此带动利益相关方的协作和沟通，确保转型标准的可比性和实操性。

（三）培育转型金融市场环境

政府应通过颁布转型金融相关激励措施，加大对转型金融市场的支持和引导力度，提高金融机构的参与度，鼓励金融机构提供符合实体经济转型需求的金融产品和服务，积极扩大转型金融市场的规模。除此之外，转型金融工具不应局限于固定收益类债务融资工具，应从更广泛的层面上推动转型金融工具的开发，推动使用证券、基金、保险等产品，形成良好的转型金融市场环境。

（四）可持续信息披露纳入转型信息

当前可持续信息披露仍处于完善时期，应在该阶段一并整合转型因素，推动转型信息披露融入可持续信息披露。转型因素包括企业转型、政策转型和社会转型等方面，这些因素在可持续信息披露中相互交织、相互影响，对于制定有效的可持续信息披露策略至关重要。转型信息披露已经在国际上形成势头，英国、美国、欧盟逐渐将转型信息纳入可持续信息披露。此外国际可持续发展标准委员会提出的相关标准也提供转型计划披露指南。

评 价 篇

Evaluation Report

B.7
全球绿色金融发展指数构建说明及评价
结果相关性报告

赵 鑫[*]

摘 要： 全球绿色金融发展指数基于金融支持应对气候变化及可持续发展
的背景，提供全球主要经济体绿色金融领域政策、市场和国际合
作领域的评分，旨在直观地反映全球主要经济体绿色金融的发展
情况。全球绿色金融发展指数指标体系包含 3 个一级指标、6 个
二级指标、26 个三级指标和 54 个四级指标。其中，定性指标 37
个，半定性指标 3 个，定量指标 14 个。指标体系从政策与战略、
市场与产品和国际合作的维度衡量全球 55 个国家的绿色金融发
展情况。本报告为衡量全球绿色金融发展指数评价结果的相关
性，选取经济发展和财政基础、金融市场发展程度、对外开放水
平作为外生因素，研究其与全球绿色金融发展指数之间的相关

* 赵鑫，中央财经大学绿色金融国际研究院研究员，研究方向为可持续金融、转型金融。

性。研究结果显示，全球绿色金融发展水平与经济发展和财政基础具有明显的正相关关系，与金融市场发展程度相关性相对不明显，与对外开放水平的相关性具有集中性特征。

关键词： 全球绿色金融发展指数　经济发展　金融市场　对外开放

一　全球绿色金融发展指数的构建背景

随着气候变化、生物多样性保护和可持续发展等议题越来越受到全球关注，绿色、低碳和可持续发展逐渐成为全球发展共识，倡导支持绿色低碳转型与经济发展已成为未来经济社会发展的主旋律。实现《巴黎协定》《昆明-蒙特利尔生物多样性框架》《可持续发展目标》等所需的资金缺口仍然巨大。绿色金融作为将环境治理与金融服务相结合的重要工具，能够有效推动和助力实体经济实现绿色低碳转型。现阶段国内外绿色金融政策标准、风险管理、工具与产品、国际合作等蓬勃发展，相关领域的创新性实践与举措层出不穷。

在此背景下，部分国家已经逐步构建并完善自身的绿色金融体系并培育出适合本国情况的绿色金融市场，推动实体经济和产业向低碳转型发展。绿色金融发展水平的衡量有助于理解和认识绿色金融发展阶段，也将为下一阶段调整和深化发展提供指引。目前，已有部分机构对不同国家与城市的绿色金融发展状况开展研究。

G20 可持续金融工作组最先开展国别绿色金融发展追踪。2016 年《G20 绿色金融综合报告》对绿色金融的发展进行了评述。[1] 2017 年联合国环境规划署发布《G20 绿色金融进展报告》并在 2019 年进行更新，之后没有进一步追踪。[2] 2021 年 G20 可持续金融工作组发布《G20 可持续金融路线图》，

---

① . G20 绿色金融研究小组：《G20 绿色金融综合报告》，2016。

② UNEP, "Green Finance Progress Report," 2017.

此后每年该工作组都会总结该年可持续金融发展趋势，但并未就国别绿色金融发展开展系统性分析。

2021年，可持续银行和金融网络发布第三次《全球和国别进展报告》，主要衡量了新兴市场和发展中经济体的绿色金融发展情况。[①] 该结果每两年进行一次更新。此外，英国智库Z/Yen于2022年发布第十版《全球绿色金融指数》，从全球金融中心城市的角度评价绿色金融发展情况。[②]

已有研究提供了绿色金融的发展态势和成功经验，对传播绿色和可持续投资理念发挥了积极作用，但总体来看不能及时反映各国在绿色金融方面所取得的成绩，也难以为绿色金融发展研究提供有充分价值的知识信息，难以对政策制定者提供有效参考。

全球绿色金融发展指数旨在系统性地研究和评价全球主要经济体的绿色金融发展情况，通过指数打分和结果排名的方式反映各国绿色金融的发展阶段。此外，本报告还就评价结果进行相关性研究，分析影响全球绿色金融发展的因素及其影响关系，同时对指标体系的科学性进行探讨。

二 全球绿色金融发展指数的构建方法

全球绿色金融发展指数从政策与战略、市场与产品和国际合作方面提供全球主要经济体的绿色金融发展评价，旨在直观地反映全球主要经济体的绿色金融发展情况，为全球的政策制定者、金融从业人员、企业管理层、专家学者等提供具有可比性和连续性的全球绿色金融发展信息。指标体系设计的科学性和严谨性将直接决定全球绿色金融发展评价结果的说服力和权威性。

（一）指标体系构建

全球绿色金融发展指数指标体系基于中央财经大学绿色金融国际研究院对全球绿色金融发展的研究，借鉴了地方绿色金融发展指数的构建方法，并

[①] Sustainable Banking and Finance Network, "Global and Country Progress Reports," 2021.

[②] Z/Yen, "The Global Green Finance Index 10," 2022.

结合全球绿色金融发展的特征进行调整。

本着公开透明的原则，全球绿色金融发展指数指标体系（2022）披露全部四级指标。在指标体系编制过程中，数据可得性和国别信息可比性不足等多种限制影响了指标的选取。本指标体系也会随着全球绿色金融信息数据可得性的提高和新发展阶段进行调整。

2022 年指标体系与 2021 年指标体系保持一致，设有 3 个一级指标、6 个二级指标、26 个三级指标和 54 个四级指标。在四级指标中定性指标为 37 个，定量指标为 14 个，半定性指标为 3 个（见表 1）。

表 1　全球绿色金融发展指数指标体系（2022）

一级指标	二级指标	三级指标	四级指标	定性/定量
政策与战略（30%）	绿色发展政策与战略	绿色发展战略	国家绿色发展整体战略性政策	定性
			绿色发展行动规划	定性
			国家绿色经济相关政策	定性
		国家碳减排机制	碳中和目标阶段	定性
			碳减排机制	半定性
	绿色金融相关政策	绿色金融综合类政策	绿色金融整体战略性规划	定性
		绿色金融产品专项政策	绿色债券相关政策	定性
			绿色信贷相关政策	定性
			绿色保险相关政策	定性
			绿色基金相关政策	定性
		金融风险相关政策	环境信息披露政策	半定性
			金融机构环境压力测试	半定性
市场与产品（50%）	绿色金融产品	绿色债券	累计绿色债券发行规模	定量
			2022 年新增绿债发行规模	定量
			累计绿色债券发行单数	定量
			2022 年新增绿债发行单数	定量
			累计发债机构数量	定量
		绿色贷款	绿色贷款分类	定性
			2022 年新增绿色贷款	定性
		绿色保险	环境责任保险	定性
			是否有其他绿色保险	定性

一级指标	二级指标	三级指标	四级指标	定性/定量
市场与产品（50%）	绿色金融产品	绿色/ESG基金	绿色或ESG基金分类	定性
			2022年新发绿色基金	定性
		碳市场	碳排放权交易	定性
			现货金融产品	定性
			碳金融衍生品	定性
	市场机构建设	国家开发性金融机构	绿色投资承诺	定性
			社会环境保障措施（Environmental and Social Safeguard）	定性
			免费技术援助	定性
		国家级绿色银行/基金	是否有国家级绿色银行/基金	定性
		国家主权基金	是否有国家主权基金承诺或宣布为绿色/可持续转型投资	定性
		商业性金融机构	是否有商业机构做出自主绿色金融投资承诺	定性
			是否进行环境压力测试	定性
			是否有环境与社会风险合规要求	定性
		证券交易所	ESG报告规定（ESG Reporting Required as a Listing Rule）	定性
			ESG报告指南（Written Guidance on ESG Reporting）	定性
			ESG相关培训（Offers ESG Related Training）	定性
			绿色相关指数（Market Covered by Sustainability-related Index）	定性
国际合作（20%）	参与可持续金融平台和网络（以成员国单位/监管部门加入）	央行和监管机构绿色金融网络（NGFS）	是否有央行和监管机构加入	定性
		可持续金融国际平台	是不是成员国	定性
		可持续银行网络（SBN）	是否有金融监管部门或行业协会加入	定性

一级指标	二级指标	三级指标	四级指标	定性/定量
国际合作（20%）	参与可持续金融平台和网络（以成员国单位/监管部门加入）	可持续保险论坛（SIF）	是否有保险监管部门加入	定性
		财政部长气候行动联盟	是不是成员国	定性
	参与主流可持续金融倡议（市场机构加入）	可持续证券交易所倡议（SSE Initiative）	是否有交易所加入	定性
		国际开发性金融俱乐部（IDFC）	是否有开发性银行加入	定性
		赤道原则（Equator Principles）	EPFIs 数量	定量
			2022 年新增机构数量	定量
		联合国环境规划署金融倡议（UNEP FI）	签署联合国可持续保险原则 PRB 机构数量	定量
			签署联合国负责任银行原则 PSI 机构数量	定量
			2022 年新增 UNEP FI 的机构数量	定量
		负责任投资原则（PRI）	签署负责任投资原则机构数量	定量
			2022 年新增机构数量	定量
		气候相关财务信息披露工作组（TCFD）	支持 TCFD 工作的机构数量	定量
			2022 年新增机构数量	定量

（二）评价对象和评价周期

全球绿色金融发展指数评价对象为全球 55 个主要经济体（G55），为根据 2019 年世界银行数据以购买力平价计算的国内生产总值（GDP PPP）排前 50 名的国家和 5 个经济、政治、地理位置重要的国家。G55 地域分布广泛，覆盖了欧洲、亚洲、美洲、非洲和大洋洲的主要经济体。

本年评价周期为 2022 年 1 月 1 日至 2022 年 12 月 31 日。

（三）数据来源与数据处理

本报告评分所用数据来源于中央财经大学绿色金融国际研究院建设的全球绿色金融数据库，该数据库的数据信息来源于公开数据。为确保指标数据的真实性和有效性，本报告建立了数据库团队和包括第三方查验、同行查验、对比查验在内的三轮数据审查工作流程，确保最终数据的可信度。

数据处理包括特殊处理、标准化处理和等权重汇总。

特殊处理主要用绿色债券发行规模的数据除以其 2022 年 GDP，提取绿色债券发行规模占当年 GDP 的比例。

标准化处理方面，对于定性数据根据结果有无用 0 和 1 来表示。由于本报告中使用的数据为公开数据，因此遇到无充足信息以支持判断的情况均按 0 处理。对定量数据则进行标准化处理。标准化处理公式为：

$$Z_A = \frac{A_x - A_{\min}}{A_{\max} - A_{\min}} \tag{1}$$

其中：A_x 为定量数据实际值，$A_{\min}$ 为定量数据对应指标中的最小值，$A_{\max}$ 为定量数据对应指标中的最大值。

完善对数处理标准化公式：

$$Z_A = \frac{\log_{10} A_x - \log_{10} A_{\min}}{\log_{10} A_{\max} - \log_{10} A_{\min}} \tag{2}$$

本指标体系采用四级指标等权重的方法，即 54 个四级指标的权重均为 1.85%。用 54 个指标的数据结果乘以等权重汇总得到全球绿色金融发展指数得分。

（四）局限性

本报告面临的一大局限性在于数据可得性。政策与战略指标中，国家之间的绿色金融发展模式迥异，难以形成一套具有可比性的模式进行量化，因此大部分的政策与战略指标为定性指标。这样设置虽能反映国家的发展侧重点，在绿色金融发展初期具有较好的辨识度，但无法很好地体现政策的实施力度和效果。因此当前指标体系难以精确区分绿色金融政策体系相对发达的国家之间的差距。市场与产品方面，不同国家金融基础和优先事项存在差异，绿色金融产品的统计口径不同导致难以获得可比较的数据。此外，当前并未对绿色金融产品开展具有一致性的全球统计，仅绿色债券数据具有一定的可比性，绿色贷款、绿色保险等产品数据并没有统计或披露。国际合作方面，当前指标选取全球性可持续金融平台或倡议，以保持公平性和客观性，但忽略了具有重要特征的区域性和双边合作。数据可得性方面也面临数据透明度的挑战。

此外，数据收集环节主要工作语言为英语，对于部分小语种国家而言，难以尽善尽美地确保数据收集的全面性。既有的工作流程确保了数据的真实性和客观性，但同样面临多种语言带来的挑战。

三　全球绿色金融发展指数评价结果相关性

（一）指标选取

为评价全球绿色金融发展指数的有效性和相关性，研究团队根据指标搭建和数据收集的过程识别出对全球绿色金融发展具有影响的外生因素：经济发展和财政基础、金融市场发展程度和对外开放水平（见图1）。结合变量数据的可得性，本报告各选取三个变量，采用等权重的方式进行量化处理。

1. 经济发展和财政基础

绿色金融的发展离不开国家经济基础。绿色金融主要通过引导和鼓励绿色产业发展，在促进实体产业进行融资的同时推动低碳经济的发展。经济规模也将影响金融市场的发展，相应的也会对绿色融资提出更高的要求，推动金融机构开展绿色金融产品和服务业务，最终影响绿色金融发展水平。此外，政府的支持也是绿色金融发展的重要推动力量。

基于此，本报告选取 GDP、人均 GDP、税收收入来衡量各国经济发展和财政基础。按购买者价格计算的 GDP 是经济体中所有居民生产者的总增加值加上所有产品税并减去不包含在产品价值中的所有补贴的总和。人均

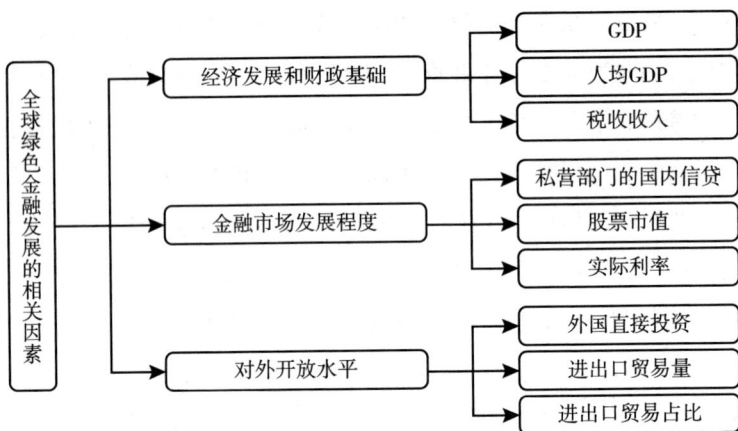

图1 全球绿色金融发展指数的相关因素

资料来源：笔者绘制。

GDP 是 GDP 除以年中时的人口数量。税收收入是指出于公共目的而强制转移给中央政府的收入。

2.金融市场发展程度

绿色金融和金融市场之间存在密切的关系。随着全球对环境保护和可持续发展的日益重视，绿色金融逐渐成为金融市场的重要组成部分。绿色金融通过提供环保和可持续发展的金融服务，引导资金流向环保和可持续发展领域，促进经济的可持续发展。此外，金融市场也为绿色金融提供了风险管理和监督机制，保障绿色金融的健康发展。金融市场充分发展的国家往往具有更为良好的理论基础和市场实践，而相应的金融部门对金融风险的识别和管理也更加有效。这些金融基础都将对金融部门如何看待和推动绿色金融的发展产生影响。

本报告选取私营部门的国内信贷、股票市值和实际利率作为衡量金融市场发展程度的指标。私营部门的国内信贷是指金融公司向私营部门提供的金融资源，如通过贷款、购买非股本证券、贸易信贷和其他应收账款等方式提供的建立还款要求的金融资源。股票市值是上市公司的股价乘以已发行股票数量。实际利率是投资者、储户或贷方在考虑通货膨胀后收到（或预期收到）的利率。

3. 对外开放水平

对外开放已经成为各国经济发展的重要战略，也影响绿色金融的发展。绿色金融作为推动经济可持续发展的重要手段，与对外开放之间存在密切的关系。绿色金融通过提供环保和可持续发展的金融服务，为国际合作提供新的动力。在国际贸易中，绿色金融可以促进环保和可持续发展项目合作，推动绿色贸易的发展，为跨国企业提供环保和可持续发展投融资支持。对外开放水平也将影响绿色金融的市场环境，推动绿色金融的创新和发展。

为衡量对外开放水平，本报告选取外国直接投资、进出口贸易量和进出口贸易占比作为指标。外国直接投资是由另一个国家的投资者、公司或政府对外国公司或项目进行的股权投资。进出口贸易量是指从世界其他地区接收和向世界其他地区提供的所有商品及其他市场服务的价值，包括商品、货运、保险、运输、旅行、特许权使用费、许可费和其他服务的价值。进出口贸易占比是用进出口贸易量除以该经济体 GDP。

为避免国家体量带来的差距，本报告的税收收入、私营部门的国内信贷、股票市值、进出口贸易占比指标除以 2022 年对应经济体的 GDP。本报告所用数据全部来自世界银行网站。全球绿色金融发展指数研究的 55 个样本国家和影响因素的得分情况如表 2 所示。

表 2   全球绿色金融发展指数与影响因素得分

单位：分

国家	全球绿色金融发展指数				影响因素		
	政策与战略	市场与产品	国际合作	总分	经济发展和财政基础	金融市场发展程度	对外开放水平
阿尔及利亚	5.93	5.56	0.00	11.48	3.91	21.51	12.69
阿根廷	15.00	21.33	14.48	50.81	24.42	21.35	6.07
澳大利亚	7.96	29.66	16.30	53.92	42.63	57.07	14.47
奥地利	13.52	38.58	11.02	63.12	46.89	37.39	15.54
孟加拉国	13.33	9.26	6.59	29.19	5.47	30.87	5.03
比利时	13.15	34.76	14.26	62.16	47.08	37.79	28.47
巴西	14.07	24.09	17.17	55.33	27.09	49.89	15.18

续表

国家	全球绿色金融发展指数				影响因素		
	政策与战略	市场与产品	国际合作	总分	经济发展和财政基础	金融市场发展程度	对外开放水平
加拿大	12.59	40.23	17.74	70.57	42.34	57.81	18.14
智利	15.37	24.47	13.29	53.13	18.59	47.98	11.22
中国	17.78	40.88	19.86	78.52	42.01	60.67	52.14
哥伦比亚	10.74	17.07	14.74	42.56	16.86	33.07	7.75
捷克	10.56	28.82	5.53	44.91	31.85	29.86	19.80
丹麦	20.00	37.34	12.47	69.81	54.60	64.41	17.60
埃及	9.63	15.53	12.51	37.68	4.22	27.58	6.09
法国	19.07	41.30	18.70	79.07	48.94	47.80	24.04
德国	15.37	41.53	21.26	78.17	48.44	39.29	31.85
希腊	11.67	28.45	11.64	51.76	33.34	30.98	13.26
匈牙利	17.22	29.22	8.81	55.25	28.92	28.10	20.76
印度	9.44	29.71	13.28	52.43	15.86	39.50	15.91
印度尼西亚	12.41	28.38	13.74	54.53	9.12	31.55	9.86
伊朗	5.56	3.70	1.85	11.11	4.49	40.19	5.38
伊拉克	4.07	1.85	3.70	9.63	1.63	33.00	8.18
爱尔兰	14.44	31.93	13.53	59.91	47.95	26.94	28.72
以色列	7.78	8.16	5.41	21.35	39.98	38.81	10.11
意大利	13.15	38.31	17.20	68.66	42.90	36.70	18.18
日本	15.37	36.91	21.88	74.16	38.28	67.14	16.91
哈萨克斯坦	9.44	11.45	6.48	27.37	17.17	28.25	7.76
韩国	13.52	27.09	18.80	59.40	32.27	64.43	19.74
马来西亚	14.07	28.39	10.34	52.80	11.14	52.09	20.06
墨西哥	12.41	31.46	13.80	57.67	13.76	31.29	19.48
荷兰	13.33	39.98	15.79	69.10	46.30	50.09	28.21
新西兰	13.52	28.88	12.56	54.96	40.22	52.09	6.81
尼日利亚	9.81	19.31	11.48	40.60	4.55	25.36	3.59
挪威	14.26	37.91	13.56	65.74	62.76	40.40	11.62
巴基斯坦	6.85	9.92	9.73	26.51	7.51	24.87	4.65
秘鲁	12.22	18.23	11.11	41.56	12.24	36.28	8.25
菲律宾	14.26	17.27	6.77	38.30	10.16	39.19	10.15
波兰	13.33	30.65	7.12	51.10	32.18	30.30	20.22
葡萄牙	12.59	29.79	10.61	52.99	33.22	37.19	13.20
罗马尼亚	11.30	21.83	7.17	40.30	23.26	24.70	12.45

续表

国家	全球绿色金融发展指数				影响因素		
	政策与战略	市场与产品	国际合作	总分	经济发展和财政基础	金融市场发展程度	对外开放水平
俄罗斯	12.22	21.74	5.27	39.24	14.59	33.65	6.70
沙特阿拉伯	7.59	21.05	6.23	34.87	12.74	64.02	11.06
新加坡	18.70	33.29	15.44	67.43	33.67	60.23	52.51
南非	11.85	26.97	14.33	53.15	20.99	69.05	9.54
西班牙	14.44	33.44	14.57	62.46	37.42	40.62	17.36
斯里兰卡	9.07	18.52	6.12	33.72	4.89	33.46	5.73
瑞典	16.30	42.46	16.11	74.86	47.74	59.73	17.48
瑞士	14.44	30.12	16.23	60.79	49.29	76.19	21.35
泰国	10.37	23.32	9.49	43.18	12.86	57.26	18.69
土耳其	12.22	27.48	10.10	49.80	20.87	10.33	13.40
乌克兰	11.30	10.58	6.39	28.26	22.52	21.50	10.43
阿联酋	10.37	25.52	8.14	44.03	30.39	40.51	25.05
英国	17.22	42.28	19.95	79.46	41.59	52.49	18.50
美国	8.52	40.66	17.11	66.29	75.37	75.68	62.37
越南	10.37	22.86	4.38	37.61	10.23	48.78	25.61

注：因四舍五入，存在误差。

（二）方法学选取

为检验全球绿色金融发展指数与外生影响因素的相关性，本报告采用皮尔森（Pearson）相关系数、斯皮尔曼（Spearman）秩相关系数和肯德尔（Kendell）相关系数检验变量之间的相关性。三个相关系数反映的都是两个变量之间变化趋势的方向以及程度，其值的范围为-1~1，0表示两个变量不相关，值越大表示相关性越强。皮尔森相关系数适用于检验呈正态分布的连续变量。与皮尔森相关系数相比，斯皮尔曼秩相关系数没有正态分布要求，适用于非线性关系，主要用于评估两个变量之间的单调关系。肯德尔相关系数也是一种秩相关系数，但它需要对变量进行分类处理，度量两个有序变量之间单调关系的强弱。

综合考虑各相关系数适用场景，本报告对各指标得分概率分布做正态分布检验。若样本得分满足正态分布则用皮尔森相关系数进行检验；若指标得分不满足正态分布则使用斯皮尔曼秩相关系数验证。本报告采用柯尔莫戈洛夫-斯米诺夫检验（Kolmogorov-Smirnov Test）方法进行正态分布检验，原假设和备择假设分别为：

H_0：指标得分服从正态分布；

H_1：指标得分不服从正态分布。

P值<0.05则拒绝原假设，即指标得分不服从正态分布，否则接受原假设。

根据表3的检验结果，指标得分大部分拒绝了原假设，说明指标得分不具有正态分布特征，因此本报告相关性研究使用斯皮尔曼秩相关系数进行检验。

表3　指标得分正态性检验结果

	经济发展和财政基础	金融市场发展程度	对外开放水平
P值	0.20	0.02	0.00
是否拒绝原假设	否	是	是

（三）相关性检验结果

本报告利用斯皮尔曼秩相关系数进行检验，分别考察经济发展和财政基础、金融市场发展程度与对外开放水平三个指标得分的相关性（见表4）。

表4　全球绿色金融发展指数与影响因素的
斯皮尔曼秩相关系数及显著性检验

全球绿色金融发展指数		经济发展和财政基础	金融市场发展程度	对外开放水平
政策与战略	相关系数	0.565	0.312	0.447
	P值	0.000	0.020	0.000
市场与产品	相关系数	0.824	0.483	0.726
	P值	0.000	0.000	0.000

全球绿色金融发展指数		经济发展和财政基础	金融市场发展程度	对外开放水平
国际合作	相关系数	0.633	0.504	0.440
	P 值	0.000	0.000	0.000
总分	相关系数	0.807	0.547	0.663
	P 值	0.000	0.000	0.000

本报告对斯皮尔曼秩相关系数进行显著性检验，原假设和备择假设分别为：

H_0：相关系数等于 0；

H_1：相关系数不等于 0。

P 值<0.05 则拒绝原假设，即相关系数不等于 0，反之则不拒绝原假设。检验结果显示全部相关系数的 P 值<0.05，因此认为相关系数不等于 0，具有显著相关性。该结果说明经济发展和财政基础、金融市场发展程度与对外开放水平不仅与全球绿色金融发展总体水平具有相关性，与全球绿色金融发展中的政策与战略、市场与产品、国际合作也具有相关性。这从侧面反映了全球绿色金融发展指数设计的有效性。

从相关系数的值来看，全球绿色金融发展指数与三个影响因素的相关系数都为正值，说明存在正相关关系。从相关系数大小来看，经济发展和财政基础与全球绿色金融发展指数的相关系数为 0.807，大于其他两个影响因素的相关系数，说明全球绿色金融发展水平更多地与经济发展和财政基础相关联。从全球绿色金融发展指数的细分指标来看，影响因素的相关性由高到低分别为经济发展和财政基础、对外开放水平、金融市场发展程度。进一步凸显了经济发展和财政基础对于绿色金融发展的重要性，侧面反映出当前绿色金融发展主要由部分经济发展和财政基础更为良好的国家主导。此外，金融市场发展程度与全球绿色金融发展水平的相关性并不突出，说明当前全球金融系统在绿色金融发展方面仍存在一定的滞后，并未充分将绿色金融纳入金融系统，仍需进一步加快绿色金融的主流化进程。对外开放水平与绿色金融的发展相关性明显，尤其对于绿色金融市场与产品而言，其重要性更加凸显。这反映出绿色金融发展中，国际合作是重要推动力量，需要加以重视并发挥国际合作推动全球绿色金融市场发展的作用。

（四）相关性检验结论

1. 全球绿色金融发展指数与经济发展和财政基础呈明显正相关关系

全球绿色金融发展指数与经济发展和财政基础的相关性明显（见图2）。这说明绿色金融的发展与国家的经济发展水平密切相关，反映了当前绿色金融发展主要由经济基础较为完善的国家推动。此外，该结果也进一步说明随着经济的增长，企业和政府对环保和可持续发展的需求日益增加，这为绿色金融提供了广阔的发展空间。绿色金融通过提供环保和可持续发展的投融资服务，满足企业和政府的需求，进一步推动经济的可持续发展。此外，财政基础也是绿色金融发展的一大推手，完善的财政基础可以为绿色金融提供稳定的资金支持和政策引导。该绿色金融发展模式较多地出现在英国、德国和法国。

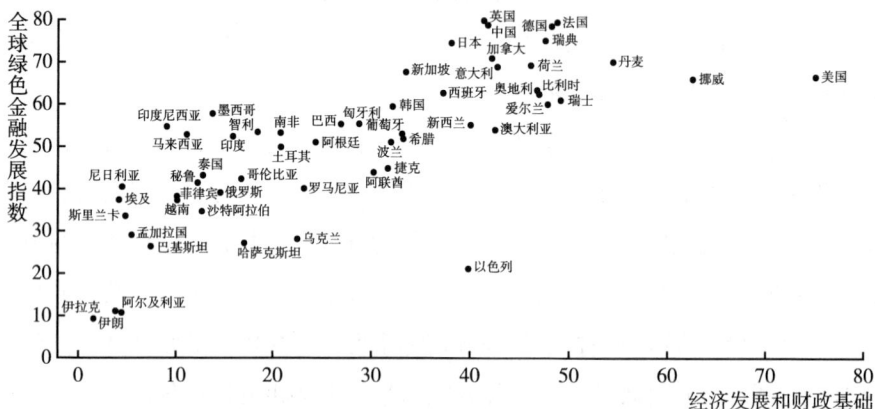

图2 全球绿色金融发展指数与经济发展和财政基础关系的散点图

资料来源：笔者绘制。

2. 全球绿色金融发展指数与金融市场发展程度的正相关关系不突出

全球绿色金融发展指数与金融市场发展程度呈现一定的正相关关系，但相比较于经济发展和财政基础而言，其正相关关系并不突出，具有一定的分散性（见图3）。理论上，金融市场的发展程度对绿色金融的发展具有重要影响。一方面，完善的金融市场可以为绿色金融提供更多的融资渠道和金融服务，如绿色债券、绿色基金等，从而促进绿色项目的融资和发展。另一方面，发达的金融市场可以提升市场信息透明度，降低绿色金融的风险和成本，提高绿色投资的回报率。然而该结果表明当前绿色金融市场制度和环境并不完善，相关政策、法律法规、环保意识等还未充分体现在绿色金融市场中，未来仍需进一步将绿色金融主流化。

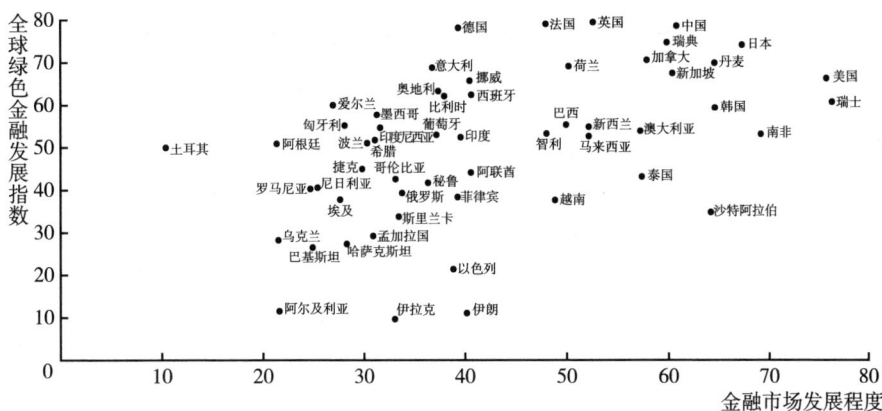

图3　全球绿色金融发展指数与金融市场发展程度关系的散点图

资料来源：笔者绘制。

3. 全球绿色金融发展指数与对外开放水平相关性具有集中性

全球绿色金融发展指数与对外开放水平具有一定的相关性，但该相关性集中在对外开放水平相对较低的位置（见图4）。这说明当前对外开放中绿色金融的成分仍相对有限，跨境的绿色投融资活动仍需进一步扩充。其中，以中国、美国和新加坡为代表的国家发展模式不同，实现了一定程度的对外开放和绿色金融发展并重。这反映出国际合作对绿色金融发展的促进作用未充分发挥，尽管部分国家起到了一定的领头羊作用，但未来仍需倡导绿色金融理念、技术和经验的传播和交流。

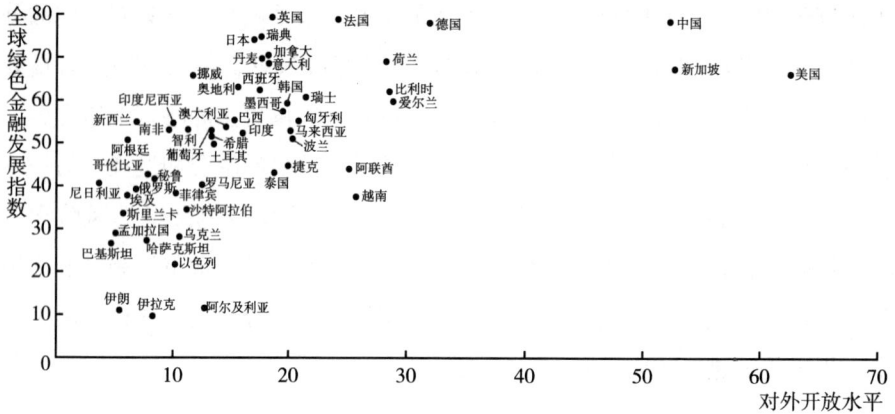

图4 全球绿色金融发展指数与对外开放水平关系的散点图

资料来源：笔者绘制。

Abstract

Climate change and sustainable development have received widespread attention from the international community, and countries have recognized the necessity and urgency of responding to the climate crisis, and the development of a green and low-carbon economy is becoming a new driving force for economic growth. However, there is still a large financing gap for addressing climate change and realizing sustainable development. And there is an urgent need to develop green finance to leverage the financial flow toward the sustainable development. Developed countries and emerging economies have gradually established and improved their green financial systems, and some research institutions and organizations have studied the green financial development of different countries and cities. Existing studies have offered the experience of green financial development in some regions, but there is still a lack of research on the development of global green finance with continuity and comparability. Therefore, it is necessary to strengthen the breadth and depth of global green finance research to reflect the progress of global green finance in a timely manner, so as to provide reference for the deployment of countries' actions in response to climate change and the promotion of international cooperation on green finance under the new trend.

The Research Group on Global Green Finance Development of the International Institute of Green Finance of Central University of Finance and Economics started to study the development of green finance in major economies around the world with the support of the 2020 International Finance Forum. The research group has established a green finance database covering 55 countries with the largest global economic volume, and compiled the Global Green Finance Development Index (GGFDI) to objectively evaluate the level of green finance development in the countries. The index system of GGFDI comprehensively evaluates the development of green finance in each country from the aspects of policy and strategy, market and product, and international cooperation. The current index has 3 first-level indicators, 6 second-level indicators, 26 third-level indicators and 54 fourth-level indicators. Among them, 37 indicators are qualitative, 3 indicators are semi-qualitative and 14 indicators are quantitative.

This book focuses on the 2022 evaluation time frame, which runs from January 1 to December 31, 2022. In terms of overall scores, the top ten countries are the UK, France, China, Germany, Sweden, Japan, Canada, Denmark, the Netherlands and Italy. They are followed closely by Singapore, the United States, Norway, Austria and Spain. On the whole, the top-ranking countries are mainly developed countries, reflecting that the development level of green finance is higher in countries with more developed economic conditions and perfect financial markets. It should be noted that China is the only developing country in the top ten. The country with the median score is Portugal, and developed economies account for 77.78% of the countries before the median, so the economic and financial foundation plays a more obvious role in promoting the development of green finance. In terms of the development of green finance in developing countries, China has an outstanding performance, 17 places ahead of the next Mexico. The countries that are relatively lagging behind in the ranking are mainly concentrated in Africa, the Middle East and Central Asia.

The Global Green Finance Development Report (2023) is divided into five reports: General Report, Country and Region Report, International Cooperation Reports, Topical Report and Evaluation Report. The General Report interprets the score and ranking of the Global Green Finance Development Index in 2022 and looks forward to the development trend of global green finance in 2023 − 2024. The Country and Region Report analyzes the green finance development in Europe, America, Asia, Africa and Oceania and their representative countries, showing the characteristics of green finance in different countries and regions. The International Cooperation Reports cover the three important issues of international cooperation in green finance: cooperation mechanism, multilateral development institutions and environment-related information disclosure. Green Finance International Organizations and Cooperation Mechanism Report summarizes global green finance cooperation platforms, regional green finance networks, and green finance academic research networks. Multilateral Development Finance Institutions' Progress on Climate Finance demonstrates the roles and functions of the Multilateral Climate Fund and the Multilateral Development Banks (MDBs) from the perspective of climate finance, and preliminarily investigates the reform of the MDBs. Cooperation Progress on Disclosure of Climate and Nature-related Information Report summarizes the progress of global cooperation on sustainable information disclosure through the "target-recommendation-standard-regulation" chain. The Topical Report focuses on transition finance, and proposes a framework of transition finance system formed by sectors/industries, corporate entities and financial institutions. It discusses policy-related processes, methodological standards and financial instruments, and analyzes descriptive statistics of global and Chinese transition finance markets in 2022. The Evaluation Report explains the method and statistical process of the Global Green Finance Development Index, and selects the economic development and financial foundation, the degree of financial market development and the level of openness to explore the relevance of the Global Green Finance Development Index.

Summarizing the development of global green finance in 2022, the scale of global green finance in 2022 has continued to grow, and the level of green financial instruments innovation and services has continued to improve, injecting new momentum into the development of global green finance. However, it is still facing a large financing gap. Currently, the development of global green finance is still mainly leaded by public finance, and the potential of the private finance has not yet been fully exploited. In addition, the regional distribution of global green financial resources is uneven. Global sustainability disclosure standards are converging, and the sustainability disclosure standards proposed by the International Sustainability Standards Board (ISSB) are gradually building consensus and standardize practices. With the deepening of sustainability, the international financial system has gradually realized and investigated the impact of climate change on macro financial stability. Transition finance and biodiversity finance focus on the transformation of high-carbon industries and biodiversity conservation, respectively, which are worthwhile expansions of the current development of green finance. Regional cooperation on green finance will be further deepened, and regional cooperation initiatives will promote synergies.

Looking ahead to 2023 and 2024, international green finance flows need to be further optimized and improved to help climate-vulnerable countries gain access to adequate financing to address climate change. Sustainability disclosure standards and regulations will establish a set of global baselines, leading capital markets to focus on and generate sustainable activity. The continuing extension of sustainable finance issues will drive change across the full spectrum of macro and micro financial systems. Multi-level international cooperation on green finance will also help to address the current challenges of green transition, climate justice and capacity building.

Keywords: Green Finace; Sustainable Development; Information Disclosure; Transition Finace

Contents

I   General Report

Abstract: Based on the Global Green Finance Development Index, this report quantitatively evaluates the green finance development level of 55 countries around the world and derives country rankings. The Global Green Finance Development Index measures the development of green finance in major economies around the world in three dimensions: policies and strategies, markets and products, and international cooperation. In terms of the overall score, the top ten countries are the UK, France, China, Germany, Sweden, Japan, Canada, Denmark, Netherlands and Italy. They are closely followed by Singapore, the United States, Norway, Austria and Spain. Overall, the top-ranking countries are mainly developed countries, reflecting the fact that the development of green finance is more prominent in countries with more developed economic conditions and perfect financial markets. The country with the median score is Portugal, and developed economies account for 77. 78% of the countries before the median, so the economic and financial foundation plays a more obvious role in promoting the development of green finance. In terms of green financial development in developing countries, China is the only developing country ranked in the top ten, 17 places ahead of Mexico. The countries that are relatively lagging behind in the ranking are mainly concentrated in Africa, the Middle East and Central

Asia. Looking forward to 2023 global green finance development will continue to deepen from market size, information disclosure, issues coverage and international cooperation.

Keywords: Green Finance; Sustainable Development; Global Green Finance Development Index

Ⅱ　Country and Regional Report

B.2　Green Finance Regional and Country Development Report

Zhao Xin, Xu Ke, Ao Yiyu and Shu Xueran / 022

Abstract: Different countries and regions have taken multifarious paths in developing green finance. The European Union has taken the leading role in formulating and promulgating a number of exemplary policies and directives, providing a series of guidelines and methodological guidance for EU countries to promote the development of green finance market. France and Germany have supplemented and improved the green finance regarding to their own characteristics under the EU policies, while the UK has carried out corresponding green finance practices under the goal of net zero transition and actively engaged in international cooperation. In the Americas, the financial market of the United States is booming under the impetus of sustainable and impact investment, while South America in which Brazil is the main country, has realized green financing and ecological protection through the active development of green financial products. In Asia, China's policy-led green finance system, Japan's transition finance construction, South Korea's carbon emission market system and Singapore's green fintech have their own characteristics. The Africa in which Egypt is the main country, is in urgent need of the international community's help to realize sustainable development due to its climate vulnerability and resource constraints. The Oceania region in which Australia is the main country, has seen rapid development of green finance, while small island developing states and least developed countries still need funding and assistance from the international community in facing the challenge of climate change. The global development of green finance is uneven, and the degree of development is closely related to national and regional economic factors, financial foundations, priorities etc. And there is an urgent need for international cooperation to promote the sustainable transition in all countries, especially in developing countries.

Keywords: Green Finance; Regional Development; Sustainable Development

Ⅲ International Cooperation Reports

B . 3 Green Finance International Organization and Cooperation

Mechanism Report *Zhao Xin, Mao Qian* / 078

Abstract: Global green finance international organizations and cooperation mechanisms continue to play a positive role. The global green finance cooperation platform involving the public financial sector, regional green finance cooperation networks formed by the public and private sectors, and the academic research network established by research institutions are continuously promoting the deepening of international cooperation in green finance. In 2022, international cooperation in green finance has entered a new stage. Global and regional cooperation mechanisms, as well as academic activities in green finance, bring together the forces of countries around the world to address development challenges, promote policy formulation and market practices, and effectively address the difficulties and bottlenecks in the development of green finance. However, current international cooperation in green finance still faces challenges such as diverse and complex standards, mismatch between regional demands and resource supply, insufficient capacity building to create spillover effects, and challenges related to post-covid recovery and the imbalance of the financial system. Looking ahead, there is a need to promote the comparison and coordination of policy standards, pay attention to the development needs of climate-vulnerable regions, engage in academic exchanges and technical assistance, and make balance between sustainability and fairness.

Keywords: Green Finance; International Cooperation; Regional Development; Climate Financing

B. 4 Multilateral Development Finance Institutions' Progress
on Climate Finance Report

Zhao Xin, Wang Longyi and Miao Gaoyi / 109

Abstract: A series of climate agreements have called for the use of financial instruments to tackle the challenges and provide assistance to developing countries affected by climate change. Multilateral Development Financial Institutions have become key players in climate finance, fostering an environment conducive to researching, developing, and applying climate response technologies. These institutions have been instrumental in driving global and regional cooperation in climate finance, ranging from fiscal strategies to technological solutions, aimed at achieving climate justice through investments in sustainable projects, innovative financing methods, and capacity-building initiatives. Faced with the challenges of sustainable financing, Multilateral Development Banks (MDBs) are crucial in the realm of climate finance based on their distinctive advantages. Urgent reforms are necessary to stimulate economic growth and sustainable development in low and middle-income countries. Looking ahead, MDBs are expected to expand their role in climate finance, innovate in financial instruments, improve data accessibility, and provide more support to developing countries.

Keywords: Climate Finance; Multilateral Development Banks; Multilateral Climate Fund

Abstract: The disclosure of environment-related information is one of the important pillars for the development of green finance and it has formed two main pathways centered around nature and climate. Environmental information disclosures has gradually formed the development path of "goal-suggestion-standard-regulation". The construction of the environment-related information disclosure system is increasingly perfected, and its requirements are gradually strengthened. The Global Reporting Initiative and the International Sustainability Standards Board provide corporate disclosure standards. Regulatory authorities in various jurisdictions have issued relevant guidelines and regulations to promote mandatory sustainable information disclosure, providing public information for all stakeholders. While cooperation in climate and nature-related information disclosure is becoming increasingly mature and systematic, it also faces challenges such as the lack of widely adopted disclosure standards, insufficient awareness of sustainable disclosure among corporations, and limitations in specialized service capabilities. In the future, it is necessary to promote the acceptance of sustainable information disclosure standards by the capital markets, establish sound incentive and restraint mechanisms, carry out capacity building and talent development to advance cooperation in sustainable information disclosure.

Keywords: Sustainable Information Disclosure; Climate Change; Biodiversity

Ⅳ   Topical Report

Abstract: As the development of green and sustainable finance continues, the scope of support from financial resources extends across the entire spectrum of sustainable development and is not limited to supporting green industries. In the process of achieving a net-zero transition, transition finance has thus been gradually extended to financial services that support carbon-intensive industries in achieving a low-carbon transition. Transition finance at the sectoral or industry level is mainly defined by a transition taxonomy (or framework) proposed by government departments or regulators to define transition activities. At the level of transition entities, business entities formulate transition plans, implement corresponding transition measures and conduct transition disclosure and assessment according to the transition pathway. Financial institutions in which net-zero transition is achieved by adjusting their portfolios. The rapid development of transition financial instruments represented by transition bonds and sustainability-linked bonds will not only provide financing, but also help business entities to cope with transition risks and enhance their competitiveness in the changing low-carbon economy. However, there are transition finance challenges in terms of awareness of net-zero transition, transition criteria, market size and information disclosure, and there is a need to raise awareness of transition goals, harmonize transition taxonomies, foster a market environment for transition finance, and incorporate transition considerations into sustainable information disclosure when it is still in development in order to address the challenges of development of transition finance in the future.

Keywords: Transition Finance; Net Zero Transition; Transition Standards; Transition Instruments And Risks

V Evaluation Report

B.7 Global Green Finance Development Construction Description
and Evaluation Results Correlation   *Zhao Xin* / 232

Abstract: Based on the context of financial support for climate change and sustainable development, the Global Green Finance Development Index (GGFDI)

provides scores on policies, markets and international cooperation in the field of green finance in major economies around the world, with the aim of reflecting the development of green finance in major economies. The GGFDI consists of 3 primary indicators, 6 secondary indicators, 26 tertiary indicators and 54 quaternary indicators. There are 37 qualitative indicators, 3 semi-qualitative indicators and 14 quantitative indicators. The indicator system measures the development of green finance in 55 countries in the dimensions of policy and strategy, markets and products, and international cooperation. To measure the relevance of the evaluation results of the GGFDI, this report selects economic development and financial foundation, the development degree of financial markets, and the level of openness as exogenous factors to study the correlation between them and the GGFDI. The research results show that the global green financial development level has obvious positive correlation with economic development and financial foundation, relatively insignificant correlation with the degree of financial market development, and the correlation with the level of openness has a centralized feature.

Keywords: Global Green Finance Development Index; Economic Development; Financial Market; Openness

社会科学文献出版社

皮 书

智库成果出版与传播平台

❖ 皮书定义 ❖

皮书是对中国与世界发展状况和热点问题进行年度监测，以专业的角度、专家的视野和实证研究方法，针对某一领域或区域现状与发展态势展开分析和预测，具备前沿性、原创性、实证性、连续性、时效性等特点的公开出版物，由一系列权威研究报告组成。

❖ 皮书作者 ❖

皮书系列报告作者以国内外一流研究机构、知名高校等重点智库的研究人员为主，多为相关领域一流专家学者，他们的观点代表了当下学界对中国与世界的现实和未来最高水平的解读与分析。

❖ 皮书荣誉 ❖

皮书作为中国社会科学院基础理论研究与应用对策研究融合发展的代表性成果，不仅是哲学社会科学工作者服务中国特色社会主义现代化建设的重要成果，更是助力中国特色新型智库建设、构建中国特色哲学社会科学"三大体系"的重要平台。皮书系列先后被列入"十二五""十三五""十四五"时期国家重点出版物出版专项规划项目；自2013年起，重点皮书被列入中国社会科学院国家哲学社会科学创新工程项目。

权威报告·连续出版·独家资源

皮书数据库
ANNUAL REPORT(YEARBOOK)
DATABASE

分析解读当下中国发展变迁的高端智库平台

所获荣誉

● 2022年，入选技术赋能"新闻+"推荐案例

● 2020年，入选全国新闻出版深度融合发展创新案例

● 2019年，入选国家新闻出版署数字出版精品遴选推荐计划

● 2016年，入选"十三五"国家重点电子出版物出版规划骨干工程

● 2013年，荣获"中国出版政府奖·网络出版物奖"提名奖

皮书数据库　　　"社科数托邦"
　　　　　　　　微信公众号

成为用户

　　登录网址www.pishu.com.cn访问皮书数据库网站或下载皮书数据库APP，通过手机号码验证或邮箱验证即可成为皮书数据库用户。

用户福利

● 已注册用户购书后可免费获赠100元皮书数据库充值卡。刮开充值卡涂层获取充值密码，登录并进入"会员中心"—"在线充值"—"充值卡充值"，充值成功即可购买和查看数据库内容。

● 用户福利最终解释权归社会科学文献出版社所有。

数据库服务热线：010-59367265
数据库服务QQ：2475522410
数据库服务邮箱：database@ssap.cn
图书销售热线：010-59367070/7028
图书服务QQ：1265056568
图书服务邮箱：duzhe@ssap.cn

社会科学文献出版社 皮书系列
SOCIAL SCIENCES ACADEMIC PRESS (CHINA)

卡号：536137931487
密码：

S 基本子库
UB DATABASE

中国社会发展数据库（下设 12 个专题子库）

紧扣人口、政治、外交、法律、教育、医疗卫生、资源环境等 12 个社会发展领域的前沿和热点，全面整合专业著作、智库报告、学术资讯、调研数据等类型资源，帮助用户追踪中国社会发展动态、研究社会发展战略与政策、了解社会热点问题、分析社会发展趋势。

中国经济发展数据库（下设 12 专题子库）

内容涵盖宏观经济、产业经济、工业经济、农业经济、财政金融、房地产经济、城市经济、商业贸易等 12 个重点经济领域，为把握经济运行态势、洞察经济发展规律、研判经济发展趋势、进行经济调控决策提供参考和依据。

中国行业发展数据库（下设 17 个专题子库）

以中国国民经济行业分类为依据，覆盖金融业、旅游业、交通运输业、能源矿产业、制造业等 100 多个行业，跟踪分析国民经济相关行业市场运行状况和政策导向，汇集行业发展前沿资讯，为投资、从业及各种经济决策提供理论支撑和实践指导。

中国区域发展数据库（下设 4 个专题子库）

对中国特定区域内的经济、社会、文化等领域现状与发展情况进行深度分析和预测，涉及省级行政区、城市群、城市、农村等不同维度，研究层级至县及县以下行政区，为学者研究地方经济社会宏观态势、经验模式、发展案例提供支撑，为地方政府决策提供参考。

中国文化传媒数据库（下设 18 个专题子库）

内容覆盖文化产业、新闻传播、电影娱乐、文学艺术、群众文化、图书情报等 18 个重点研究领域，聚焦文化传媒领域发展前沿、热点话题、行业实践，服务用户的教学科研、文化投资、企业规划等需要。

世界经济与国际关系数据库（下设 6 个专题子库）

整合世界经济、国际政治、世界文化与科技、全球性问题、国际组织与国际法、区域研究 6 大领域研究成果，对世界经济形势、国际形势进行连续性深度分析，对年度热点问题进行专题解读，为研判全球发展趋势提供事实和数据支持。

法律声明